7

杂文卷

柏杨全集

人民文学出版社

图书在版编目(CIP)数据

柏杨全集:限量版.7/柏杨著.—北京:人民文学出版社,2010

ISBN 978-7-02-008000-7

Ⅰ.柏… Ⅱ.柏… Ⅲ.①柏杨(1920~2008)-全集 ②杂文-作品集-中国-当代 Ⅳ.C52

中国版本图书馆 CIP 数据核字(2010)第 049023 号

责任编辑:常雪莲 马玉梅 装帧设计:翁 涌
责任校对:刘光然 责任印制:张文芳

7 杂文卷

柏杨全集

活该他喝酪浆

按牌理出牌

大男人沙文主义

目　　录

活该他喝酪浆

按牌理出牌

大男人沙文主义

活该他喝酪浆

提 要

《活该他喝酪浆》所谈包括什么是新、孝道、中文系、社会楷模、仁医恶医等。虽是出狱后首本专栏文集，对事物的透彻分析仍未减十年前，只不过含蓄得多，不再指名道姓地骂人，对一些处境艰难却仍奋勉努力的升斗小民更是大加赞扬，这是柏杨以前的杂文较为罕见的。

序

似乎每一部书，前面都要有一篇“序”，这办法真好，不知道是谁发明的，应该献一面锦旗。“序”本来是对内容或对作者一个扼要的介绍，读者老爷只要翻看一下序文，就大致可以判断这本书是不是对自己适合。但“序”落到柏杨先生之类半瓶晃荡之手，就成了窝里捧的良机，借此良机，宣传我如何如何伟大，以便读者老爷震惊之余，神经衰弱，往外猛掏银子。

其实柏杨先生之伟大，铁案如山，已盖棺论定，用不着再拼命宣传。不过谦虚乃我的美德之一（其他美德甚多，限于篇幅，不能详载）。我于一年前的十年之间，曾出版了二十三本巨著，计《倚梦闲话》（《柏杨选集》）十集，《西窗随笔》（《柏杨随笔》）十集，《挑灯杂记》（并入《柏杨随笔》）一集，《云游记》（《古国怪遇记》）两集。这些书在台湾已看不见啦，在海外则听说仍大大风行。前些时，出版兼发行这些书的香港文艺书屋，寄了两百美金，叫我代购一点别人的书籍。我正穷得发疯，就奋勇地把它转移阵地，当作版税收下，买了一件棉袄、一条尼龙被、一双皮鞋。大阔特阔地享受起来。只是该二十三本巨著的内容，至少应该删掉一部分，和至少应该对其中的一部分作重大修正，盖若干是我思想还没有成熟时的胡说八道，每一想起，既惶恐又出汗。现在已没有办法表达我的意见矣，只希望身在海外的读者老爷，能够垂鉴，作选择性的心心相印。

去年(1977)4月,隆重出狱,恍恍惚惚回到台北,如假包换地成了一条丧家之犬,夹着尾巴,蹲在巷角,不知道东西南北。幸而《中国时报》恩重如山,叫我在不再惹祸的范围之内,重开老店。在台湾版及海外版同时辟了一个《柏杨专栏》(没有称之为"柏杨先生专栏",有点不太敬老尊贤,但我只敢闷在心里,不敢哇啦哇啦乱说,恐怕万一出口,不但"先生"没啦,连"专栏"也没啦)。于是第一篇《牛仔裤和长头发》于7月9日登场,这是十年被迫搁笔后的第一篇杂文,宝刀不老,反而更胜往昔,诚人杰也。起初不过一千余字,写着写着,得寸进尺,就成了老太婆的裹脚布,又臭又长,直写得编辑老爷下令以三千字为限,否则驱逐出境。我于是十分快乐和自动自发地不超过三千字,盖不快乐和不自动自发,有点不行,落得风度翩翩。虽然如此,也出过不少风险。柏老为了建议为张箭、邓玉瑛立铜像,官怒就甚大。而以"牧童骑在牛背上,边走边吃草"闻名于世,自封为文坛大亨的某老爷,还正式向官要求禁止我这个政治犯写作,把我搞得屁尿相继,奄奄一息。

本集所收的敝大作,发表的时间是1977年7月到1977年12月。字字珠玑,不用细表,反正好得不像话就是啦。敬请读者老爷不要客气,努力猛买。

是为序。

1978年元月于台北市柏杨居

1. 牛仔裤和长头发

人的衣服跟人的思想一样，不断在变。

变得最惊心动魄的，莫过于女人的衣服。最近东京发生了一桩花边新闻，一位美国教习看不惯女学生穿牛仔裤，下令她们改穿裙子。老奶们群起抗议，硬是穿牛仔裤穿定啦。美国教习誓言跟牛仔裤对抗到底，如果失败，宁愿卷铺盖。记得想当年美国另一位教习，也曾大战过女学生老奶的短裙，他不准女学生穿短过膝盖的裙子上课，否则就两个“山”字加在一起——请出。那场战役的结局是知道的，女学生老奶们大获全胜，争取到“露膝盖的自由”。以致到了后来，女人们的裙子简直短得几乎看不见。

牛仔裤的原始特点是窄而且紧，要累得满身出汗才穿得上。现在的牛仔裤则恰恰相反，宽而且松，连两条腿都伸得进去。远远望之，好像两条棍子杵在那里。这种形状实在谈不上美，但却有一种好处，患罗圈腿的老奶，却可藏垢纳污，冒充亭亭玉立。

我不知道为啥老一辈的人总是对年轻人的衣服怒发冲冠，他们已忘掉自己年轻时也曾穿过奇装异服，和被更老一辈人嫉恶如仇的痛苦。盖老家伙晕晕陶陶，在钱眼里打滚，忽然有一天，抬头一觑，咦，怎么年轻人穿的跟我不一样呀。于是，摇头叹气者有之，暴跳如雷者有之，在课堂上猛轰女学生者有之，将来说不定还会演出提刀上阵的场面。

女人身上的零件，具有先天的乱变本质，谁都挡不住，纵然挡住也不过挡住一时。其实，男人的衣服也在变（只不过没女人变得那么使人心惊肉跳罢了）。十年前西装流行窄领子兼三个钮扣，现在则是宽领子兼两个钮扣。三十年前裤子流行的是宽脚管，宽得跟现在的女装牛仔裤一样，可以把尊足盖住；后来流行起来窄脚管，窄得好像二十年代军人扎的绑腿；现在又流行不窄不宽的焉。四十年前皮鞋流行的是方头突起型，后来流行其尖如刀，现在则流行圆圆的焉。

男人的头发也使人喘气，从前只不过在发型上变，若飞机头、原子头、蝴蝶头、狮子头等等之头，现在却忽然跟女人竞争。据说有两个人在公园并肩而坐，甲曰："嗨，那个女孩子真不知羞，光着脊梁晒太阳。"乙愠然曰："他是俺的儿子。"甲道歉曰："对不起，我不知道你是他娘。"乙曰："不，俺是他爹。"这种男不男女不女的长发，实在是一大困扰。顺便奉劝大街上向女孩子乱吹口哨的年轻小子，要先行分辨雌雄，才是上策。——好在女孩子胸部凸凸的焉，男孩子则一胡子脸，稍加留意即可。

结论是，柏老一位朋友（当然也属于老家伙之类），曾逼着他儿子把尊发剪短，儿子哀号曰："老爹，你是不是叫我变成怪物，走到哪里，都被人啧啧称奇？"老爹瞪得眼睛奇大，无言以对。该朋友去做西装，拉我作陪，量身时就跟裁缝师傅发生舌战，坚持要做宽脚管的，裁缝师傅晓以大义，该朋友正色曰："我就是看着宽脚管顺眼。"活在七十年代的社会，而大脑还停留在三十年代，恐怕只有他自己看自己顺眼。

柏老并不赞成老年人一窝蜂随波逐流，但我们也不要太过分地厌恶和恐惧新的玩意儿。凡是新的，固然不一定是好的，是有价值的。但是，凡是好的，有价值的，却差不多都是从新的中产生。新，含有追求理想和开创天地的因子。我想，老一辈把力量用到正经事上吧，跟年轻朋友的牛仔裤长头发斗个啥。

2. 老爹也在变

有些见了年轻人穿的跟他不一样就生气的老爹老奶,似乎认为天下兴亡,衣服有责。想当初北宋王朝末年,太太小姐们的鞋子,其鞋底有若干层焉,层层伸展,名曰“错到底”。不久,金兵光临,杀得血流成河。于是学问庞大之士就恍然大悟,发现所以闹出这种局面,都是女人乱穿“错到底”鞋子之故。乃喟然叹曰:“妖孽,妖孽。”好像只要太太小姐改穿一层鞋底,或改名为“对到底”,大金帝国的皇家陆军,就会全盘覆没。天下大乱之责,不在于男人不争气,而在于女人身上的零件,正是学问庞大之士的特征。

事实上男人身上的零件也在变,如果把历代老爹的玉照,一字排开,我们就可看出,不但变得奇离,而且变得离奇。明王朝老爹,穿的是现在古装戏上那一套,宽袍大袖,走起路来晃晃荡荡,偷人家一个西瓜藏到腰窝里,谁都看不出来。如果他大小是个官,腰际还会多一条铁箍似的“玉带”玩意,把尊肚套住,以防山珍海味吃得太多,发生爆炸。清王朝老爹就不一样啦,头戴瓜皮小帽,足蹬朝靴,身穿长袍马褂,外加两只马蹄袖。该马蹄袖平常是翻在手腕上的,遇到马屁大典——好比说,可怜的作者要晋见编辑老爷之时,只听扑扑两声,把该袖拉直,盖住手背,以便打千。打千是啥?已没有几个人懂啦,真是可哀。夫打千者,半跪兼弯腰之英姿也。只跪一条腿,其状如欧洲中古世纪武士们拜见国王。不过不同的是,清王朝的马蹄袖是要擦在地面上的,打千之际,擦地面的次数越多,被地面上的灰尘擦得越脏,马屁的段数也就越高。中华民国老爹,则耳目一新,西服焉、衬衫焉、领带焉,皮鞋闪闪发亮,走上马路,咯咯吱吱地响,好不风光。

历代老爹的三千银丝,也因时代而异。明王朝老爹把头发束起来盘在脑袋上。清王朝老爹则把头发编成辫子,像猪尾巴一样——好听一点,可说像大姑娘一样,垂在背后。至于中华民国老爹,包括柏杨先生在内,各位读者老爷有目共睹,可随时参观,不收分文,用不着我多嘴介绍矣。但必须注意两点,其一是,当初宝贵如命的辫子,忽然不见他娘的矣。辫子最大的好处是教人斯文,盖不斯文不行,打起架来,该辫很容易陷落敌人之手,那就非大败不可。所以据说从前的武林高手,往往练成一种"铁辫"奇功。一旦宣战,只要一甩,巨辫闪电击出,对方尊头就立刻开花。假如现在辫子还没有变掉,恐怕黑巷子里发生的节目,还要叫座。其二是,中华民国老爹的头发几乎全黑的,"一树梨花压海棠"的镜头很少。君不见,有些老汉是十九世纪隆重降落人间的,瞧起来却乌云一片。这不能不感激科学发达,发明了染发之药,使中华民国老爹跟历代老爹,大异其趣。吾友玄烨大帝,在清王朝坐龙廷时,有大臣劝他陛下染染头发,他曰:"自古以来,有几个白头皇帝?我能白头,也不容易,何必多此一举。"问题是,当皇帝的老爹,财大势猛,可以不必多此一举。当小民的老爹,为了生活,一天到晚豕突狼奔,就有多此一举的必要。前些时,我在路旁小摊上吃面,遇到一位朋友,寒暄了一阵之后,他指着柏老的尊鼻,诧曰:"从实招来,你的头发是真的还是假的?"柏老曰:"当然是真的,不信的话,你拉拉看。"该朋友曰:"不是指那个,是指你染过没有染过?"我本来想否认染过的,可是看情形我如果否认我染过,他可能妒火中烧,当场开揍。只好老实供曰:"染过,染过。"他喝曰:"你冒充少年,是何居心?"呜呼,是何居心,天老爷明鉴,啥居心都没有,只是老不起罢啦。

再顽强的老一辈,力抗他心目中所谓的奇装异服,态度之俨然,好像他就是一贯道。主要的原因在于他忘了他过去也曾变过。有一次,几个老家伙之类聚在一起,三杯下肚,谈起"想当年"跟更老一辈战斗的往事,诸如打架、跳墙、偷钱、动刀子、推牌九,以及跟邻居妞儿眉来眼去,挑拨老娘跟老爹感情,等等英勇事迹,不禁眉飞色舞。其中一人曰:"俺读初等学堂时,是篮球健将,那时学生间最流行灯笼裤。”我讶曰：“啥叫灯笼裤？”他曰：“连灯笼裤你都不知道，真是老朽不堪。夫灯笼裤者，穿到腿上像灯笼，篮球健将特有的运动裤也。宽宽的焉，长长的焉，两侧有两条红带，裤脚管束着橡皮筋。穿上之后，裤脚管下垂，直到地面，跟现在那些摩登女人穿的拖地长裤一样。俺爹一见俺穿就穷吼，老娘更顽固透顶，扬言要把它用剪刀剪掉。可是俺穿在腿上，习习生风，从心窝里舒服。这都是小伙子时代的事，回想起来，真没意思。”柏老一把抓住他，训之曰：“好老头，你现在才觉得没意思，可是想当年你却有意思得很。昨天我还听见你在穷吼你的女儿，穷吼她的牛仔裤哩。”

柏杨先生写到这里，我那读高级中学堂的小孙女抱了一包东西回家，我一看就知道我的稿费单不见啦。孙女从大包里掏出小包，再从小包里掏出种种奇形怪状，叫不出名堂之物，然后披挂起来。其中最使我开眼界的，莫过于那双只有鞋底的鞋子，上面有两条长达五公尺的彩绳，在她的尊腿上来了个五花大绑。忍不住问曰：“这算啥鞋？”孙女理也不理，我只好叹气，孙女曰：“有啥好叹气的，对新的东西，老脑筋永远不能接受。哼。”我想，你这个娃娃别哼我，一报还一报——不是不报，时机未到，五十年后，等你的孙女哼你吧。

《中国时报》宣布要举办一项民意调查，调查人们赞成不赞成老奶们在大庭广众之中穿牛仔裤。调查的结果是啥，我不知道。不过这至少是一个自我测验，测验自己的尊脑是不是一盆糨糊。柏老活了这么一把年纪，而且才高九斗，学富五车，连英文字母都会念，却硬是弄不明白学问庞大之士，为啥总是对女人的裙子裤子，虎视眈眈。先是对裙子太短忧心，后来又害怕由裙变裤——目前的情势是，好像年轻老奶们天生的是穿长裙动物，一旦裙子略短，或一旦改穿长裤，就不得了啦，天要塌啦。如果女人的牛仔裤有如此强大的冲击力，我倒想建议联合国，万一两国交兵，派些牛仔裤临阵，岂不胜过百万雄师？依柏杨先生尊意，任何公共场所，无论它是学堂、巴士、工厂、办公室、写字间，老奶们如果穿着短裙，其扰乱军心的程度，远超过牛仔裤之上。阁下不信，不妨请几位医生老爷出马，在两种情况下，给一些胡子脸作一个心电图看看。

我想,人们如果能不坚持用自己的标准——尤其是连自己都做不到的标准,去要求别人(不管他年轻年老,也不管他是男是女),大家都有福。

3.两头尖的利刃

前天一早,听说一位住在台北县中和乡的老朋友,病情沉重,我就像奔丧一样地飞奔而去。该老汉正躺在竹床上哼哼唧唧,看情形就要寿终正寝。不免探询病情,以便通知殡仪馆准备后事。谁知道他结结巴巴,一会儿说是岔了气,一会儿说是走路不小心跌了一跤,一会儿又说是腹膜炎,一会儿又说是抽烟太多拉肚子。我不由悲从中来,盖老汉一定是发烧昏迷,才说出这种不照路的话。就到他主治医师的诊所,探听根苗,幸亏那位主治医师,也属一面之交,拿出病历表一瞧,原来是一种外伤,尊肚受到猛烈撞击,需要躺床两个月,现在已躺床一个星期矣。

我立刻洞烛其奸,回到朋友处,该老汉又要宣传他害的是砍杀尔——癌症是也,我曰:“老哥,别乱盖啦,老老实实招供,到底啥病。”盘问结果,原来啥病也不病,只是挨了儿子老爷的两记尊拳。开揍的那天,老汉教训儿子,大概态度不够现代化,儿子老爷就在老爹的尊肚上表演了武功,然后落荒而逃。老汉所以哼哼唧唧,一则是疼痛难忍,二则也担心三十岁的儿子老爷,不知流落何方。

听了这一段“老汉奇遇记”,柏杨先生马上发出正义之声,要去衙门告状,让官老爷教训教训那小子。老汉一听,也不哼唧啦,满面赔笑曰:“没啥没啥,我已经好啦。”我曰:“好啦也不行,我非管不可,这不是你一人之事,而是伦常大变之事,非叫那小子吃官司不可。”

该老汉听说要儿子老爷吃官司,急火攻心曰:“你要一意孤行,等会儿官老爷问我,我可是不承认有这个节目,你就有谎报军情之罪。”柏老不禁双目落泪,呜呼,世界上挨了揍而又拼命维护开揍之人,只有父子之情。该老汉的脾气像一个炸弹,如果开揍的是我,恐怕老命不保。

这是一个特别突出的事件,普天之下,揍老爹老娘的英雄豪杰不多,但这件事却内涵着一个普遍性的日趋严重的课题。贵阁下如果不信,不妨逐家打听打听,每家你都会听到叹息儿女不孝的声音,每一声叹息都含着被遗弃的那种辛酸,这辛酸只有儿女长大的老头老太婆才能了解。年轻人不会了解,不但不会了解,而且心烦得要命,要等到他的儿女长大之后,才有可能恍然大悟,可是已无补于事矣,他的下一代箕裘克绍,也在心烦啦。于是社会上就存在着一种现象,每一个人在回忆他年轻——小白马般年龄时使老爹老娘伤心的往事,无不悔恨交加,涕泪纵横。

吾友韦伯斯先生,他爹是一个摆地摊的小贩,忽然害起病来,头重脚轻,站立不住,就要儿子代替他去看一下摊子。吾友在他的那些狐群狗党之中,正以花花公子自居,岂肯当众亮相。老爹不得不带病出征,终于一命归天。若干年后,韦伯斯已成了庞大文豪,受到举世尊敬。市场上的人就留意到一件事,每年的那一天,也就是韦伯斯先生严拒老爹的那一天,无论阴晴,总有一个憔悴而受到悲伤重压的老人,踽踽地走到旧摊子的位置(当然,财随名至,现在他有的是英镑,用不着再摆啦),伫立徘徊,久久不去。但老爹已逝,听不到儿子忏悔的心声矣。

读者老爷一定还记得《春风化雨》的电影,一个漂亮的混血小姐,她冒充纯白人,而且受到纯白人女孩子的羡慕——羡慕她那稍带褐色,充分显示健康美的肌肤。可是女儿深以她那为人帮佣的黑人母亲为耻。她在小学堂读书时,母亲去教堂给她送雨衣,她羞愧难当,疯狂般地冲了出去。她后来成了明星,巡回美国演出,母亲可怜巴巴地追踪而至,只希望看看女儿,摸摸女儿。可是女儿对母亲的光临，却伤心欲绝兼痛恨欲绝，生恐泄露自己的身世。偏偏正当母女会见的要紧关头，同伴闯了进来，女儿宣称这个黑妇是她家的老佣人，给她送东西来的。母亲默默承认，默默退出，默默站在月台上，默默目送女儿的火车离去，盈眶的泪珠透露出心已粉碎。一直到这位伟大的母亲——她坚持的真理是"是啥就是啥"，去世之后，全市为她送葬，那女儿才从梦中惊醒，从远处赶回故乡，披头散发，踉跄地追着柩车，一面跑一面哭着狂喊："妈妈，妈妈。"然而，这时千声万声，不如生前一声。

儿女的不孝行为，像一把两头尖的利刃，不但伤害了父母，也伤害了儿女。台北中和乡那位老汉，固然苦不堪言，但那位武功奇高的儿子老爷，总有一天也会呜咽流涕。所以仔细一想，人类一向自命不凡，自封万物之灵，不知道这个"之灵"，为啥连这种两头尖的利刃都认识不清，非玩上一玩不可。

亲情之爱是天生的，一点不假。但这天生的亲情，人类跟禽兽就大有区别。试看柏府的狗太太，去年生了一窝，爱得不得了兼了不得，谁要是去碰小狗一下，狗老娘就龇牙。再试看贵府的猫太太，对它的儿女更当成宝贝，叼来叼去，唯恐怕被广东老乡俘去煮"龙虎斗"。可是转眼之间，小狗小猫大啦，摇摇尾巴，扬长而去。老家伙既不在意，小家伙也不留恋，从此父母子女，一刀两断。

人类最大的特征之一，就是对儿女爱护的时间太久，而且爱护得简直没有完，从儿女呱呱坠地，直到儿女老死；更一直延伸到儿女的下一代，再下一代，以及再下下一代，再下下下一代，无不十指连心。所以问题不出在老爹老娘身上，而出在儿女身上。分析起来，儿女对老爹老娘，包括柏杨先生这种祖父型的老汉在内，可以分为四期，每期有每期不同的感情和态度。

第一期焉，大约从隆重降生到十三四岁，简直把老爹老娘当成齐天大圣，崇拜兼尊敬，认为普天之下，只有老爹老娘伟大不掉，会七十二变化，无所不在，无所不能。小朋友一旦较量起来，就扬言曰："我找我爸爸揍你。"另一位小朋友怒目曰："我爸爸一拳就把你爸爸打得大声叫妈。”盖小孩心目中，一旦叫妈，跟狗夹了尾巴一样，大势就要不好。此时也，乃老爹老娘的黄金时代，儿女对他们的话，百依百顺，言听计从。老爹老娘关起大门，过着皇帝干瘾，于是为可爱的小宝宝的前途，编织精密计划，认为别人的儿女都是没有出息的蠢货，只有自己的小家伙才是上帝的选民，老福是享定啦。越想越舒服，越舒服越想，怡然自得，笑口常开。

第二期焉，大约从十三四岁到二十三四岁，儿女越来越大，尤其是生理上成熟啦，男孩子开始一胡子脸，女孩子开始穿高跟鞋。但心理上还是一个孩子，却以大人自居，而且多愁善感，明明没啥愁可感的，硬是非愁非感不可。柏老一位朋友的掌上明珠，今年才十三岁，她实在找不出有啥苦恼，于是她就幻想她的亲娘是一个凶恶的后母，天天虐待她。她在日记上所写的话，全是目下最流行的鸳鸯蝴蝶派小说上的词句，老娘有一天偷偷地看了几页，吓得魂飞天外。在这种情形下，偏偏老爹老娘，仍把他们看成孩子，于是火就更大，认为父母是世界上第一流的老顽固，既不开眼、又不开窍，不但笨，而且蠢，噜噜苏苏，肚子里像装着机关炮。所谓爸爸也者，不过付钱机器兼训话机器；妈妈也者，不过做饭机器兼抱怨机器。此时也，乃老爹老娘的生铁时代，虽然不一定不值一文，却是价码不高。

第三期焉，大约从二十五六岁到三十五六岁，这期间儿女们最他妈的忙，恋爱，结婚，生下一代，高不成低不就地找工作，受老板的气，吃朋友们的瘪，官小钱少，捉襟见肘。不是把老爹老娘抛到九霄云外，就是“恨父不成龙，怨妻不成凤”，老爹如果财大势猛该多好呀，偏偏俺爹穷兮兮。贤妻如果是老板之女该多好呀，偏偏俺堂客出身寒微。此时也，乃老爹老娘的青铜时代。儿女已经大懂事特懂事，在口头上不得不隐忍不发，必要时还会说点场面话捧捧，可是总觉得老爹老娘这也不对劲，那也不对劲，反正不太顺眼，除了娃儿们吵闹时想把二老唤来当奴才外，父母这玩意儿，有固然好，没有也没啥。

第四期焉，大约三十五六岁之后，大多数的老爹老娘都含恨而殁，翘了辫子。而儿女在事业上也有了基础，尤其是他们的下一代也开始遵古炮制。就不由自主地良心发现,回想起来当年的种种杰作,悔恨交集,悲从中来,忽然感觉到"树欲静而风不止,子欲养而亲不待",泪珠纵横,捶胸打跌。此时也,乃老爹老娘的钻石时代。可惜这时代在实质上已没啥意义,只不过供儿女一把鼻涕一把泪地写怀念文章时赚笔稿费。

呜呼,父母在儿女心目中的地位,作哑铃状,两头大而当中小。而一切火爆的场面,无不都在哑铃最细的地带发生。如何解决这个地带所埋伏的千万把两头尖的利刃,免得既伤害了老爹老娘,又伤害了娇儿娇女,这是一个最大的神圣任务。

4. 严重的危机

解决两头尖利刃所造成的伤害,唯一的方法,只有靠孝道。

一提起"孝",老一辈的人无不唉声叹气,认为世风日下,道德沦丧,"想当年"自己对父母何等起敬畏,真是一言难尽,不堪回首。而年轻人一听到"孝",准吓一跳,哎呀,现在是啥子时代,竟然有人要俺念《孝经》,老脑筋兼老顽固,开倒车也不能开到月台上呀。

但这个课题却真的十分严重,不能因为年老人叹气和年轻人一跳,就假装看不见。正因为有叹气和一跳的反应,更说明这课题迫在眉睫,非解决不可。再不解决,天固然塌不了,但它却会促成社会的危险,甚至人类的危机。

现在最普遍的一种现象是,下一代对上一代的冒犯、顶撞,已没有人觉得有啥了不起,偶然发现有些儿女对父母稍稍体贴,简直又羡又妒,奔走相告。柏杨先生日夜都在祈祷天老爷,叫我那可敬的孙女早早嫁掉,没有她阁下,我生活过得安如泰山。有了她阁下,搞得我这个老汉惶惶终日、寝食不宁。现在年轻孩子一旦不穿开裆裤,嗓子里就好像安装着大炮。老汉嗲声嗲气跟她讲话,回答的却是一阵轰隆轰隆的开花弹,恨不得把老子娘轰死。我有一个朋友,女儿已大学堂毕业,父母爱她爱得捧到手里怕飞啦,含到口里又怕化啦。她到台湾南部旅行,老爹在沿途为她布下连环欢迎阵,动员南部所有十年以上的交情,接送饮筵,盛大如仪。吾友玛格丽特公主到澳大利亚访问,所受的礼遇,据说也不过如此。女儿倦游归来,老子娘特地为她买了一件漂亮的洋装,以作纪念,不知道是颜色不合她的心,还是样式不称她的意,一声怒吼,洋装落地,还用脚乱踩,为了表示她发炮有坚强的理由,立刻就流出一茶杯的眼泪。老子娘心胆俱裂,几乎下跪。有一则小故事可说明柏老同类的心情。在一个结婚典礼上,一个人向身边人问曰:“介绍一下,如何?”身边人曰:“那个愁眉苦脸的是新郎,那个眉开眼笑的是新娘的爹。”看起来老一辈的人不知道啥时候才能眉开眼笑也。

这种情形,我们宽大为怀,可称之为“撒娇”,可称之为“不懂事”,还不能十分肯定地说她就是不孝。因为这类型的年轻人发展下去,固然可能坚硬到底,誓死不变。但再长大一点,有可能大彻大悟,回头是岸。所以只是使人烦心,还够不上使人伤心。烦心引起的是小的波澜,一旦升了一级,到了伤心阶段,就怒涛澎湃,轩然大波矣。“小鸟依人”的娇儿娇女,忽然面孔狰狞,把老子娘当成刍狗——老子娘万一挣扎不动时,还把老子娘视作累赘一脚踢,那就真正的不妙。据说初民社会,父母生了重病,或老得不能再事生产,儿女就把他一个人孤苦伶仃地丢到旷野,让他自己饿死或被狼吃掉。这话被现代文明分子听见,无不干号曰:“野蛮,野蛮。”可是现代文明分子对父母的手段,却差不多,只不过不是丢到旷野,而是丢到破败的老屋,或丢到空荡荡的公寓,任凭自生自灭。这还算高级的,低级一点的还把老子娘当成一个不付工资的长期老奴。君不见有些留学生老爷,把父母接到美国奉养晚年的壮举乎。当二老之凌空而去也,街坊邻居,羡慕得眼睛一个瞪得比一个大,有的甚至连眼珠都要往外爆。可是父母到了美国之后,只不过为儿女看家,为儿女照顾他们的儿女罢啦。盖番邦人工太贵,不如老子娘贱也。走运的偶尔还可以找几个住在附近的中国老头老奶,凑上一桌麻将牌。不走运的举目四望,全是碧眼黄发,说起话来叽里咕噜,既无法串门子搬弄是非,只好专心专意地伺候小主人,鞠躬尽瘁,死而后已。

——读者老爷中如果有留学生老爷,千万别在意,我说的只是别的有些家庭如此,贵老爷反哺之情,人人皆知,且已传为佳话,当然例外。

柏杨先生有一位邻居,每天坐着司机开的汽车,望之颇似人君,他家有一个住在地下室,日常总穿着木屐的干瘪老头,双目无光,表情寞落,洒扫庭院之余,有时候也抽空跟柏老蹲在墙角下下棋,很少讲话。忽然有一天,他家宾客迎门,原来该邻居老爷给他爹太老爷做八十大寿,最奇怪的是,他爹就是跟我下棋的那位老头。是日也,灯火辉煌,只见老头披挂整齐,身穿西服,足登皮鞋,在寿堂上端坐如木偶,然后由儿子和媳妇分别宣传他们是如何如何的膝下承欢,众宾客都是老朋友啦,瞎子吃馄饨,心里有数,但仍报以啧啧称赞。好容易贵宾们作鸟兽散,身为媳妇的女主人发号令曰:“阿爹,你收拾收拾,给孩子们洗澡,叫他们早点上床。”(柏老按:此婆仍叫“阿爹”而没有做唤狗状叫“喂”,令人赞叹)夫妇二人吩咐已毕,检点了一下收到的贺礼和贺银,沐浴更衣,舒舒服服地坐在客厅看起电视来。遥望该老头脱下不知道从哪里租来的亮相衣装,擦桌子洗碗,不禁大恐。

一本杂志上刊出中华民国元老之一的黄郛先生的夫人的故事,黄夫人和她的女儿从美国来到台湾,老朋友在一家餐馆里碰到她,问她这些年在美国干啥,她曰:“干啥,还不是当黄妈。”话是十分幽默,但仔细一想,却又十分凄凉,以黄夫人所拥的社会地位,和文学造诣,结局只落得在自己女儿家当“黄妈”,其他的各种“美国人的爹”“美国人的娘”,不管他是住在波士顿、华盛顿、温利亚顿,或是其他什么什么顿,日子不见得都快乐如仙,至少恐怕没有像国内柏老之类,叼着旱烟袋,看蚂蚁上树那种清福。所以很多老爹老娘,狼狈而归,在台北一下飞机,就骂儿子媳妇不孝,骂得起劲时,还有眼泪为证。这就使柏老想起一幅洋大人的漫画,画着一个年轻人大发脾气,把家门砰的一声关上,手拎铺盖,掉头而去,一对老夫妇瑟缩地站在屋角,隔窗望着年轻人大步前进的英姿,自言自语曰:“他就是当初上帝赐给我们的小天使、小心肝、小宝贝呀。”老爹老娘沦落到这种站屋角的地步,实在没话可说。

然而,这种儿女不过只引起伤心而已,如果步步高升,再升一级,那就要突破了人的界限,到了不可开交的痛心阶段,说起来就更毛骨悚然。

痛心的事件不多见(幸亏不多见),烦心的事件家家都有,似乎都不足以构成人伦的威胁。构成威胁的还是伤心事件,不但像两头尖的利刃一样,一头伤害了老一辈,一头伤害了下一代。而且一种社会行为,一旦过于极端,必然引起另一端过于极端的反击。儿女们逐渐普遍地更加自私和更加无情,一定会产生一种严厉的回响,那就是,父母对儿女的爱,可能重加检讨。美国就已发出一种信息:“美国父母现在开始想到,为儿女付出太多的牺牲,是不是值得?”这话当作牢骚固然可以,但一旦流行为一种新观念,认真地讨论传播,后果却具有摧毁性的威力——这威力比啥原子弹、中子弹都可怖。盖人类的孩提时间太长,需要十年二十年以上的抚养,才能自立,如果老爹老娘一旦改变心肠,在观念上认为不必用尽心血去抚养一个将来终于有一天要轰我、诟我、遗弃我、奴役我,甚至宰了我的孩子,那么孩子的生存,也就是人类的延续,可能凋零,最后归于灭绝。幸而生存下来的孩子们的性格,也会变得奇形怪状,社会将一天比一天缺少爱,缺少温暖,恐怕到处弥漫着暴戾之气,没有一点祥和,这种社会终必陷于全面混乱和崩溃。

所以,孝道的培养,不仅鼓励父母慈祥,不仅培植儿女高尚的感谢情操。也是社会安定,人类绵延和进步的动力。假如无限期地忽视它,这把两头尖的利刃是通灵的,它一定会狠狠地向我们报复。

5. 古孝道和新孝道

希腊人把“爱”分为三大类：一曰天伦之爱。一曰夫妻之爱，包括兄弟姐妹之爱。一曰朋友之爱，延伸到对智慧、对正义的热情，和对其他动物、其他事物的喜悦。

天伦之爱和夫妻之爱，猛一瞧是一回事，实际上却不是。这可用一个故事说明。春秋时代，郑国君主姬突先生，要杀他的宰相祭仲先生，就跟另一位大臣雍纠先生密谋如何如何，一切布置停当，只等下手。想不到雍纠先生的妻子是祭仲先生的女儿，知道了这个消息，左右为难起来。这真是人生历程中最可怕的选择，守口如瓶则老爹丧命，透露风声则丈夫挺尸。无可奈何中，她请教老娘曰：“父亲跟丈夫哪一个重要？”老娘曰：“爸爸只有一个，而人人都可以当丈夫。”结果是雍纠先生的脖子一刀两断。这位老娘一定是什么大学堂毕业，不然不会有如此高深的学问，一语道破天伦之爱和夫妻之爱基本上的差异。盖夫妻之爱的特质是不稳固兼十分脆弱，谚语曰：“夫妻本是同林鸟，大难来时各自飞。”大多数的海誓山盟，都抵挡不住一场大灾难。天伦之爱则恰恰相反，注定了不管天翻地覆，其爱不变。柏老常想，上帝老爷当初造人时，一定在人身上特别多放了十公斤的天伦之爱，这爱化为取之不尽，用之不竭的内分泌，把人类搞得晕头转向，组成一个有天伦之爱的高级社会。一些老爹老娘无穷无尽为儿女牺牲的种种奇怪行为，真叫禽兽们大惑不解。三十年代一位福建籍的女作家冰心女士，对她娘亲一直深深地怀念，她小时候曾问娘亲曰：“你为什么爱我？”娘亲捧着她的小脸曰：“不为什么，只为你是我的女儿。”这就是天伦之爱的特质，为爱而爱，没有条件。儿子腰缠万贯兼学问包天，固然爱得不得了；儿子是个白痴兼穷酸，同样爱得不得了。女儿美丽兼贤慧,又是打狗脱,固然爱之;女儿是个麻子脸兼歪嘴,更爱得不像话。吾友王晓民小妹遭遇那种惨事,父母大人二十年来含辛茹苦,服侍在侧,如果换了丈夫老爷,恐怕早就远走高飞。

中国人更进一步地把天伦之爱加以分类,并分别地加一个专有名词。父母对儿女是一种下倾的爱,名之曰"慈"。儿女对父母是一种上报的爱,名之曰"孝"。就在这种分类上,显示出西方文化和中国文化,大大不同。在洋大人社会,"慈"占着一个拔尖的地位,洋电影焉、洋电视焉、洋小说焉、洋学堂焉、洋家庭焉,到处都有一个幽灵,随时随地耳提面命曰:"爱孩子,爱孩子。"所以有人称美利坚是"儿童的乐园"(下一句就难听啦,曰"老年人的坟墓",那些被美国儿女接去"奉养"的老爹老娘,似乎忘了下一句)。洋大人很少教孩子们孝的,根据柏杨先生四处打听的结果,英文里好像根本没有"孝"字。这不是说洋大人不知道爱父母,只是说洋大人的文化是以下倾为主的焉。

孝文化是中国的特产,也可以说中国文化是一种以上报为主的文化。夫什么社会,就产生什么模式的道德范畴。中国孝道的源头是中国古老的社会结构——这古老的社会结构,从盘古开天辟地,一直延续到二十世纪初叶,实在很长。在这种稳定的文化体系中,财产和权力的转移,有赖于老爹老娘的赐予。小子们如果在老爹尊肚上练两下武功,或叫老娘当长工,恐怕结局是啥也没有。所以凡是表达中国文化的东西——诸如用文言文写的书,几乎字字行行,也都有一个幽灵随时随地敲打着尊头,喊曰:"孝顺父母,孝顺父母!"而很少提醒老家伙们去研究研究儿童心理。

这种古老的孝道,花样繁多,不能备载,而且随着时间的进展,对年轻人五花八门兼惨不忍睹的要求,也越层出不穷。卫道之士左拼右凑,著成一部巨著,名曰《孝经》。一部书一旦自称或被称为"经",那就具有谁敢碰它谁就要倒霉的威力。于是不久就把孝道神话起来,认为只要《孝经》一读,孝道一行,人类一切纷争都没有啦,天下非太平不可。西汉王朝时,吾友张角先生,揭竿而起,反抗当时的暴政。就有一位大臣向栩先生,向皇帝老爷建议曰:“不须兴兵,但遣将于黄河向北读《孝经》,贼自消灭。”幸亏皇帝老爷和满朝文武(他们都是把《孝经》读得滚瓜烂熟的朋友),对《孝经》的威力,没有那么大的信心。可是,一千五百年后的北洋军阀,却是有这种信心的,他们在他们割据的地盘上,教学生猛念《孝经》,认为《孝经》可以消除年轻人的锐气,可以抵挡正在北伐的国民革命。

因为要研究孝道,所以不得不往古回溯回溯,否则就没有根啦。学问庞大之士写文章,都是如此,称之为历史背景。柏老正力争上游,不得不努力效法。为的是用不着拉嗓门喊叫,阁下就可看出,我们所建议的新孝道——解决两头尖利刃的方法,跟古孝道大大不一样。古孝道的精神是“为父母活着”和“为祖宗活着”,主要的在保护老一辈,老一辈势如泰山压顶,有百是而无一非——君不见有句话乎:“天下无不是的父母。”年轻人被束缚得连牙都不敢痛。就在二十世纪一十年代,终于激起了“非孝”的反动。现在我们说的孝道,非只是为了保护老一辈,也是为了保护小一辈,保护社会的安全,和保护人类的延续。所以不是开倒车,更不会开到月台上,我们的孝道有新的时代内涵。

6. 德国来的一封信

年青一代带给老一辈,以及带给社会的头痛,不仅中国如此,在满是洋大人的地方,也同样如此。在德国留学的虞和芳女士,她在从慕尼黑寄给柏杨先生的一封信上,提出了一些问题。原封抄在下面,献给读者老爷(柏老一向是先斩后奏的,千里迢迢,我想不必征求她阁下同意啦)。

信曰:

天下真小，前几天偶然翻翻《中国时报》(1977年7月9日)，即看到“柏杨专栏”。您在《牛仔裤和长头发》文中曾说：“我们也不要太过分地厌恶和恐惧新的玩意，凡是新的，固然不一定是好的，是有价值的。但是凡是好的，有价值的，却差不多都是从新的中产生。”这点我是赞成的，不过却有点感慨。

在德国，男孩子留长头发流行了好些年。有次我从背后，看到一位“女孩子”，长长的头发，还在耳朵上戴了一个大大的、圆圆的耳环。“她”的背影实在很秀丽，我难免要多看“她”几眼(是在学生食堂里，六七年前的事了)。可是当“她”转身时，却看到了他留着一撮胡子，我才恍然大悟。这是他的自由，谁都管不着，也没人会去管(德国的情形，非常尊重别人。随便谁爱穿什么，就穿什么。头发爱留多长，爱剪多短，都不干别人的事，不会有人干涉。不过要是违反了公共规定的话，人人都会多管闲事，诸如草坪不能乱踏，若有人不遵守，立刻就会有人前来干涉。我开车子，挨了几次罚款，原因是在Stop牌子前，并没停一停，只因左右没车，只稍慢下车后，又加油前进！可是却不知道被附近的哪位先生、太太看见了，记下车号，告到警局。他们不能容忍“不守规矩”)。

话说这种男孩女子化，倒是把一些想占女孩子便宜的男士，弄得啼笑皆非，进退维谷，吃点小小的教训。有一位朋友，他人倒是不错，只是有点怪癖。他开车，只搭拦车的女孩子，男孩子拦车他是不理的。有次他抱怨地跟我说：“昨天真倒霉，我看得清清楚楚是个女孩子拦车，长头发。等她上得车来，仔细一看，原来是个臭男人。让他上了车，又不好意思再叫他下去。”(总算有点天良。)多半的男孩子也知道，自己拦车不太容易吸引开车的人停下，就怂恿他们的女朋友，在高速公路上拦车，他们躲在树后，等到某位想吃豆腐的男士停车下来要载小姐上车时，他们才猛地从树后跑出来，这时那位开车男士多半只好自认老眼昏花。

说到这种年轻人的长头发，使我感慨的是，这种时髦只是外表的。许多年轻人，看他们留着长胡子，穿得潇洒得很(奇装异服，或故意地穿破衣破裤)。我先前常会有一种错觉,以为他们的内心,他们的想法,也跟他们的外表一样地前进,一样地走在时代顶尖。后来我才发觉,太高估他们了。许多这种"摩登"的先生小姐们,他们那种陈腐劲,那种不能接受新观念新想法劲,跟老一辈的顽劣分子,毫无差别。令我很伤心失望。这些年轻人太表面化了。

这封信给我们几点提示,其一,奇装异服是世界性的,以日耳曼民族的严肃,都挡不住长头发,中国人比较随和,实在用不着心乱如麻(不知道德国老奶们的牛仔裤大势如何,虞女士忘记告诉我们啦)。我想,根据李耳先生的定律:"物极必反。"用不着瞎紧张,长头发终有一天忽然变短——不过到了那时候,那时候的老一辈,又要向短头发开火矣。其二,德国人的守法精神,可歌可泣,一个国家不幸吃了一场败仗,可能沦落为三等国家,但只要有守法精神,那民族就永远是一等民族。守法精神包括护法精神,这需要身体力行,靠喊口号是喊不出啥名堂的。其三,也是最重要的一点,请读者老爷注意信的最后一段,年轻人的外貌走到时代的顶尖,并不等于心灵也走到时代的顶尖。满口跟老爹老娘"你"如何"我"如何地划分得一清二楚,结果是,赚了的钱是自己的,赔了的钱则由老爹老娘卖裤子还债,这涉及到孝道,值得我们多想一想。

7. 代沟与祸福沟

孝道是啥?孝道就是厚道。厚道是啥?厚道就是恕道。至少孝道的基础是厚道,厚道的基础是恕道。"换你心为我心,方知相忆深"。这是情人的缠绵,也就是厚道和恕道,用厚道和恕道对待老爹老娘,就是孝道。

自私是厚道和恕道的大敌,也是使我们中华民族几百年来都抬不起头，用尽方法复兴都复兴不起来的主要原因。天下没有一个人是不自私的，但我们中国人的自私却到了自杀的地步，就实在使人大汗淋淋。百思不得其解的是：一个具有悠久文明的伟大民族，为啥在这一关上，硬是不能突破？问题太大，既然不得其解，也就不必逞能。我们只提出一点，那就是，自私正是不孝的根源。古人曰："求忠臣于孝子之门。"这话并不能全称肯定，但至低可以肯定一点：一个自私的人，他那聪明能干的心灵中，一定缺少厚道。因为缺少厚道，所以缺少恕道。因为缺少恕道，也就缺少孝道。自私的人而仍能大孝特孝的，恐怕跟继承权有关。我们也可以反转过来观察，凡是不孝父母的人，他对人绝不会厚道，更没有恕道。这可提供我们一个交友的推理参考。福尔摩斯先生在他的侦探案中，有一则故事，女主角跟甲先生恋爱恋得天昏地暗，眼看就要结婚，有一天，她看见甲先生把一头猫放到金丝雀笼子里，金丝雀当场被撕成血肉模糊。女主角立刻拍屁股而去，她告诉福尔摩斯先生曰："从这件小事，我发现他残忍无情，不是一个好丈夫。"

在同一个逻辑基础上，我们能够从一个人的不孝行为，做出合理的观察，一个对父母不孝的朋友，你必须千万小心，可别当成刎颈之交，托妻付子。我跟你打赌一块钱，托妻付子的结果，包管妻也没啦，子也没啦。有一种干练之士，认为没关系，那么，你就不妨碰碰看也。《阅微草堂笔记》上有一则记载，老弟跟一位讼棍在灯下谋陷老哥，阴狠刻毒，天衣无缝，老弟高兴异常，拉住讼棍的手喊曰："你我这份感情，跟亲兄弟一样。"于是，从桌子底下钻出一个小鬼，用一只脚团团跳，一面跳一面指着讼棍曰："糟啦，糟啦，他把你当成亲兄弟啦。"

用孝不孝去观察一个人的性格，有很大的准确性。天下没有一个人是拿定主意不孝他父母的，只因自私心太重，把既得利益看得太重，以致心窍全都酱住。一个厚道恕道的人，用不着到处打听，他一定是一个孝顺的儿女，不容易下狠心背叛他的朋友，也不容易下狠心背叛他的国家。

儿女爱父母，是天生的，父母是孩子的唯一安慰、盼望、鼓励、保护所和避难港，所以依偎在父母怀里的孩子，是天下最大的幸福。可是，若干年后，孩子却忽然把父母当作陌生人，甚至连陌生人都不如，这过程是怎么转变的乎哉？我们常听老爹老娘抱怨儿女："你翅膀长硬啦，不要爹妈啦。"一点也不错，柏杨先生就亲眼看到一幕，一个含辛茹苦的寡母，在儿子结婚之后，问儿子曰："是娘好，还是媳妇好？"儿子曰："当然是媳妇好。"而且不久就搬到一家高级公寓，把寡母丢到草蓬里，寡母逢人哭诉，其声断肠。这种情形很容易使人们对儿女下倾的爱，作新的评估。那就是，一个母亲或一个父亲，是不是值得为儿女把自己全部牺牲——人们越来眼界越远，似乎已远到看见被儿女遗弃后自己的晚景。有一天，柏杨先生跟一位朋友上街闲逛，只见对对夫妇，有的抱着孩子，有的牵着孩子的小手，亲密之状，可画出一幅感人的天伦行乐图。忽然间，朋友叹曰："柏老，你可想到，二十年三十年后，他们是啥模样？"嗟夫，一旦人们都如此这般"看穿啦"，孩子们的幸福就告一段落。

所以，孝的教育必须赶紧拼命地推广，我可不是强调《孝经》，犹如国家整军经武，不是强调跑马射箭一样。而是主张推广现代社会上可行的孝道，这责任要父母子女，共同承担。且让柏老说出几点意见，贡献给各位读者老爷之前，如果你认为对，就灌我两条匙米汤，说我学问真大。如果你不同意，坚定地要玩一玩两头尖的利刃，也就悉听尊便。

首先，也是最要紧的，老爹老娘再忙，至少每天或每隔一天，定要跟孩子们聚在一起，共进晚饭，一家人团团而坐，一面吃，一面东西南北地瞎聊（孔丘先生"食不语，寝不言"那一套传统文化，千万别搬出来。否则饭桌就成了殡仪馆，全砸）。孩子们吹吹孩子们的奇遇，老家伙们谈谈老家伙的见闻，父母子女间的感情虽是天性，也需要时间累积的培养，才能根深柢固。发现孩子们的错误，千万别做一代宗师状，翘胡子瞪眼，一翘胡子瞪眼就把全部情调破坏，不但倒了胃口，而且孩子们以后再也不敢口吐真言。必须耐心兼细心地说服，一次不行，就一百次，尤其不要用讽刺或绝情的话，那只会激起严重的反应——甚至逼得儿女叛变。有些老家伙一天到晚忙得像没头苍蝇，跟儿女三年不照面，还干号曰："老爹辛辛苦苦，全都是为了你们，供你们吃穿上学，又供你们放洋。"这种人应该打嘴，盖他只算尽到了"养"的本分，算不上啥功劳，必须更要尽到"育"的责任，才是完整的父母——值得儿女孝顺的父母。孩子们有没有家教，就在这每天的一顿晚饭上，利用每一件孤立的事件，或鸡毛蒜皮的事件，提示孩子们忠厚宽恕，尊重别人的权利，尊重别人的意见，也就是处处要为别人想一想。每人都有自私的天性，所以对自私不必大惊小怪，每个人生下来像柏杨先生这种天纵英明的很少，差不多都缺少恢宏的气度和宽宏大量，但这些可以通过训练自己得到。自己训练自己，也训练儿女，并且教儿女训练自己。"处处为别人想一想"，说来稀松，谁都会哇啦哇啦讲两个小时还讲不完，但做起来真能把人憋死，也正因为如此，它才有价值。孩子们要练习去克制和削弱天性的自私小心眼，进一步培养出高尚的情操——待人要厚，要恕。这必须老爹老娘帮助他们。老爹老娘撒手不管，以致儿女们长歪啦或长斜啦，就不能怨天尤人。

其次，任何人都有感恩的情操。问题是，年轻人对别人的不孝事件，无不义愤填膺，但自己做起来，却毫不动心。一旦读了中学堂，就对父母左瞧不顺眼，右瞧也不顺眼。一旦读了大学堂或当了留学生，第一个想到的就是叫老爹老娘当老妈子。读一读杜甫的《洛阳白头翁》诗："此翁白头真可怜，伊昔红颜美少年。"父母并不是天生龙钟，终身为公子才女呼来喝去的奴才。父母对儿女的要求并不多，儿女只要说两句好听的话，就足够老爹老娘欢天喜地。不过儿女最吝啬的，却正是这种好听的话。卜商先生曾向孔丘先生问孝，孔老爷曰："色难。"看样子纵使三千年前农业社会，儿女们的笑脸也很罕见，所以公子才女应该多想一想，既然对巷口那个卖担担面的老汉都谈笑风生，为啥不能对嫡亲爹娘，假以辞色。吾友郭衣洞先生，前几天有点贵恙，柏老买了一副烧饼油条，前往探望，只见他阁下蓬头垢面，光脚丫穿着木拖板，活像一个小偷，正蹲在地下给他女儿洗衣服哩。看见柏老驾临,哎哟了半天才直起腰杆。正当此时,他的宝贝女儿回家,搂着老家伙的脖子,嗲曰:“你真是世界上最好的爸爸。”他阁下一听,嘴巴笑得足可塞下一个保龄球。我想此公真是一绝,前半辈子被大女人“你真是世界上最好的丈夫”,嗲得走投无路。现在又为了同性质的一句话,死心塌地为小女人卖其残生。

不过,话又说回来,儿女实在应该训练自己,常常地安慰父母,鼓励父母,赞美父母,跟父母做一个好朋友,心平气和地谈谈心,交换交换意见。有些儿女吃爹娘、穿爹娘,全部薪饷都下了腰包,偶尔给老爹买一条劣质领带,或偶尔给老娘买一条一戳就透的小手帕,老爹老娘就坐不住,到处宣传啦。一本杂志上登过一位外交官的文章,这位外交官从埃及返国,途经印度,正在印度读书的儿子为老爹洗了一下头,老爹就感动得不可开交。于是柏杨先生终于发现,父母乃天下最可怜的动物。奉劝各路英雄好汉,佳人才子,趁着这两位可怜动物还在,善待他们,向他们笑一笑,听他们一句两句从痛苦中得来的血泪经验,也是一种善行。

再其次,我们想,古时候孝的教育未免太多,而现代孝的教育又未免太少。不知道是谁发明“代沟”一词的,确实道出两代间心理上的差距,值得我们正视。可是,这种学术名词,却被有些年轻人当作专门对付老爹老娘的法宝,既然有学理根据,老爹老娘就招架不住,这种副作用,恐怕是那位学者做梦都梦不到的也。嗟夫,在某些事件上,确实是代沟,但是另外某些事件上,则不是代沟,而是祸福沟。“不听老人言,吃亏在眼前”,我们的学术、小说、诗、电视、电影、绘画、音乐各方面的当权派,和作家老爷,不知道能不能多创造和多传播一些孝道,用艺术的方法(可不是用流行性感冒的方法),为上一代,更为下一代,提示一条应走的道路,使脑筋沸腾的年轻人,能稍微静一静,为别人,也为老爹老娘多想一想。古老的《二十四孝》巨著,千万不要提它,全是屁话。我们需要新的赞美孝道的作品。对孝的淡漠,是人类开始堕入畜生道的预告片,再不打住,正片就要出场。写到这里,抄上一段报上的消息:

一块约一公尺平方的木板,在二十岁的高秀娥眼里,就是她一双不良于行的腿。她没有足够的钱,装置一副能助她便于行动的义肢架。

高秀娥表示,她这一生恐怕是站立不起来了,除非善心人士帮助,不然永远坐在小木板上,用自己的双手抬着,东磨西拐地在地上爬。

高小姐说,十几年来不知道磨坏了多少木板,也积存了很多别人丢弃的木料,准备着做自己的一双"腿"。

她又说:有一次,一位面带慈祥的好心人,双手赠送她一副义肢架,她好高兴,但那是在床上做的梦。回忆着梦境,希望总有那么一天,梦会真的实现,自那次幻梦后,就经常跪在床前祷告。

高小姐的家境清寒,父高阿春(五十八岁,住苗栗造桥乡大西村十四号)原业杂工维生,不幸于七年前因车祸成了半身不遂,失业在家。为了生活,其母陈英妹(五十三岁),虽身体不佳,也只得做些杂务或手工来持家。

高秀娥小姐说,三岁那年,因病发高烧,病愈后,背部形状弯曲,而双腿肌肉萎缩,一直没法站立与常人般步行。从那时起,就用木板来爬,十几年都是矮了别人半截。

心存孝道的高小姐说,父母生我抚育,又使我小学毕业,可幸的尚有一双手,如今已二十岁了,做女儿的总不能眼看父亲的病无医治疗,一方面为了减轻妈妈的工作,所以必须自力自强,出外谋生,要好好侍奉双亲。

高秀娥从苗栗到新竹,请求平时热心帮助残障者的顾乎佑神父相助,并经介绍到新竹市宝山路一一九巷四号艺海玻璃艺品社工作。

艺品社老板林福南闻讯,非常同情高秀娥,也敬佩她一片孝心,于是让她在社里做工艺品。

初习手工艺品的高小姐,月薪不多,她将每月的薪水寄给父母,每月只留二十元,这不是零花,她认为积存起来,作为安装义肢架之需。当高秀娥获知一副义肢的钱很贵时,她流着泪珠说:天哪!我今生今世恐怕是永远站立不起来了。她木然坐在厂房角落抽泣。

柏杨先生把这段报导,拿给孙女看,盼望她能说出帮助高小姐的话,万万料不到,孙女看了一半,就一甩而去。我踉跄地追上问曰:"阿囡,你看完啦?"她曰:"看完啦。"又问:"有啥感想?"她曰:"天下受苦的人多的是,也不是我害的,管不了那么多。"天乎,天乎,柏杨先生的命运已经注定,各位不必操心。但我向读者老爷哀求,你是不是可以帮助这个可怜的孝女。你如果肯的话,那么,我建议你不要自己做,而要鼓励你的儿女们去做。

假如你阁下的孩子跟柏杨先生的孩子一样,只想到自己,我看,你跟柏杨先生,活着都没啥意思。

8. 齐天大圣也不敢写包票

从前农业社会,老年人最吃得香。盖农业社会变化较少,而农业生产的方法,几乎全凭老年人的指点。一个农家,如果没有老头老太婆面授机宜,要想在田里种出来漂亮的麦子稻子,恐怕不可能。不但恐怕不可能,而且简直不可能。代代累积下来的经验,全部储蓄在老年人的尊脑,老年人自然成了一个备受尊敬的活宝。同时,土地这玩意儿,只能分割,不能乱搬。柏杨先生到台湾后,就一直研究,用个啥魔法,把我在重庆乡下那三亩田,搬到台北西门町,如果能够办到,我可要狠狠地阔上一阔。不过,研究的结果,发现有点困难,在这点困难没有克服之前,土地就硬是搬不动。而土地又是唯一的生产场所,一家人不得不挤在一起,三世同堂,五世同堂,甚至九世同堂的场面,就出了笼,握有土地所有权的老家伙,自然也威不可当。

在工商业社会,老年人的地位却一天一天地没落,社会结构的改变,使老年人的价钱也跟着下跌。古老的成语曰"含饴弄孙",是描绘晚景快乐的特写镜头，在这个特写镜头中，老家伙把含到口里的梨膏糖，往孙儿的小口里又塞又喂，祖孙二人，咭咭呱呱，笑成一团。可是，现在你阁下"含饴"一下试试，不要说用嘴去喂，要被下一代活活打杀，就是没洗手去拿块巧克力去喂，儿子媳妇都会像谁在他们屁股上戳一刀似的喊叫起来。这种情形之下，老家伙动辄得咎，还权威个屁，乐个屁。工商业社会每个人都有他们特有的生产工具和生产方法，"八仙过海，各显神通"，一个家庭成长到某一个阶段，就像挨了原子弹，轰然四散，一个不留——只留下老头老太婆，独守空闺，坐以待毙。

吾友莫泊桑先生写过一本小说：《女人的一生》，柏杨先生将来也想写一本小说：《男人的一生》，包管比老莫的还要叫座。大纲是这样的焉，一个男娃隆重诞生，天纵英明兼少有大志，然后一条鞭——由小学堂而中学堂，而大学堂，而留洋学堂，而做官，而娶妻，而生子。当其子之初生也，同样的也是天纵英明兼少有大志，连左邻右舍，也都认为非常的不同凡品。年轻的爸爸到处宣传曰："俺可不是癞痢头的儿子自己说好，俺那娃儿，硬是比别人的娃儿聪明。"如果有人胆敢不信，他就举出一千零一个例子，如果胆敢继续不信，从此就成了血海深仇。儿子上了小学，跟同学打架，年轻爸爸卷袖而上，结果被抓到警察局，坐了三天班房。儿子上了中学堂、大学堂，老爹——这时候已成了老爹啦，则加日班，加夜班，暗中写稿，明中兼课，把儿子养得又白又胖，又纵又骄。只十年时间，老爹老了四十岁，又黑又瘦，又驼又躬。好容易千方百计，把儿子送到美国，儿子在美国跟女朋友闹翻，老爹拔刀相助，一连几封信把该女朋友骂得狗血淋头。不久儿子跟女朋友和好如初，而且结了婚，老爹惊恐之余，就又写信向媳妇道歉，自动招认是"老混蛋"。后来儿子得了马死脱，老爹逢人就嚎，眉飞色舞，谁要是不听他说完，他就恨谁一辈子。等到儿子得打狗脱，老爹的态度就忽然谦逊，向全世界宣称，这不是他自己的光荣，而是国家的光荣，没啥可张扬的。然后自己掏腰包拜托朋友登个"恭贺一同"的巨幅广告，再自己掏腰包登一个万不敢当的答谢启事。哎呀，忘了告诉你最精彩的一段，自从儿子放洋那天起，老爹老娘就开始了“华援”运动，从邮政局猛寄不算，每逢有学人回国（按，凡是美国回来的，都是学人，读者老爷不可不知），老爹老娘必定拜托带上左一包衣服、右一包首饰，以及用罐头特装的老娘亲手所做，儿子最喜欢吃的辣子鸡和蛋炒饭之类。光阴似箭，日月如梭，老爹老娘年龄更老，办了退休。有一天，老娘驾返瑶池，儿子来电报说，正在从事一项伟大的科学研究，不能分身，特嘱老爹暂代孝子。安葬已毕，老爹洒了两行眼泪，回到如同旷野的公寓里，摸摸这个，弄弄那个，不是老妻的手泽，就是儿子幼时淘气时的回忆。于是一天复一天，一年复一年，独坐在花前月下，看看儿子偶尔寄来的信和信中所附的孙儿们的照片，瞧瞧街头的车如流水马如龙，四顾茫然，踉踉跄跄地踱来踱去，一盏孤灯，两声叹息，接着是大痛小痛，浑身上下，能害病的地方都害了病。三更半夜，口干舌渴，想喝口水也只有自己爬起来。终于大限来到，在浴盆里抽了筋，淹死了。

——读者老爷如果嫌这个结局不够壮烈，那么，叫他死在医院里也行。不过死后的哀荣却是一样的焉。敝小说到此为止，我看这个男人还算正常而高级的，有些男人的一生，如柏杨先生之流，那可等而下之。不过不管怎么说，有一点却完全相同，那就是，他们对儿女付出的太多，而得到的回报却太少。

从《女人的一生》到《男人的一生》，可寻找出构成“代沟”的主要原因：老爹老娘对儿女幼时的一举一动，一哭一笑，都刻骨镂心，永志不忘；不但不忘，随着岁月的增长，而更历历在目。我们常看到老太婆喃喃自语，数说着儿女幼时的种种儿语——一个四岁的娃儿偶然在妈妈耳边说一句：“我长大了养活你。”或搂住爸爸的脖子嗲曰：“我好爱你啊。”就足够老爹老娘衔恩终身矣。问题就出在这上，随着岁月的增长，儿女已把儿时的往事，忘了个净光。即令不净光，所残余下来的也寥寥无几。这准是上帝先生故意如此安排的，盖儿女如果把幼年往事记得清清楚楚，恐怕他简直无法活下去，父母深恩，重压在他心头，会使他粉身碎骨都报不尽，所以不如一忘了之。这是容易产生不孝行为的先天原因,盖天意如此,也是为了保护下一代而设,我们不必跟上帝先生吵架。

事情既然弄成这个模样,新孝道也可以说是一种再教育。我们并不把下一代孝不孝的责任,全部推给上一代,但上一代却必须时常检讨自己,如果自己做出来一些使儿女蒙羞或痛恨的事情,你就没有资格指摘儿女不孝。举个例吧,假如你阁下在儿女小时候就把他们遗弃,任凭他们辗转沟壑,若干年后,儿女发达起来,而你阁下沦落到他公司当门房,你说,你还有脸端老爹的架子乎?就在前天,柏老到一位老朋友家,正要开口借钱,就听她的女儿向老娘吼曰:“我一直爱你,尊敬你。可是你做出来这样的事,我再不爱你,再不尊重你。”吼罢跺脚而去,老娘气得当场翻白眼。该老娘做出啥事,我不知道,我只知道一家热闹哄哄,钱没借成。

不过,就在父母有错处的地方,也正是儿女显示是不是厚道,是不是恕道的时候。恕道是啥,恕道就是“爱”和“谅”。不但朋友夫妻要相爱相谅。父母子女也要相爱相谅,爱很简单,谅可是一种高贵的教养。只有爱,没有谅,埋着头苦苦苛求,纵是天伦骨肉,也要砸锅。儿女们要记住一点,老爹老娘再坏,却不希望儿女如法炮制,不希望儿女走上父母误走了的已无法自拔的覆辙。做儿女的要体谅,这正是对自己的爱心。

这爱心往往表现在噜噜苏苏没个完上,使儿女们最冒火的,也莫过于这种噜噜苏苏,到处宣传老爸老妈是碎嘴子。柏老的贤孙女每次洗罢她的尊脸,就拍拍手如飞而去,我一再告诫曰:“阿囡,洗完脸要关上龙头。”于是她就告诉她的全班同学说,她家里的老汉是一张滑了线的破唱片,一句话能反复叫一万遍。可是,她阁下却从不提她已一万次没有关水龙头。儿女们一定要努力练习一种教养,除了为自己着想外,也要想想别人,更要想想爹娘。老爹老娘为了陪伴孩子,不惜与世隔绝,不惜把自己关在家庭厨房,不惜断送青春红颜。而当儿女的,实在应该动一动怜悯之心,说几句感恩的话吧,做几件感恩的事吧——即令是小动作也价值连城,不要总是等到忏悔已没有用的时候,再鼻涕一把泪一把地去忏悔。

一位读者老爷远巴巴地从台中来信,请教我曰:"柏老,你学问甚大,说了这么多,我们都照办不误,你看能不能使儿女改变态度。"我想,连齐天大圣都不敢写包票。这里面多少还得靠点运气,如果你阁下和少爷少奶,其乐融融,你当然可以像吃了人参果。如果你阁下的少爷少奶,仍走他们自以为是的路,猛玩两头尖,那柏杨先生就老老实实地劝你,认命算啦,想开点。你如果既不认命,又想不开。那么,柏杨先生还有一策,请你赶快攒点银子,先去精神病院订个座。

9. 蒋程九·移民·绿卡

正当我们讨论孝道的时候,忽然间蒋程九先生暨夫人陈凤兰女士,在美国露了一手。他们两位露的一手是,三年前把台北的财产卖了个干净,移民美国。那时候大概良心还没有丧尽,仍留了一栋在台北县永和镇中兴街的楼房,用月租的三千元,供老爹蒋世效先生作为生活费用。在目前的台北,三千元不够既住房子而又吃得饱。老爹今年八十有六,则那一年已八十有四矣,打工既不行,只好住进救济院。而蒋程九先生不知道跟他父亲有啥怨仇,仍觉得没有赶尽杀绝,心有未甘。就在1977的今年,把那栋房子也卖掉啦。这真是高级杀手,看你老家伙死也不死。老爹饥饿难忍,告到衙门里,检察官郭波先生明镜高悬,不管蒋程九先生是不是假洋鬼子,硬是提起了公诉。将来如何,是另一回事。但这公诉是一个社会公道,公道就像水泥,没有公道,社会就要分崩离析。

老爹蒋世效先生曾到美国找过他的儿子,可是,报上说,儿子却闭门不纳。这幕镜头可卖给电视公司:儿子媳妇在房子里抱着孙儿孙女,围着熊熊火炉,又吃又喝,又说又笑,其乐融融;一个白发满头,万里寻子的老父,被关在门外,憔悴伛偻,背着一个小包袱,拄着一根拐杖,呆呆伫立,风雪四起,饥寒交加,一幕一幕地回忆着往年抱儿搂女的“天伦之乐”,然后转回身子,踽踽地消失在渺茫的黑暗之中。这就是蒋程九先生父子会面的情景。报上偶有弑亲的骇人新闻,我认为蒋程九先生比他们都高明得多。盖凶性大发,杀了老爹老娘,准吃官司,大多数都绑赴刑场,执行枪决,能判个坐牢,已算很运气啦(但这运气也实难消受,据柏杨先生所知,凡因忤逆而坐牢的,在囚犯当中,都是被轻视、被凌辱的对象,那日子不好过)。而蒋程九先生却棋高一着,深谋远虑,让老爹活活气死饿死,杀人而不见血,我们就不能不服。

值得加以研究的是蒋程九先生的夫人陈凤兰女士,媳妇对公公,本就隔了一层,儿子已经王八蛋,何况媳妇乎。但老爹连媳妇也告了进去,可见这位媳妇在这场“饿死老父”的一剧中,恐怕是扮演了重要的角色。即令陈凤兰女士不是主动的,可是,孝道就是厚道,不要说是丈夫的爹,纵是丈夫的狗,纵是敲门伸手的老乞丐,甚至是在台湾时有一面之缘的那个卖馅饼的,一旦流落番邦,人不亲地亲,也总不能不小作救济,就忍心赶走。我想,一条被盖不住两样人。用不着看法医老爷的鉴定书,就知道这一对夫妇的性格人品,是从一个模子里浇出来的,吝啬、恶毒、忘恩负义、笑里藏刀。我们曾把不孝的行为譬喻为两头尖的利刃,看起来有时候却硬是一头尖的。蒋程九先生已五十有八,陈凤兰女士也五十有四,已不是孩子不懂事时冒犯父母的那种行为矣。到了这么大年纪而仍忍心对亲爹残酷无情,说明他们的良心已经罄尽,永不会自责。他们二位远在美利坚,似乎永不会再回国内,法律对他来说,不值一个铜钿。但站在一个中国人立场,必须扑杀此獠。

有一个问题一直憋在心里,那就是,请问老爹蒋世效先生,你阁下何至荒唐到全部财产都被儿子没收的程度?我们实在不懂。就在前天,柏杨先生就给一个糊涂蛋老家伙上了一课。该老家伙是一位七十多岁的朋友,他心爱的幼子也三十出头啦,前年移民美国,知道老爹在台北还有一栋房子，就天天来信要老爹把那房子卖掉，供他在美国置产。老爹最初还十分笃定，后来被儿子甜言蜜语（包括接他到美国养老之类），说得春心大动，就决心要卖。问柏杨先生要不要，柏杨先生当然要，言明二百万元（读者老爷先别鞠躬），前天上午，请来代书，要当面银货两讫，柏杨先生一文钱也没有，只有一副烧饼油条，该朋友大怒曰："你这是干啥的？"我曰："兄弟，少安毋躁，细听我讲。房子一旦卖啦，你住在哪里？你要是存心打我老人家的主意，想往我现在住的汽车间里挤，那可不行。我虽然没有钱给你，结果却跟有钱给你一样，反正你房子没啦，钱也没啦。就是付你白花花的银子，你仍然是房子没啦，钱也没啦。而且你阁下的儿子老爷，认为花你的钱是天经地义，敢有半个不字，手起刀落。而我老人家平空得了这栋房子，对你还有点感谢之情，将来有一天你病倒街头，或饿得发慌，到我尊府，多少都会打发你一点残菜剩饭。你如果把钱寄给儿子老爷，他可是没有感谢之情的，一旦你爬不起来，连残菜剩饭都没有。君不见蒋程九先生乎哉也。"他曰："你怎么敢说我儿子是蒋程九？"我曰："你又怎么敢说你儿子不是蒋程九？"该朋友照我脸上就是一拳，我岂能伤在这种蠢材之手，当下就鹞子翻身，一溜烟而去。这两天没听他再嚷嚷，大概正在恍惚。奉劝天下父母心，有时不得不重新评估对儿女所付出的牺牲，尤其是当儿女已长大了之后，要教育他，要帮助他，但不要乱宠。三十多岁不能自己闯天下，还要榨尽老子娘最后一滴血，当老子娘的，应多用点大脑。

多少年来，人们以移民美国为上策，以身怀"绿卡"为安全和荣耀。一个人身怀绿卡，走起路来就像只骆驼，气象非凡。"绿卡"是啥，柏杨先生也弄不清，据说是一种随时可以驾起孙悟空的斤斗云，去美国当洋大人的玩意儿。最近有位徐哲夫先生，在报上大登广告，定于某月某日，要在台北希尔顿饭店举行收费的专题讲座，题目曰"如何投资及移民美国"。缴费登记的风起云涌，但也触了众怒，一阵炮轰之下，徐哲夫先生只好放下屠刀。但他恐怕不见得马上成佛，我想地下讲座一定开得热闹。

《中国时报》记者老爷曾瑞钦先生，曾把蒋程九先生的杰作，和徐哲夫先生的杰作，结合在一起，写了一篇报导，并举出很多移民美国的悲剧例证。引用但汉章先生《旧金山的国际旅社风波》一文，叙述几十名老弱华人，在大批白人武装警察强制执行下，被赶出栖身之所的陈旧国际旅社。奉劝国人扪心自问，排出心中的魔障。柏杨先生觉得这种“魔障”不是几个、几十个，甚至几千个例证可以挤掉的，因为凡是移民或绿卡人物，都有一种自信，自信他不同于那些例证。而且事实上也确实有很多移民，拥有很高的地位，受到美国社会的接纳和崇敬。还有一点，柏杨先生并不以为移民就是魔障，移民应该是一种好事。问题在于绿卡，身怀绿卡的人，太平时候他是中国人，危险时候他是美国人，却插身台湾，一面高喊爱国，一面猛和稀泥，这才是严重关键。

我们常喜欢跟以色列相比，恐怕是拉着玛格丽特公主叫舅妈，认错了亲。至少中国人的团结精神和同胞爱，比不上以色列，在美国的中国人比在美国的犹太人，尤使人失色。柏杨先生有一位朋友的弟弟，在美国某家大公司做事，顶头上司是中国人，平常因有乡国之谊，遂有通家之好。当公司裁员时，他窃窃自喜，以为准没有啥，结果他被第一个开刀。盖该顶头上司中国人的想法是，必须先对自己人开刀，才能显示他的大公无私。犹太人就不是如此，他们能为自己的同胞卷袖子拼命。在美国读学位的年轻人大多数都怕指导教授是中国人。像孙观汉先生和他的那些朋友，他们对中国学生的爱如子弟，关切帮助，无微不至，可说是太少。有些稍有地位的中国人，往往为了保护自己，宁愿牺牲同胞，其情形跟蒋程九先生有异曲同工之妙。这是我们缺少热情和浓厚爱心的堕落气质，使我们汗流浃背，也使我们警惕。

10. 活该他喝酪浆

人人都知道扎吗啡不好,却硬是有些人猛扎吗啡,难道瘾君子都是傻瓜乎哉?事实上瘾君子无一不聪明绝顶。柏杨先生这一辈子见的瘾君子多啦,包括柏杨先生的太夫人在内。想当年吾友溥仪先生还没有从清王朝的宝座上退位,敝太夫人已开始吸食鸦片——那时候吗啡、海洛因、速赐康之类,还没影哩。敝太老爷就请了无数专家权威,和归国学人,向她老人家解释鸦片之害,料不到每次这些专家学人还没有开口,敝太夫人就向他们宣传鸦片烟简直吸不得,接着一一指出其为害之点——一点、二点,七、八、九、十、一百点,把那些专家学人,说得一愣一愣。盖她老人家知道的比他们知道的至少多一倍,于是无不甘拜下风。结局是柏杨先生之家,片瓦无存。

孝与不孝,情形相同,人人都知道不孝简直是禽兽行径,可是有些人却硬是狠得下那种心肠。这些人当听到别人不孝的时候,也会由衷地咬牙切齿,不共戴天,可是自己却偏偏做出不孝的事情,难道他们也全是傻瓜乎哉?恐怕也同样恰恰相反,不孝的人也无一不是聪明绝顶之士。政府机关也好,民间团体也好,真应该做一个调查,调查调查不孝之徒的智力商数,恐怕要比普通人高得多,否则的话,他狠不下那种心肠。盖人都是有天良的,一个平凡的家伙,要想把天良昧尽,可真不容易。不要说昧大天良,就是昧一下小天良,也能三天睡不着觉。所以必须有绝高的智慧,才能在利害和亲情之间,加以理智的选择。选择了抛弃亲情之后,他还要有极其伟大的理由——足可以跟"大义灭亲"之类相匹敌的伟大理由,才能把天良完全窒塞,必须这样,他虽然做出人神共愤的丑事,而仍能照样快快活活过日子。

任何不孝的人都有他的理由,那理由是:一切罪过全在老爹老娘身上。我们在报上所看到的一些节目,都是我们站在老爹老娘立场的一面之词,如果问问当事人,包管他们有他们的说法,我们倒极希望听听蒋程九先生和其他同类动物,说说他为啥如此。我敢跟你赌一块钱,他准有他的理由,这理由因他聪明加三级的缘故,恐怕有时候也真的能使你恍恍惚惚,将疑将信。

柏老想起一位历史上的名女人,谨在这里介绍介绍。此婆姓刘,名玉娘,头衔尊严,使人起敬起畏,曰"神闵敬皇后"。当十世纪时,正逢五代十一国,中国大乱。她爹刘山人携带着十几岁的玉娘逃难,遇到晋王李存勖的大将袁建丰先生,正在纵兵大掠,既抢钱财,又抢美女,发现了玉娘,当然毫不客气。刘山人为了女儿,抵抗那些兵老爷,结果是可知的,被打翻在地,血流如注。刘玉娘女士被抢走之后,献给了李存勖。她阁下真有一手,把李存勖身边的那些美女如云,一个一个打垮,嗲曰:"普天之下,只有俺奴家是真心爱你的。"李存勖信以为真(这不能怪李存勖先生,任凭谁都得信以为真)。有一天,夫妇俩巡查到魏州(河北大名),那是她的故乡。刘山人不知道从哪里得来消息,听说他女儿的下落,大喜逾恒,赶紧赶到行宫探望。李存勖先生把他的大将袁建丰先生找来,袁建丰先生一瞧,立刻认出就是那位倒霉老头,曰:"当我们动手抢人时候,有个黄胡子护卫着夫人,嗨,就是这个老汉。"李存勖先生也为他的爱妻能父女团聚而高兴,急忙向刘玉娘女士报喜。于是乎,事情急转直下,换了另一个场面,特写镜头出笼,刘玉娘女士大怒曰:"俺离开家时,啥都记得,俺那可怜的老爹,死于乱兵,俺还伏在他老人家的尸首上哭得死去活来,这个庄稼汉,怎敢找上大门?"颁下懿旨,把刘山人就在行宫门外,打了四十大板,打得老头血肉糊涂,哭号而去。

我想刘山人当初"护女"时被杀了还好些,免得再受苦刑,不但打碎了他的身,也打碎了他的心,千年之后的今天,我们还为这老头一洒同情之泪。

刘玉娘女士如此对待她的父亲,是有理由的,她的理由是不能容许庄稼汉冒充她爹。但真正原因却只有一个,盖唐王朝时代,最重门第,刘山人如果是个宰相,嗟夫,一场父女相会,该是一幅多么动人的天伦重聚图,偏偏刘山人跟柏杨先生一样,属于三无牌,无钱、无势、无地位(蒋程九先生的老爹,如果腰缠十万贯,骑鹤下加州,恐怕形势大变。他之贸然相投,是不读史之故,没挨板子已经很现代化啦)。而刘玉娘女士正在跟美女如云争宠,忽然冒出一个三无牌老爹,不但不能增光,反而成了累赘,在亲情跟利害之间,加以选择,因她聪明绝顶,当然发得起狠。读者老爷听了她的说词,如此的确确实实,不由得不想:她爹早死,也是可能的呀,看她哭得一枝梨花春带雨,不像假装的。

——我们附带报告一下刘玉娘女士的结局,当 926 年,李存勖先生被叛军流矢射中时,急忙把箭拔出,口渴得要命。这时刘玉娘一看大势已去,在夫妻之情跟利害之间,再加选择,于是她又有了聪明的决定,不但不去看李存勖先生一眼,反而叫宦官送去一碗酪浆。呜呼,拔箭之后,喝水还有活的希望,喝酪浆是非死不可。于是,李存勖先生翘了辫子。刘玉娘女士收拾收拾金银财宝,跟皇弟李存渥先生,双宿双飞,率领七百人的骑兵卫队,逃到太原,结果是被新皇帝李嗣源先生在她那可爱的玉颈上,喀嚓一刀。我们附带报告这些,不是宣传因果报应,而是说明:孝道就是厚道。当刘玉娘女士下令拷打她亲生之父时,李存勖先生应该警觉到她的潜在恶毒,绝不是一个可信赖的朋友,更不是一个可信赖的妻子。李存勖先生不这样想,活该他喝酪浆。

我们举的这些例子,如蒋程九先生的"逐父",刘玉娘女士的"拷父",都是顶尖的杀手。杀手并不常见,一旦上报,自然轰动。我们忧虑的倒不是这些杀手会层出不穷,而是忧虑那些中等程度的不孝——年轻人的两种可怕的趋势:一种趋势是下一代对上一代,毫无感谢之情,而感谢之情是爱的基础,无论是天伦之爱、朋友之爱、夫妻之爱,或对国家之爱。下一代对父母的态度,就像对一个付款机器,要一百元如果只给九十,就大发雷霆。而且认为老子娘的一切牺牲都是活该，都是自作自受。最使柏杨先生发抖的是，有些年轻人竟然认为老一辈谈起他们孩提时候的往事，简直是一种激发他们孝思的阴谋。一位朋友十七岁的女儿经常委屈万状地呐喊曰："这几天，老汉叫我听我三岁时的录音带，讨厌得要死，真受不了。"（大概看看幼时的照片，还受得了。）一位女学生为她现在只有六岁的儿子照了很多活动电影，我真担心那位儿子老爷长大，老娘敢不敢放映给他看。

另一种趋势是，下一代似乎认为"天下没有对的父母"，父母永远不了解他，永远在"管"他。于是把老爹老娘吓得胆战心惊，啥也不敢问，三更半夜回家不敢问，两天两夜不回家也不敢问，功课不及格也不敢问，交什么朋友也不敢问，"关心"变成了"管"，"建议"变成了"不了解"，"规劝"变成了"代沟"，有些父母千方百计想当儿女的朋友而不可得。我的一个离了婚的男学生，揍了女儿一顿，女儿不知道从哪里弄来一把小刀，照手腕上割了一下自杀，这当然是把老爹恨入骨髓，之后还写了一封长信，把老爹骂了个狗头喷血，父女十七年的感情，遂一笔勾销。想一想人生又有啥意思。

说来说去，我们没有具体的办法解这个结。有一天，我老人家在巷口小摊上吃面，等老板下面期间，看街上拥拥挤挤，除了人，就是人，简直到处是人。忽然间有点恍然大悟，如果下令三十岁以下的年轻人三天不准出门，那么大街之上，恐怕稀稀落落，没有几个人影。这说明大多数下一代都是在太平日子里出生兼长大成人的，老爹老娘经过太多流泪流汗的日子，那时候一家大小挤在一间榻榻米屋子里，能有一个收音机，就是大富大贵，谁要是有个电冰箱，就立刻摆到客厅——没有摆到大门口敲锣，已是很有修养啦。因为经过太多的苦，所以把全部幸福都报偿给下一代。而年轻朋友是在温室中长大的，不但没见过风浪，也没听过风浪——也拒绝听风浪。呜呼，"棒头出孝子，娇养忤逆郎"。棒头不见得出孝子，但娇养却很容易出忤逆郎。

抱怨上一代，影响还小。没有感谢之情，关系到一个民族的素质，这是一个可哀的隐忧。

11. 中文系毕业生何处去

《笑林广记》上有这么一个故事,甲先生和乙先生在道上相遇,乙先生曰:“听说你生了一个儿子,恭喜。”甲先生曰:“不是一个儿子,是一个女儿。”乙先生曰:“也罢。”甲先生一肚子火,恰巧过来一顶轿子,四名臭汗淋漓的轿夫,抬着一个官太太。甲先生曰:“老哥,你瞧,四个‘恭喜’,抬着一位‘也罢’。”

中文系在现代人们的观念中,似乎也有点“也罢”的滋味。美国哈佛大学一向有一种优越感,认为只有哈佛才算大学,别的大学不过小杂货铺,引起的反感可就大啦。有别的大学斯密斯先生和约翰先生焉,闲逛动物园,斯密斯先生指着一头企鹅曰:“它阁下一定是哈佛毕业生。”约翰大惊,斯密斯曰:“看它那种昂头阔步,目中无人的模样,不是哈佛毕业生是啥。”我们也可以反而套之,在目前的台湾,一个大学生如果看起来精神不振,自顾形惭,用不着到测字摊算卦,就可以肯定他是中文系的。柏杨先生就常有这种奇遇,有一天,到朋友家串门,朋友的大学生儿子进来,我就问曰:“你念的是哪一系呀?”只见他面红耳赤,扭扭捏捏,我就赶紧往别的地方瞎扯,可是吾友没有柏杨先生这么聪明,不了解现代行情,催之曰:“告诉柏老呀。”小伙子只好硬着头皮答曰:“中文系。”声细如蚊,要不是柏杨先生耳朵奇尖,简直听不见。

中文系在大学堂各系中的排列顺序,是第一把交椅,只要有中文系,在各系中一定要坐首席。我们既是中国人,又说中国话,又写中国字,又读中国文,而中文系却马尾提豆腐——提不得,实在叫人双目流泪。最近,台北《自立晚报》刊出陈媛裕女士的一篇大文《中文系毕业生何处去》,道出了中文系的种种伤心。嗟夫,柏杨先生念北京大学堂文科时，文起九代之衰（本来是八代的，我又给它加上一代，就是“五四”那个使大家七嘴八舌，心惊肉跳的一代）。还没出学堂哩，各衙门敦聘“夫子”前往屈就的八行书，就雪片飞来。连洋教习都承奉颜色，弄了一大堆各式各样奖学金兼安家费，像摆地摊卖地瓜似的，摆在八仙桌上，苦口婆心地央求学生老爷，务请光临敝邦。想当年何等威风，如今落得“也罢”局面，竟然焦急得不知道“到何处去”，怎不叫人掩面唏嘘也哉。

中文系现在这么狼狈，是残酷的事实，陈媛裕女士的文章代表了中文系学生老爷老奶们的心声，也代表了非中文系，包括全社会的心声。柏杨先生也早都有这种感觉，我虽然没念过中文系，但察言观色，感同身受，而现在又是靠着在格纸上写字吃饭，更不由得同病相怜。不过翻来覆去地左思右想，似乎事实并不如表面上所显示的那么单纯，有很多节骨眼的地方，值得商量商量。

第一，是近程的，中文系因“不被社会所需要”，出路太窄。“出路”——眼前来说就是吃饭，是中文系满面无光的焦点。不过大学堂跟专科学堂最大不同的是，大学堂设立的目的，不是培养就业人才，而是培养追求更高深学问的基础人才。如果为了就业而上大学堂，那算走错了路，既然谁劝也不听地走错了路，走来走去走不到目的地，还抱怨个啥。中文系自认最佳的前途是当中文教习，这就跟柏杨先生晋见大官一样，还未鞠躬，气已先馁了半截，太小看了自己。夫中文教习当然由师范大学堂担任比较合适，不可以认为凡中文系就一定能教中文，犹如不可以认为凡中国人就一定能教中国话。从前洋大人学中国话，只要是中国人，他就拜师，现在的行情有点大变。柏杨先生有位朋友的太太，言语天才是第一流的，英文版《新约全书》简直能倒着背，在美利坚合众国教洋大人学中国话，每天两个小时下来，就像跟谁打了一架，回家之后，气喘如驴。盖那些洋大人死心眼，三更半夜不睡觉，却听白天课堂上的录音，而且听得仔细，某一句中某个字的发音跟另一句某个字的发音，稍有不同，第二天她就得作满意的，也就是有学理根据的解释。中国人对自己语文语气的高低、四声的分辨,一向都是知其然,而不知其所以然,但洋大人却是逼着她非说出个道理不可。于是有一天,她被赶出大门,只不过她坚持"鸡蛋"就是"鸡蛋",而洋大人却坚持标准的北京话,非要读成"鸡子(儿)"不可。——去他妈的"鸡子(儿)",北京话在语尾所加的轻声"儿"韵,实在混账王八蛋,它把语气搞得既轻佻而又不正经,至少它把庄严的气氛完全破坏。可是洋大人也有他赶人的理论基础。是非且不必管,反正吾友之妻如果是中文系,就不愁没饭吃矣。

陈媛裕女士又叹息外文系可以当英文秘书,中文系却沾不上边。这就要问啦,台北市各衙门或公司,有几个英文秘书哉?职位有限,纵是外文系自己人,也挤得丢盔撂甲。何况"英文秘书"跟"中文秘书"的意义不同,目前所谓英文秘书,不过打字员罢啦,中文秘书却是三号老板。当打字员易,当三号老板那就得狠狠地下点工夫。目前的现象是,英文人人都会挤两句,最香气四溢的是阿拉伯文,谁要是精通阿拉伯文,就跟有一个金矿一样,可是万一中东的石油涸竭啦,又怎么办?也是一位朋友,会葡萄牙语,在巴西大使馆就像太上皇,现在也开始没啥意思。中文系的风光,自有不同。

我们可用"出路"衡量一个系的市场,但不能衡量一个系的价值。师范大学堂中文系的学生老爷,命中注定要当中文教习,其他大学堂中文系就不必流口水。能在一家公司润色稿件,正是一个起步,难道一开始就能写出一部让诺贝尔先生花钱的大作乎。至于待遇太低,嚷这干啥,清汤挂面,无依无靠的朋友,有几个是待遇高的?一个大学堂刚毕业的老爷老奶,就要高待遇,那已经毕业三十年四十年的老家伙,难道白活啦。

中文系又羡又妒的,是外文系见了洋大人,可以叽里咕噜,有较多的机会赚洋银子。其实中文系的只要下三个月的苦功,照样也可以叽里咕噜。主要的是,千万拜托,别传染上流行性感冒,误以为中国人乃天下第一聪明,洋大人脑筋都少一条折纹。除了叽里咕噜外,还得有点结结实实的本领才行,否则只能当保丈,或者给洋大人擦背。如果想博得洋大人的尊敬,中文系也占优势得多,有一个家伙上月杪赴夏威夷大学堂当客座教授,洋银子哗啦哗啦地响,他讲的不是莎士比亚,而是"老庄与禅学",假使中文系能把《红楼梦》弄出一个体系来,你对自己和对国家的贡献,可大得多也。

不但中文系,任何大学堂刚毕业的学生老爷老奶,都不应该有"大材小用"的心理。"大材"不是毕业出来的,而是追求、苦修、磨练出来的。薪水太低固然可恨,但薪水太低的结果,绝不铁定产生陈媛裕女士所肯定的:"只求钮口,既少有自我鞭策,更少再进一步进修充实的功夫。"恰恰相反的,薪水太高,恐怕反而会产生这种局面。我可不是也赞成低待遇政策,因为我们现在不是讨论这个问题,只是讨论在低待遇政策下所必需面对的现实,公子才女们总不能天天守株待兔,等钱多啦再发愤图强吧。有些从大学堂刚毕业的朋友,一下子就拿一万两万,它值得羡慕,但并不能保证那就是福。一个没有家累的年轻人,只要还没有饿得躺到马路上哼哼,他就有的是自我充实、自我进修的机会。一定要太监在左边装水烟袋,宫女在右边打扇子,灵感才能被搞出来,才能有盖世之作往外冒,自盘古开天地,可从没有听说过。

要说悲哀,大家一齐悲哀,中文系的悲哀不特别多。理科工科的固可在洋大人之国安家立户,中文系安家立户的机会同样不少,只看你中文的道行如何。只要中国不亡,中文系就永远是一个宝库(即令中国亡啦,像罗马帝国一样不见啦,以中国文化的丰富,中文系更会成为珍宝)。所以,问题不在中文系不中文系,而在你有没有中文系应具备的神通。说句老实话(老实话者,得罪人的话也),目前真正不好意思的应该是政治系,中文系实在没有顾影自怜的资格。

第二,远程来看,中文系的受用是无穷无尽的。举个简单明了的例子吧,任何行业的顶尖人物,到了人老珠黄,都要从顶尖上扑通一声摔下来,学院派谓之"退休"。一旦退了休,他就没得折腾的,只好到街上荡荡,到公园坐坐,晒晒太阳,找找同类,骂骂年轻人把世界搞得不像样,然后瞪着眼等阎王爷下请帖。只有中文系朋友,职业上有退休,事业上永远没有退休,即令活到两百岁,只要一纸一笔在手,仍照样驰骋战场，写写回忆，谈谈往事，深入地检讨人生，可为国家，甚至为人类留下无价之宝。吾友冯志翔先生对打发退休生活，有个一点诀。曰："忙。"但任何系都忙不起来，物理系的总不能在家弄个原子炉，经济系的也总不能在家开个银行，政治系当官的更苦，他总不能在家再充壳子摆架子，吆五喝六吧。只有中文系才有能力"忙"，而且忙得有意义、有成果、有贡献。

最后，也是最重要的，但我们只能长话短说，中文是全世界法定的五种言语之一，国家弱啦，语文跟着也就不值钱（法国人为了他们的法文不能成为世界上唯一的国际语文，简直恨入骨髓，以致准备了很多钉子，随时拿出来给不会法语的人碰），国家强啦，语文的行情就看涨。中文是一个除了西崽之外，谁都不敢轻视的语文，在殖民地型的意识形态中，西崽遍地，隐隐然把美利坚当成祖国，非会英文，跟洋大人拉上关系，简直没得混。但西崽的烦恼是永无止境的，非洲有位作家（偶忘其名），曾在他的大著里，列出英文、俄文、法文、中文、阿拉伯文，认为这五种文字，是世界任何一个学者必修的语文。我们绝不用洋大人乱唬，但这位学者是非洲黑种同胞，就恰可看出中文的分量。柏杨先生可能见不到啦，但陈媛裕女士这一代是可以见得到的，现在中文正位置在时代巨潮的尖端。我们应该认输的，就应该有勇气认输；不应该认输的，实在不必努力认输。中文系各位老爷老奶，以为如何。

12. 一个尊严的榜样

——纪念郑丰喜先生逝世两周年

常有朋友向我喟然叹曰："柏老，柏老，你阁下这一生，真是一个悲剧。"有些人为了证明他所言无误，虎目之中，还流下眼泪。柏杨先生称之为"泪证"，以与"人证""物证"，三权分立。不过我对着镜子细看，又翻了个斤斗再看，实在看不出有啥剧可悲的，盖一直到今天，我都体壮如驴，活蹦乱跳，毫无不景气之象；视七十岁以下的家伙们蔑如也。至于家破人亡，夫妻子女离散，那不是悲剧不悲剧，而是幸福不幸福。而幸福不幸福，却是主观的焉。盛暑期间，一位朋友来访，看见柏杨先生光着脊梁兼光着脚丫，席地而卧，连个芭蕉扇都没有，着实为我难过了一阵子，殊不知我却硬是心静自然凉。环顾朋友借给我住的这个汽车间，纵是约旦国王的皇宫，我也不换。

幸福是啥，幸福含有快乐，但快乐并不就是幸福，尤其是有缺陷、有瑕疵的快乐。好比说，你阁下偷了三十万元美金——对不起，你阁下当然不会偷。好比说，柏杨先生偷了罢，三十万美元固然可带给我很多奇景，恐怕心中一直是个疙瘩。假如是谋财害命，那疙瘩准会更大，说不定发起癫痫。电视上那种坦然自若的职业凶手，并不很多，而且即令是坦然自若，也只是表面的，他的警觉性使他连觉都睡不好。物质的快乐，不等于心灵的幸福，物质的不快乐，同样也不等于心灵的不幸福。

幸福是人类追求的最后目的和至善总和，它赋给人类生命以真正的意义。洋大人常抬杠，有人说幸福是上帝的恩赐，有人说幸福是个人努力的结果。上帝的恩赐属于命运学，我们不必谈它，因为谈它也没有用，反正上帝自己在那里擅作主张，不听我们这一套。我们只认为，幸福是心灵活动，由此活动而认识真理；快乐是获得心灵完美之后的一种必然反应。生命中遭遇到的一些可怖的风暴、挫折、磨难，只能使人不快乐，却没有力量使人不幸福，只看你怎么面对这些风暴、挫折和磨难。

因之，我们崇拜郑丰喜先生。在他面前，柏杨先生的遭遇不过像打一个喷嚏。

郑丰喜先生逝世将近两周年，他唯一留给我们的一本书，就是他的自传《汪洋中的一条破船》。他出生在最贫苦的一个台湾农家，是母亲的十二个儿女之一，一生下来，就是一个残废，“右脚自膝盖以下，前后左右弯曲。左脚自膝盖以下，突然痿缩，足心翘上”。这是一个可怕的畸形儿,他永远不能走路,而只能坐在地上,用手爬行。做母亲的李员女士当场晕了过去,她不是担心自己,而是担心孩子的将来。当家里垫高地基时,孩子们一拥而上帮忙平土,都跳着脚踩,只有郑丰喜,他只能用屁股去顿,以致祖父哭曰:"宝贝,你顿的地最平。"

这个穷苦而残废的乡下孩子,大概七八岁左右的时候(书上没有说明年龄),跟着一位耍猴戏的老人,流浪江湖。这个老人——赵老伯是郑丰喜的恩师,一面到处玩猴戏,一面教他读书识字。然而,在一个码头上,赵老伯被流氓架走,永没有再回来。只剩下一个残废的孩子和猴子,被两位也是逐村卖杂货的女人收留,继续演他的猴戏。可是不久,"二伯妈"被人用石头打死,"大伯妈"认为郑丰喜是个"不吉利的人",乘他熟睡的时候,把他遗弃在荒郊野外。

我们不再详细地往下介绍,我请求读者老爷去买一册《汪洋中的一条破船》。但我们要提到吴丽卿女士,这位国民中学堂的教习,力排众议,收留下只会爬着走的可怜动物。到了四年级,李守孔先生是级任导师,把他训练成一个坚强的孩子。知遇之恩,人生难觅,这两位教习,祝福你们。当李守孔先生知道郑丰喜每天上学都是由妈妈背着接送时(伟大的母亲!),他叫郑丰喜搬到学校跟他同住,但李守孔先生一年后却被调走,因为他力争郑丰喜去参加演讲比赛,而得罪了校长老爷。而最使人流鼻涕的却是那位继任教习,他跟李守孔先生是死对头,恨乌及屋,就把全部怨气转嫁给那个只能用屁股走路的残废学童,摆出乌干达总统安明先生的架子,花样百出,甚至在满分的卷子上批一个"屁"字。不知道这位屁教习姓啥叫啥,现在又在何处批屁,值得打听打听,以便我们恭献尊号。

同样使我们感动的是郑丰喜的妻子吴继钊女士,一个大学毕业生竟肯嫁给一个残废丈夫,她如果不是疯子,就是有高贵的情操。如火如荼,奋不顾身的爱情,持久不变,始终如一。郑丰喜先生对他能得到吴继钊的垂青,掩饰不住他的喜悦,他在书上说:"想不到一个地上爬的穷人,想不到一个自小受尽苦难、折磨得残废,竟然有这么一天——结婚了，而所结婚的对象，竟是一位大学毕业的江西小姐。啊，当新娘拭干我的泪水时，我幸福地微笑。"郑丰喜先生有充分的理由骄傲，我想当洞房花烛夜之时，他回忆坐在地上要猴戏的儿时往事，会恍如昨日。

然而，五年的幸福婚姻，在他们生了两位女儿至玉、至洁之后，郑丰喜先生却抛下他的爱妻爱女，与世长辞。呜呼，不该死的却死了啦，该死的如柏杨先生之类，却没有死。天道无常，夫复何言。

郑丰喜先生是一位奇男子。他所不能掌握的命运，对他是残忍的。他所遭受的不仅仅是风暴，而是无情的和不可理喻的地狱。恰如他所说的，他是一条破船。千千万万这样的破船都命中注定的是场悲剧，不是沉没海底，永不见天日；就是支离破碎地展览在海滩上，供游人唏嘘、凭吊——却没有尊敬，世界上没有人会尊敬一条碎了的破船。只有郑丰喜先生，他用眼泪和毅力使它冲出地狱、冲出风暴，而终于昂然前进。他有爱、也有恨，敢爱、也敢恨。在他的著作中，他没有故意假装着温柔敦厚，原谅那些恶棍。他把那些对他有过帮助的小人物，一一地提出他的感恩。也把那些毁坏侮蔑他的小人物，一一地照实记载。我认为最沉痛的一段是他跟一位欺人太甚的黄顺理的那场决斗。郑丰喜先生写出他的恨，也是写出他接受屈辱的最后防线。

吴继钊女士是一位奇女子，她父母反对她的婚姻，在意料之中，假使不反对，反而问题大啦，恐怕准不是亲爹亲娘。如果换了柏杨先生，说不定我会把女儿打断腿，你嫁给谁都可以，要是嫁给一个残废，做你娃儿的狗屎梦。然而坚强的爱心能使天地震动，天下只有不为父母着想的儿女，很少不为儿女着想的父母。父母在她婚后，将十万元巨额聘金退还给女婿，说明了老爹老娘当初背下的恶名，不是为了自己，到头来仍是为了儿女。

如今，郑丰喜先生已逝，留给吴继钊女士一副沉重的担子，相信她能像她丈夫一样地坚强，面对着残忍的命运微笑。最大的幸福是有能力把灾难当着向最高灵性升华的跳板，使生命得到有价值的充实,郑丰喜先生已经觅到,而且为那些遇到一点芝麻大的困难,就抢天呼地,骂大街兼咒祖宗的朋友,提供一个尊严的榜样。

13. 再一个尊严的榜样

——女作家刘侠向残酷的命运挑战

青年人最大的特征是不相信命运,认为专凭拳打脚踢,就可闯出江山。老头则恰恰相反,几乎所有的白胡子,都垂头丧气地承认,冥冥之中,有一个看不见和摸不着的神仙老爷,蹲在宝座上,专门作弄他的子民。于是乎,命运是不可抗的,好运来啦,山都挡不住。霉运一旦光临,只有任它埋葬,挣扎徒增烦恼。

柏杨先生不相信神仙,但却相信命运。命运跟神仙无关,它只是人生过程中不受人自由意志控制的一种事件的介入。所以,问题不在于信不信,而在于它存在不存在。如果它根本不存在,信不信是宗教范围,打一百次架也说不清。如果它存在,那就超越了宗教,而成为人生态度问题。是向它双膝下跪,听候宰割凌迟乎?还是烧香拜佛,求它手下留情乎?还是破口大骂,三字经倾盆而出乎?或是面面相对地向它挑战?

郑丰喜先生是一个典型,他遍身浴血地向命运决斗。而刘侠女士,是另外一个典型,她像一只身负重伤的小猫,向命运发出淡淡的轻蔑。

刘侠女士十二岁的那年,正是玫瑰花般的年龄,刚刚离开母亲的怀抱,踏进少女天地。突然有一天,她的手腕隐隐作痛,接着她的脚趾隐隐作痛,接着腿也隐隐作痛,连走路都发生困难。这是一个可怖的转折点,从此结束了她应有的欢乐童年,开始漫长的痛苦生命。在医院里七进七出,最后终于证实她害的是一种迄今尚无药可医的"类风湿性关节炎"。那一年,她才小学六年级,勉强参加毕业考试,却无法参加毕业典礼。当全校师生欢乐地聚在一堂举行仪式的时候,这个小女孩却躺在病床上接受折磨。

刘侠的父亲刘德铭先生为了给女儿治病,把女儿驮在背上,从北投到台北,一个医生接一个医生,一个医院接一个医院,哀哀求治。每换一个医生,都燃起父女心中一线希望。每换一个医院,都使全家人再建立一次信心。然而,到了最后,她的病情反而急剧地恶化,孩子的小手开始肿起来,而且扭曲,而且变形。两脚也不停地向里弯折,向下挺直。腿也变了,同样地肿胀、扭曲,接着是其他还没有痛过的关节,也开始不祥的隐隐作痛。

这种悲惨的遭遇,再坚强的人都会崩溃。柏杨先生的生命弹性可够大了罢——很多朋友都要向我呈递"佩服书",可是我保证我就不能承受这种打击,更何况一个十几岁的小女孩乎哉。刘侠女士最初的反应是不言不语,一天不说一句话,一开口说话就流下眼泪。读者老爷如果有一位十二三岁的女儿的话,试想一想一旦你的宝贝也成了刘侠的样子,孩子将会如何?大人又将会如何?这不是"心碎"两个字所能包括得了的。我如果有本领,我就把上帝老爷拉到刘侠女士面前,让他瞧瞧他的恩典。

然而,小小的女孩没有向命运屈服,她没有下跪,没有烧香,也没有埋怨。她面对着命运所加给她的残忍手段,安静地露着微笑,她练习写作。

不过,刘侠女士的写作要比别人困难百倍千倍,而且是基础的困难,没有几个人能克服的困难。第一,她只读过小学,很多大学堂毕业生连封信都写不通,何况小学程度。上帝永远不会赐给人们奇迹的,任何奇迹都出于人们自己的创造。刘侠女士开始看书,再多的书都填不满她饥饿的心灵,以致她的母亲唐绵女士,疲于奔命。二十三年过去了,她的写作能力已超过了"牧童骑在牛背上,边走边吃草"的伟大作家。第二个障碍更可怕,她变了形、弯曲了的手指,根本不能执笔,稍微低头,脊椎骨就立刻痛苦。《妇女杂志》编辑黄沁珠女士曾记下她印象:"那天,我在她房里看她弯卷着手,歪斜着身子,躬垂着头,握笔的手指,一点一点慢慢在纸上移动,我实在不忍再看下去。"就在每一个字就是一阵痛苦中,她完成了她的一部散文集《生之歌》,和两部剧本《谁之过》、《囚》。

台湾没有剧坛,舞台剧根本无法演出,而每天都在猛嚷剧本荒的电视公司,如果看到他们那一种提起剧本荒就痛心疾首,求贤若渴的景观,同情之心油然而生。可是《谁之过》、《囚》并没有引起他们的注意,却引起香港的注意,而先后在香港演出。——《囚》是今年(1977)8月间在香港大会堂演出的,大众传播界轰动地报出台湾文坛这枝奇葩。

《生之歌》,刘侠女士把它献给妈妈唐绵女士,我们可以想象到,二十三年漫长的岁月中,这位母亲对女儿所付出的爱心。——柏老又要发议论啦,我不明白,一年一度的模范母亲,为啥不选出刘侠女士的母亲、郑丰喜先生的母亲、王晓民女士的母亲,天下还有哪一位比这三位更伟大的母亲。

《生之歌》很难买到,书摊没有,书店没有,打电话到出版该书的巨浪出版社,每一次都没有人接(我建议巨浪出版社老板考虑一下是不是应该上吊)。在这本散文集中,我们听不到病榻的呻吟,听不到挣扎的呐喊,也看不到命运所加到她身体上和心灵上的残酷烙痕。每一篇都是那么安详,安详得像墙角下的一株鲜花。仅从这部散文集,谁都不能发现作者所忍受的苦痛。在刘侠女士心灵中,只有爱,没有恨。这只有大慈悲的胸襟,才有这种大慈悲的人生。这一点,柏杨先生虽比她老了两倍,却做不到她的一半。

这是刘侠女士对命运挑战后的胜利果实,在《生之歌》中,她曰:"许多年前,有一位长辈逃离大陆,她因过度思念留在大陆的儿女,导致精神轻度分裂,几度自杀未果,母亲将她接到家中疗养。她常握着我的手泣不成声,我不知道如何安慰她,只有轻轻搂住她,让她靠在我肩上,希望以一份亲情的温暖,抚慰她的伤痛的心。分享别人的快乐很容易,然而,与哀伤的人一同流泪,却是一门艰深的学问。我从小脾气暴躁,恃宠而骄,上欺姐姐,下压弟妹,俨然家中的小霸王。

但是二十多年来，上帝让我经历了极大的苦难，破碎的心，以及无数哭泣的黑夜，这一颗刚硬的心，方被锤炼得较为温柔细致了。”在另一篇中，她曰：“我曾有过一双美丽的手，白皙柔软，十指纤纤，许多人都羡慕、赞赏过，我也深以拥有这样一双手为荣。然而曾几何时，十指的关节一个个在病魔的侵蚀下逐渐肿大、弯曲、僵硬，变得古怪而丑陋。……虽然我的手不再美丽，但我希望它多学习一点付出的功课，在别人危难时及时地伸出来。”

这是人生的至高境界，今年才三十五岁的刘侠女士——她躺在病床上已二十三年，感情正无止境地悄悄地升华。《生之歌》至少可作为中学堂的教材。它所表达的文学造诣，远超过现在使用的那些官老爷编选的课文，但作者身世所含的意义是对孩子们的深切鼓励。

刘侠女士拥有一个温暖的家庭，她姐姐刘仪跟刘侠女士同样的为我们所崇敬。刘仪女士去美国念书，在得到硕士学位之后，就辍学做事，为残废的妹妹在台北买下一栋房子，供其他的弟弟妹妹都大学毕业。十年后的今天，等到弟妹们都已成长，她再去攻读她的博士学位。她分担父母的重荷，看顾同胞幼苗，这就是孝道，也就是厚道，为我们这个日趋堕落的社会，带来暮鼓晨钟。

郑丰喜先生的残废只是双足，而刘侠女士还绵延到她的双手；郑丰喜先生在装上义肢后，还能站起来，刘侠女士却只能缠绵病榻，她似乎悲惨更多。但他们向命运挑战的勇气和获得胜利，却同样的使鬼神垂泪。柏杨先生在电话中建议刘侠女士写写小说，因为小说的涵盖更广，她迟疑她没有能力，柏杨先生曰：“简单得很，散文加对话，就是小说。”她大声地笑起来，是一种开朗的笑，蔑视命运的笑。

柏杨先生平常不大祝福人的，但我祝福刘侠女士，眼泪哭尽的勇气才是真正的勇气。向命运挑战，说起来容易，写起来也不过几个字，但做起来却千难万难，而你已经做啦，不要自怜，不要气馁。你，以及你的姐姐，你的父母弟妹，已为我们再提供一个尊严的榜样。

14. 另一个尊严的榜样

——杨秀治和她的梅花绣

吾友胡适之先生虽然驾崩，却留下了两句名言："大胆假设，小心求证。"敬请读者老爷大胆地想象一个前半段的剧情，在一个荒僻的小镇上，住着一个贫苦的木匠，他有六个儿女，因为没有力量抚养，在最小的女儿只有一个月的时候，只好狠下心肠，把那小小的亲生骨肉，送给别人做养女。养女的命运，读者老爷在报上读到的多啦，用不着柏老再耳提面命。结果是可以预知的，这个可怜的小养女好容易读到初级中学堂二年级的时候，眼睁睁地看着别的同学蒸蒸日上，由高级中学堂焉，而大学堂焉，而漂洋过海出国进洋学堂焉，锦绣前途上充满愉快歌声。这个小女孩却不得不因为没有钱而望校兴叹，从此和正式教育永诀。那一年，她才是一个十四岁的孩子。

显然的，这是一幅黯淡的画面。最伟大的发展也跳不出她那窄狭而平淡的生命轨迹，像路边一棵不受注意的苇草一样，结局不是被折断，就是无声无息地自行枯萎。如果她运气好，能开一爿小杂货店，当一个小店老板娘，已算天官赐福啦。

假设到这里为止，现在让我们求证，求证的结果恐怕要吃一惊，这棵脆弱的苇草，不但没有折断，没有枯萎，没有被埋葬在人生残酷的踏践之下，反而茁壮起来，为中国艺术界和世界艺术界，开创了另一个新的天地。犹如毕加索先生在绘画上为世界开创了另一个新的天地一样，她开辟的是人们从来没有听过，更从来没有见过的新的天地，那就是，她创造了使人迷惘惊奇的一种刺绣——我们姑称之为"梅花绣"。

这位苦命的养女，就是杨秀治女士。

柏杨先生跟郑丰喜先生和刘侠女士，从没有见过面，但是跟杨秀治女士,却是见过面的。这就要感谢女作家寒雾女士,柏老跟寒雾女士,真正的是忘年老友,邦交一向敦睦,可是因为她最近一连串荒谬的措施,使我对她很不满意。心平气和检讨的结果,当然都是她的错。第一,她年纪轻轻,就当了大学堂教习,我一想起来就不舒服。第二,我向她借钱,她总是借给我(就以上个月说吧,我借了八次,她一次都没有打回票),任何明眼人都可看出她是故意使我债台高筑,引诱我养成浪费恶习的,居心如此不良,所以我就越来越懒得理她。那一天,她声言要我到她尊府开开眼界,见见一位奇女。寒雾女士才华横溢,能使她递"佩服书"的人不多,所以我虽然心里生气,仍然很大方地原谅了她,买了一副烧饼油条,前往探望,于是和杨秀治女士第一次见面。见面之后,寒雾女士就迫不及待地拿出七八幅杨秀治女士的梅花绣,当下我老人家就目瞪口呆。先是远远地瞧,继之是近近地瞧,再继之是把尊鼻碰到上面瞧,最后是在惊叫"不要动手,老头,你要死啦"声中,在画面上乱摸。

呜呼,挑剔的言语无穷,赞美的言语易尽。真不知道用啥话来形容它的美,才能恰到好处。我的第一个感觉是,杨秀治女士已为艺术史上写下了新的一页,"梅花绣"不是"绘画""刺绣""浮雕"的综合体,而是"绘画""刺绣""浮雕"的化合体。——艺术领域中的一项最大贡献。

艺术家永远在追求平凡人物认为不可能的事,音乐家希望在他的声音中呈现色彩,画家希望在他的色彩中呈现声音,小说家希望在他的小说中显示立体实物,诗人则希望在他诗中发出芳香。但是还没有一位艺术家想到绘画、刺绣和浮雕,溶解之后再制出另一种崭新的作品。

我敢打一块钱的赌,一定有人嚷曰:"老头,你说了半天,说的不过是车绣、湘绣、杭绣、乱针绣罢啦。"呜呼,那可把柏杨先生看成了瞪眼瞎。梅花绣如果是那么简单,还用得着贵阁下穷嚷乎。车绣杂芜,湘绣呆滞,杭绣一股匠气,乱针绣则像一堆稻草。不怕不识货,只怕货比货,而比过的人多矣。已故的名书法家梁寒操先生曾对他的艺术界朋友叹曰："中国有七亿人口，像杨秀治这样有才情的女子，却只有一个。"吾友胡为美女士在台北《妇女杂志》上曾有一篇报导，说明梅花绣的特质，其中一段曰：

杨秀治拿出一幅梁寒操先生送给她的墨宝，上面龙飞凤舞地写了十个大字："勤修戒定慧，息灭贪嗔痴。"我赞叹说："好字。"寒雾在旁边笑着说："你再仔细看看。"我走上去，看了半天，又用手摸了摸，才恍然大悟，原来是车绣绣的。那种力透纸背，浓淡俱宜，一勾一撇，纤微毕显的功力，只有毛笔才能够发挥到这种境界，谁能相信这只是仿制品。欣赏杨秀治的"梅花绣"，实在分不清它是"绣"是"画"？

柏杨先生还要加上一句："欣赏杨秀治的梅花绣，实在分不清它是'绣'，是'画'，还是'浮雕'？"你必须亲眼见到才能相信，因为她的成功远超过我们已有的知识，而人类的常态是，对过去经历中所没有的东西，往往排斥它的存在。

一个偶然的契机，往往会改变一个人的一生。杨秀治女士在初中二年级被摒出校门之后，就去学洋裁车绣。没有几天，她的二哥结婚，妈妈要她为新婚夫妇绣一幅八仙彩图，这简直是叫一个小学生写一篇开国文告。她曾拿着那块大红缎子去请教车绣老师，车绣老师嗤之以鼻。所有的成功人物，都定律地一定要遭到轻视、嘲笑、侮辱、刁难，以及其他稀奇古怪的打击，一灰心就从此结束。而杨秀治女士却没有灰心，她天天跑到土地庙观察水泥做成的浮雕，她那时就像一个疯子，连做梦都在梦八仙该穿啥衣服？该骑啥怪兽？而吾友李铁拐却是穷得连啥都没得穿的，于是杨秀治女士就不得不小心翼翼地数着他的肋骨。

这是杨秀治女士的第一幅作品，像《启示录》上的呼喊："天忽然开啦！"她领悟出两大道理，一是她领悟到她针线的奇异功能，可以办到必须用笔才能办到的事，也可以办到必须用雕刻刀才能办到的事。一是她领悟到她如果追求完美，必须有高深的绘画素养。于是十几岁的苦命养女，决心到台北觅求名师。

杨秀治女士是台湾省台中县丰原镇人，大亨之类从台中到台北，犹如从卧室走到客厅。而杨秀治女士从台中到台北，则跟柏老从台北到巴黎一样困难。她在一个暑假中，用她特有的闪电速度，给学生老爷老奶们绣学号，积攒了一笔钱，凭着她的热诚苦修，得到艺术界前辈喻仲林先生、姚谷良先生、谢书贤先生、黄君璧先生，以及其他诸位先生的指导。——梁寒操先生就是在黄君璧先生家看到她的作品之后，而感叹系之的。

今年(1977)二月，国立历史博物馆为她举办了一个展览，立即引起海内外的注意，她的作品已先后运到日本、韩国、澳大利亚展出。而就在今年冬或明年春天，还可能在纽约举办一个大规模的特展。上个月，美国卡特总统把他小女儿爱美的照片寄给她，拜托她的绝技，相信不久的将来，华盛顿白宫美国第一家庭的墙壁上，将出现一幅从来没有过的可爱女孩的梅花绣肖像，那将是一个中国女子在世界艺术界一项重要展示。

但我恐怕这个不久的将来可能拖延得很长，因为杨秀治女士不但是一位才女(才女没啥了不起，谁家的女儿不是才女乎哉)，主要的是，她还是孝女。杨秀治女士的养父在台中卧病，她回去服侍，听说老头的情形不太乐观，好像跟砍杀尔有点纠缠不清，那就要等一段时间矣。这还不算什么，主要的是她太欠缺应付这个社会的技能，以致一开始就被人事上的纠纷，搞得焦头烂额。不过，一个有真本领的人，像一轮朝阳，再高的墙都挡不住。杨秀治女士才三十岁，在柏老看来，简直是一个乳臭未干的小娃，多一分打击，等于多一分锻炼，这种使自己内在充实的宝贵能源，花大价钱都买不到，算不了啥。

问题是，我们希望她能获得应有的待遇，她所受的打击应是她所能承受得住的，一个只受过初中二年级教育的孤苦养女，由于倔强的奋斗，已成功地创造了新型的艺术作品。我希望中国人不要重蹈荷兰人对待他们同胞梵高先生的覆辙，一定等到他穷困而死之后，再赞扬他。

15. 恶　医

——黑暗应该咒诅，明灯应该歌颂

每一个行业都有它的职业道德，违反了这种职业道德，就是败类。在写作这个行业中，啥事都可以干，就是不能抄袭，一个伟大的作家，一旦被发现他偷了别人的文稿，他就伟大不起来啦。就以没本买卖这一行而言，盗亦有道，俘了三百两银子，就得你一百五，我一百五，多拿一文，名誉立刻扫地。如果把风的朋友看见了警察老爷，不先打暗号就脚底抹油，他在这一行里就别想站得住。

医生也有他的职业道德，那就是救命要紧。他必须把病人当人，如果存着江湖寨主捉住了仇家，"你可犯到俺手里啦"的心理，用对付仇家的手段对付病人，这种医生不但是他那行业的败类，也是社会的败类。我们可以从这种江湖寨主数目的多寡，来判断一个国家的文明程度。

世界上有两种人，在人们心目中有尊严的地位，一种人是法官，另一种人是医生。关于法官，暂时按下不表，我们现在只说医生。盖一个人可以终身不犯法，却不能终身不害病也。吾友张飞先生，"当阳桥一声吼，吼断了桥梁水倒流"。何等英勇，曾向诸葛亮先生吹牛，说他天不怕，地不怕，死啦脖子上不过一个大疤。诸葛亮曰："有一样你准怕。"当下写了一个字给他看，张飞先生看了之后，花容变色，盖诸葛先生写的是个"病"字焉。人一病啦，就不由得英雄气短、儿女情长。吾友关云长先生刮骨疗毒，那时候还没有麻醉剂，手术刀在他阁下臂骨上猛干，发出刺耳的响声，关云长先生却一面下棋，一面谈笑自若。以致医生老爷不得不叹曰："将军真神人也。"这一点我可是五体投地，却不能效法，如果换了柏杨先生，看我杀猪一样地叫吧。不过，话得说回来，关云长先生如果不是箭伤，而是害了流行性重感冒,发烧兼昏迷,鼻涕兼咳嗽,恐怕他也得哼哼。

病人见了医生,就像孩子们见了爹娘,信徒们见了观音菩萨或耶稣基督。崇拜、尊敬,并且全心全意地信赖。把身体和生命,一齐交出,任凭处置。医生老爷一句话,就如同奉了圣旨。医生老爷一微笑,就如同吃了定心丸。人在患难的时候,最容易感恩,病人正是一只受伤了的哀鸿,仰望着医生,希望,也相信医生了解他、同情他,赐给他援救。

去年报上曾揭发过若干杏林怪事,“医院八字开,有病无钱莫进来”。医生老爷只认银子,不认人命。我们无以名之,名之曰强盗型的恶医。今年似乎更新鲜,据台湾科学委员会在一百四十八家工厂中调查,发现四百九十八名被诊断为盲肠炎,因而开刀的工人中,有百分之五十九并不是盲肠炎。他们的办法很简单,只要你说肚子痛,他就下手割盲肠,病人和病人的家属没有理由不相信,更没有理由拒绝,只好瞪大眼睛,看着病人被五花大绑。尤其新鲜的是台湾南部一位外科医生老爷,对女人的乳房特别有兴趣,他阁下的头脑比柏杨先生的还要灵活,先弄一个真正害有癌症的乳房,像祖宗一样地供奉在那里,每遇一个女病人,他就在祖宗乳房上割下一片,送到台大医院化验,然后把化验结果拿给女病人看:“怎么样,割不割由你。”于是老奶只好露出美丽的胸脯,咔嚓一声,乳房落地。另一位私立医院的院长夫人,对女人的子宫,有奇癖焉,告诫她丈夫手下的医生曰:“多割子宫呀,多割子宫才能多收银子。”把一位年轻医生吓得卷起铺盖就跑。这种医生,可称之谓屠夫型的恶医。

报上没有把这些屠宰医院和这些强盗屠夫的名字报导出来,我们也就无法趋吉避凶,谁都不敢保证哪一天不“犯到他手里”。柏杨先生想建议我们应该组织一个“誓死保卫盲肠、乳房、子宫大同盟”,为保卫我们的盲肠、乳房、子宫而奋战。一旦捉住真赃实据,也不必报官,盖他们财大势粗,告官恐怕搞不过他。我们就如法炮制,以其人之道,还其人之身,也给他来一个开肠破肚,然后再月其他办法,加以表扬。表扬的方法之一,是在他家门口挂一个匾,曰“恶医在此,诸神退位”。

恶医之恶，以及恶医之多，已对整个医生这个行业，构成严重的伤害。当美国经济大恐慌时，银行家成为憎恶的对象，闹出很多花样。现在台湾的医生老爷，似乎正在扮演这种角色，只要一提你是医生，周围的人立刻就刮目相待，心里嘀咕曰：“这家伙是啥型的？强盗型的乎？屠夫型的乎？”最近各寺庙的香火鼎盛，教堂里人潮汹涌，恐怕与这有关。信徒们第一求保佑不要害病，万一害了病，那就第二求啦，第二求是，万一害了病，千万别栽到恶医之手，管他是那一型的，结局都会全军覆没。

然而，我们从不一棒子打落一船人，黑暗固然一团糟，但黑暗中仍有明灯。品格高尚，充满了爱心的仁医，同样如满天星斗，只不过“好名不出门，恶名传千里”罢啦，病人把恶医恨得咬牙之声，连玉皇大帝的耳朵都能震聋，可是病人对仁心圣手医生的感激泣涕，听到的却寥寥无几。吾友谈开元女士就有这么一个平凡的奇遇，她阁下怀第二个孩子的时候，忽然高烧，烧得发昏第十一，找遍了医院，也看不出啥毛病，最后由朋友推荐，找到了沈彦大夫。这位大夫发现她有点不对劲，检查她的尊背，告诉她患了黄胆，如果再拖延一两天，可能变成急性肝炎，母子就要同时向阎王爷报到，要她立即住院。她请求沈彦大夫介绍一家医院，沈彦大夫曰：“宏恩医院太贵，你们夫妇是薪水阶级，不必去跟阔佬抢生意。主要的是你这病必须在医院住一个月左右才能好，住啥医院都是一样。”她请求住沈彦大夫自己开设的私人医院，如果换了恶医，这下子可是你自投罗网，可是沈彦先生曰：“你住我这里当然很好，但你身怀六甲，可能有并发症，我只是内科，临时会措手不及，我建议你住公立医院，一则省钱，二则万一发生变化，他们各科医生都有，可以会诊。”谈开元夫妇逼着他非介绍一家医院不可，最后沈彦先生介绍给空军总医院当时的内科主任秦重华大夫，秦重华大夫千难万难地给她挤出一个床，细心诊断，一再亲切地告诫那个做丈夫的小子曰：“你太太怀孕又害病，内心充满恐慌，你可别乱跑，要从早到晚守在身边，患难之中，才见真情，听见了没有?”小子当然听见啦。而尤其感人的是,沈彦大夫还经常到空军总医院探望她,保证她不会生下畸形儿。当谈开元女士出院之后,她第一件事就是倾他们夫妇微薄的待遇,买了一副漂亮的床单,送给沈彦大夫。今天,她那个孩子已读小学堂啦,但她对沈彦大夫和秦重华大夫,仍有说不尽的感激之情。不过读者老爷已没有谈开元女士这种福气矣,沈彦大夫早去了美国,他去了美国不是台中东海大学堂校长为了绿卡去的,而是他竟得了砍杀尔。呜呼,天道无知,使仁人如此下场。

柏杨先生还有一位住在基隆的朋友沈建国先生,他的父亲害糖尿病,像足球一样,从这一个恶医踢到下一个恶医,而终于踢到了最后一站,惨死在竹东啥民医院,留下来一个寡妻和五个尚未成年的孩子——沈建国就是他的次男。全部家产只有五万元,路已经走到尽头,当五万元用尽之日,也就是全家饿死之时。而尤其糟的是,母亲患上了谁也不知道是啥的怪病,那怪病是腹部肿胀,而且不时发出剧痛,在基隆省立医院诊治了半年,没有一个医生能查出病源。老母发病的时候,每在晚间。而在三更半夜去急诊,乃恶医第一大忌,尤其是看到了挂号证上的“特殊记号”(贫民),那气可就更大啦,第一句话不是问病情,而往往是:“你怎么啦,总是夜晚来?”哀哀求告的结果,不过一针止痛剂。医生老爷那副面孔,就像刚强暴了他女儿一样,怎么挤都挤不出一丝同情。三番五次之后,他们索性曰:“我们这里没办法,请另找高明。”叫他们去基隆市立医院,而基隆市立医院却是以没有医生而在报上大出过风头的。当时尚在国立台湾师范大学附属中学堂念书的沈建国,天真未泯,就是不服气天下的乌鸦一般黑,所有的医生都心狠手辣。听说长庚医院与众不同,就冒冒失失直接去找院长。院长恰巧不在,他就到该院社会服务部请求帮助——他不知道请求帮助啥,只知道母亲害了无名绝症,而又无钱医治。社会服务部一位张矶如小姐,这位人间的安琪儿,郑重地听完了他的叙述,并检查了区公所发给的贫民证,和里长发给的清寒证。她立刻要病人前来急诊,而急诊费要两千元,张矶如小姐出面向值班医生保证由服务部负担。经过五个小时的检查,发现内脏有问题,但是哪一个内脏有问题,又是啥问题,却必需住院。而住院是要钱的。如果遇到强盗型朋友,哼,没有钱而竟敢害病,简直是反啦反啦,准一脚踢出大门。这一次又是张矶如小姐再一次地拍胸脯负责,内科主治大夫廖运范大夫怀疑地问病人曰:“你怎么忽然剧痛起来?”做母亲的答曰:“不知道,我只是吃了些孩子们的剩饭。”呜呼,十数年来,贫病交集,饮食已经够坏,而母亲却尽量使正在发育中的孩子们吃饱,自己只吃孩子们剩下来的剩饭——假使还有剩饭的话。廖运范大夫不禁黯然,而且立刻醒悟到胆囊。用艾克斯光照胆囊必须打针吃药,还要再吃一点东西,而老母只要吃下一口,就痛不能忍。廖运范大夫安慰曰:“没有关系,我就守在你的床边,如果有危险,我会紧急救治。”于是在病人痛得打滚昏迷中,拍出胆囊照片,廖运范大夫看了,不禁大吃一惊,原来胆管中的结石,已有半个手指那么大,而且因拖得太久,已影响了胰脏。廖运范大夫遂采取紧急措施,移送外科开刀。

当决定要开刀时,老母可怜巴巴地问外科主治医师王德锦大夫,手术费要多少银子,回答是三万元左右,这个数目使母子们涔涔泪下。这时张矶如小姐再度把病人贫苦的情形向王德锦大夫报告,王德锦先生——跟廖运范先生一样,同是天使的化身,他慨然曰:“不要为钱操心,救人第一。”

这是一个大动干戈的手术,王德锦大夫和他的助手许达夫大夫,从上午七时三十分,到下午一时,整整五个半小时,才算完成。当老母二十天后霍然而愈地出院时,看了账单,才知道王德锦大夫开出的手术费,只有两千六百元。而在住院期间,王德锦大夫天天到床前劝病人多吃医院给病人配制的食物,不要注射葡萄糖,他提出一句举世都愿为圭臬的一句名言:“营养比药物重要。”而尤其神怪的,老母患有三期肺病,左肺已经溃烂。她不敢请求诊治,王德锦大夫也悄悄地把它一并治好。

这是今年(1977)5月间的事,现在,老母健康得跟柏杨先生一样，沈建国先生师大附中毕业，已进了大学堂，大姐跟丈夫去了美国，每月都寄钱回来（孝女孝子集于一门，简直不像话），弟妹读书也都很棒，一家生活虽仍很苦，却欢乐融融。唯一使他们不安的是，他们无法报答他们的恩人——张矶如小姐，和廖运范、王德锦、许达夫三位大夫，和几乎是所有大医院中唯一不从后门收红包，而又把病人当人的长庚医院。沈建国先生每提起这件事，都眼泪汪汪。

嗟夫，黑暗固然应该诅咒，明灯也应该歌颂。我们对恶医恨入骨髓，也对所有的仁医有无限的敬慕。他们不仅仅施恩于病人，也施恩于整个社会，我们相信还有千千万万这些明灯，在接受病人以及国人沉默的感激。

16. 一刀·推销·天使

据说有这么一则故事，一个美国佬游历意大利，被臭虫蚊子叮了一夜，房间既热，又不通风。第二天，他向店老板大发雷霆。店老板安慰之曰："客官，你能活着出来，已经够幸运啦。如果五百年前，你来投宿，恐怕命也没啦，银子也没啦。"美国佬感恩戴德，拜谢而去。

就在前天，吾友史紫忱先生发起高烧，去了啥子诊所。在人才拥挤的候诊室干泡了两个小时，好不容易才轮到晋见救星。我和史夫人搀扶而入，医生老爷只看了一眼验尿单，就振笔疾书，书的都是洋文，我正在纳闷他写的是啥，他已端茶送客。拿来贵药一瞧，全是消炎退烧的，大学堂医务所里固多的是也。史紫忱先生发愣曰："他也没听听病情，也没量量血压体温，也没把把脉。只要尿来就行啦，人来干啥？"柏老安慰之曰："老哥，没把你的子宫割掉，已经够幸运啦，如果他说非下手不可，你还能在这里发牢骚乎哉。"史先生跟那位美国佬一样，恍然大悟，欢天喜地，驾返阳明大山。

医生对病人的冷漠,是医德恶化的开始。有些医生就好像一块木头,任凭病人哀哀求告,他只相应不理。还有些医生有孙悟空的本领,在电话中略加询问,就开出必须在他指定药房去买的贵药(如果病家擅敢到别的药房买药,药王爷可是站在恶医这一边的,那药就治不了病)。

恶医之多,真是史不绝书。台北有位大名鼎鼎的医生,绰号孟一刀。他阁下最喜欢操刀一割,无论啥病,他都要露一手,对怀孕的妇女,兴趣尤高。不知道啥原因,孕妇生娃儿,大多数都在三更半夜,这就打扰了孟一刀的迷途美梦。于是他就来一个斩草除根——当然不是洗手归山,那他吃啥。也不是下令孕妇不准生产,那他也没得吃的。他的妙法是见了大肚子就叫她开刀取婴。择一个黄道吉日,几个孕妇,玉体横陈,一字排开,躺在床上,他就卷起袖子,一一剖腹。孕妇看他老头累得满头大汗,娃儿健康如初,也就感恩不尽。殊不知玉腹只能剖两次,要想生第三个娃儿,芳命危矣。

除了孟一刀,还有以卖奶粉闻名于世,绰号唐推销的,他所表演的节目,也使人拍案叫绝。吾友王太太,生产之后,害了并发症,只好把只有十天的小娃,送到一家伟大的啥子育婴中心。这家育婴中心有冷气,有保姆,还有啥子诊所的医生当顾问,除了爱心外,应有尽有。一个星期后,育婴中心一位姓"黑"的小姐,告诉王先生曰:"不得了啦,你的小宝得了奇怪之疾,只长高,不长胖。"王先生大恐,"黑"小姐仍好心肠建议曰:"你最好把小宝送到啥子诊所找唐大夫,他是专家。"于是半个月大的婴儿到了诊所。唐推销架子奇大,俨然问曰:"你们喂他啥奶粉?"答曰:"S二十六。"唐推销厉声曰:"你们真是少不更事,连一点普通常识都没有,婴儿如何能吃S二十六?马上改菩提树,包管又白又胖。这种奶粉只有我们这里有,必须医生处方才买得到,别人想吃都吃不成哩。"夫医生之言,乃病家的金科玉律。可是改吃了奇贵的菩提树之后,婴儿拉出来的全是稀水,小眼也睁不开啦。这时被一位女大夫发现,大惊曰:"菩提树含有百分之六十的高蛋白,谁叫婴儿吃的?你们马上回家,仍吃原来的奶粉。"王氏夫妇将信将疑，急忙打电话给唐推销，唐推销正在牌桌上奋战，大概刚做成一条龙兼清一色，大不耐烦，不准出院。下令改吃别种牌子的，结果拉稀不误。一连改了几种，婴儿已奄奄一息。护士小姐看不过眼，密告曰："你们还是出院为妙，唐大夫专门推销奶粉，哪个不知，你糊涂个啥。"二人一听，魂飞天外，抱起小娃就溜，仍吃原来的S二十六，一个星期后，又白又胖。

——这件事的结局很戏剧化，唐推销忽然发现王氏夫妇有点苗头，就亲自去看她，又叫"黑"小姐送了一些礼物。柏杨先生对这种手段倒不关心，关心的是唐推销，现在菩提树经他大力提倡，已普遍全国，不知道他阁下打麻将之余，现在又努力推销啥。

然而吾友吴女士却另有不同的怪事。五年前，她阁下已七十有五，忽然不舒服，由她那孝顺的女儿陪她到明华药房检查，大概有神灵呵护，正好撞到蒋嘉藩大夫手里，检查结果，发现是子宫癌。蒋嘉藩大夫主张立刻动手术，可是吴太太既有糖尿病，又有高血压，无法开刀，母女哭成一团，除了恭候阎王老爷"约谈"之外，别无他法。可是，就在第二天，忽然来了一个指明要"吴太太的女儿"接听的电话，原来是蒋嘉藩大夫在病历表上查出电话号码打来的，在电话中，蒋嘉藩大夫说明吴太太的子宫癌正在一期之末、二期之初，有百分之六十的治愈希望，开刀并非绝不可能，如果不开刀，也可用钴六十或镭锭治疗，并谆谆告诫曰："这是一种可以治愈的病，当儿女的，如果不为母亲治疗，怕这怕那，左拖右延，你们会抱恨终身。"就在电话上，足足讲了一个小时。吴女士只好屈服，要他介绍医院，蒋嘉藩大夫曰："任何一家医院都一样，但马偕医院和荣民总医院，有比较完美的设备。"在放下电话前，蒋嘉藩大夫叮咛又叮咛，把那位孝女的头都叮咛大啦。

马偕医院太远，这位孝心的女儿自己冒冒失失地到荣总打听行情，于是她又撞到了另外一位天使型的医生陈光耀大夫。陈光耀大夫好像十年没讲过话，一听吴女士报告，就向她讲解分析，开导说服，毫无恶医那种嫌烦的嘴脸——附带提醒读者老爷，你阁下如果遇到的医生有嫌烦的毛病,那就不是好兆头,我劝你逃命要紧。陈光耀大夫主要提示的是,绝大多数的子宫癌,都可以用开刀,或钴六十、镭锭治愈的,有些人一听钴镭几个字,就浑身抽筋,宁死也不肯以身试药,结果一个个如愿以偿,在不断哎哟声中,翘了新发型马尾巴。事实上用钴用镭,绝没有痛苦,有识之士和无知之辈,正在这上分野。

于是吴女士住进了荣总,第一次镭锭一个星期,然后回家休息一个星期,然后再到荣总作第二次镭锭一个星期,然后回家活蹦乱跳。直到今天,无病一身轻。但怪事并不到此为止,在此后的五年中,每隔半年,荣总就给病人寄来一张明信片。要病人回答若干问题,像体重如何啦,血压如何啦之类,还要病人在回卡上指定一个到医院做检查的时间,以便医生老爷候驾。

吴家四代同堂,有时乱成一团,相应不理,陈光耀大夫的助手老爷就打电话来催,好像欠他钱似的,非去不可。吴女士一气之下,就跑到陶声洋防癌中心捐了一笔巨款(吴女士不把气生到柏老头上,捐钱给我,却去捐给别人,我一想就伤心,这算啥朋友)。

——这件事的结局也很戏剧化,有一天,吴女士碰见蒋嘉藩大夫,趋前叩谢曰:“大夫呀,我这条命是你救的。”说了半天,蒋嘉藩大夫仍执迷不悟,盖他救的人太多,早记不得啦。吴女士为此一直耿耿于怀。尤其对荣总不满意,盖荣总跟长庚医院一样,也是后门不进红包的,她想送点礼物给陈光耀大夫又不敢,柏杨先生建议由我去送,无奈我有过中饱钱财的背信前科,她又不放心,所以只有烧香念佛,祝福蒋、陈二位大夫,福如东海,寿比南山。

柏杨先生奉劝各位读者老爷最好多积点阴德,万一御体违和,保佑你别栽到恶医之手。能逢上仁医,你就三生有幸,感谢祖宗余荫也。

17. 抗宰委员会

柏杨先生认为天下最可羡慕的一件事，是洋大人那种家庭医师制度，和洋大人那种私人律师制度，实在是外国的月亮比中国圆。我们整天都在猛嚷现代化，不知道为啥在这两个重要的据点上，偏偏现代化不起来。盖家庭医师保护健康，私人律师保护人权，这是一个文明社会最起步的条件。

律师事体重大，三言两语说不完，我们的篇幅只能谈医生。嗟夫，举目四顾，如果遍地都是无情物，这个文化就准有毛病。所以如何抵制恶医，乃是第一要务。柏杨先生年高德劭，智足谋多，这些日子，倒有不少发明，颁布于下，以期读者老爷，父以教子，师以教徒，共同遵循，勿误戎机。

第一，柏杨先生上次建议成立"誓死保卫盲肠、乳房、子宫大同盟"，用意之佳，人神共鉴，但范围似乎太小，据说男人都是没有子宫的，保卫起来，恐怕不太热心。而且桃园县有些医生老爷，对胃仇深似海，以致把胃割掉的纪录，据说占世界第一位。胃不过是器官之一，柏杨先生有位朋友，被医生认定了砍杀尔，还锯掉了一条尊腿，如果不列入保卫圈，未免挂一漏万，如果列入保卫范围，又名目繁多，不及备载。所以不如来个包工，组织一个"反对乱割委员会"或"抵抗宰割委员会"。君不见东西番邦都有"维护消费者委员会"乎，我们不过花样翻新，走到洋人前面罢啦。此委员会由被冤枉挨过刀的朋友，和被冤枉进了枉死城的家属，推选出来。经费来源很简单，由政府硬性规定，凡是病人挂号时，像饭店征收税金一样，由医院代为征收"抗宰费"一块钱。这是初诊时的数目，复诊时就征收二元，以后每次递加，盖晋见医生的机会越多，被宰的机会也越多也。其次在买药的时候,代收百分之一。这个数目累积起来,一定可观。委员会就用这笔经费,一则准备打官司之用,二则对医生的品德作广泛的调查,适时地提着恶医的耳朵喊曰:“你阁下该多增加点良心啦。”并为可怜兮兮的病人,指出谁是强盗型的焉,谁是屠夫型的焉,免得一失足成千古恨,再回首已百年身。

第二,赶快建立病理检查医院。医生老爷不是把尊胃尊乳割掉了乎,就得把割下来的那玩意,送到病理医院检查,研究,看它到底是真是假。报上说,医师公会代表坚决反对,反对的理由有两个焉,一曰:“台湾地区的病理医师太少,接不下这件工作。”一曰:“这样的话,病理化验的费用势必转嫁到病人身上。”好啦,用不着提着灯笼找啦,说这种话的人就是恶医,理应先揍一顿,以示薄惩。台湾病理医生太少就不设病理医院,这算啥话?夫八十年前,普通医生也很少,难道就不设医院,那很少的医生岂不就得坐在家喝西北风,病人岂不就得躺在家哼哼到死乎。而且“少”“多”又是用啥作标准的,凑够四个人打麻将,不知要凑够几个病理医生,才有资格开病理医院?柏杨先生以为只要有一位病理医生就十分充足。人才是逐渐培养出来的,不是天上掉下来的,现在这么多普通医生还不是从一个医生繁衍出来的乎哉。至于转嫁费用,这一点点转嫁和冤枉割掉子宫,或冤枉锯掉一条胳膊,代价比芝麻还小。

第三,医生老爷开药方,曲曲弯弯,全是英文——大概是英文,说不定还是德法俄西意大利文,反正我们看不懂。若干年前,有人提倡药方要用中文,当时就有一位恶医反对,理由十分新鲜,曰:“写中文的话,病人就会知道他害的是啥病,影响病人心理。”此公真是老虎戴念珠,慈悲得离了谱。这些年来,柏杨先生一直为美国佬担心,他们可是看懂英文的——那是他们本国文字,不知道影响心理了没有。最近调查,美国佬害心脏病的人数比例,跟桃园县割胃人数的比例一样,举世无匹。不由大悟,原来跟他们用英文开药方有关,如果用中文开,洋大人傻脸之余,说不定心脏病一体痊愈。呜呼,美国佬何辜,不知道采取愚民政策,竟开人人皆看得懂的药方乎也。也有人说,药方如果用中文写，洋药可能大怒。果真如此，事态就严重啦，算柏杨先生多嘴。不过，假设不是如此，我看用中文开药方，不但维持中国人的自尊，也是防止恶医之道，我这个老毛驴硬是不相信吃了Vitamin可以治病，吃了"维他命"就魂归天国。

第四，应该有硬性规定，病人有随时要求复印病历表的权利，像办户籍誊本一样，只要缴上银子，医院就得照发。保密是可以的（好比，柏老害了花柳病，当然不希望嚷嚷得天下皆知），但保密应有一定范围，病人或病人家属，应有一个研究判断的机会。这样的话，一些把肝炎当着感冒乱下药的恶医或庸医，就显出原形，他的药方纵是用阿拉伯文写的都没有用。吾友薛仁贵先生，想当年跨海征东，手拿无字天书，还有王母娘娘解给他听，何况阿拉伯人固多的是也。犹记小的时候，家里人有病，父辈人士，常和医生反复商量，病也如何，脉也如何，附子三分如何，大黄一钱如何，不但亲切如家人，而且有时医生还大点其头，更改药方。如今哑巴上公堂，完全一面倒，谁晓得他看的症对不对？谁又晓得他开的是啥药？复印一份，可使仁医传名，恶医出汗。

第五，病人有到别的药房配药的自由。医生私人诊所或医院，都附设药房，这本来是为病人方便而设，从中取点小利，理所当然，即令取点大利，只要治病，也没啥了不起。但是如果恶医在其中暗下毒手，那就不是开玩笑矣。处方是"乌鲁马七"（谁晓得是啥，英文乱飞，姑以名之），药房心里有数，拿给你"乌鲁马八"，病人老爷两眼漆黑，谁知道是啥。于是十西西变成一西西，一两银子变成十两银子。"抗宰委员会"纵然拿到了复印本的病历表也没有用，医生老爷开的是"乌鲁马七"，俺给你的是"乌鲁马七"呀，你说不是，为啥不当时验明正身？而且财帛动人心，医生老爷只开他药房里有的药，盖药房的药，比起大药店，数目一定要少，尤其私人诊所，大概只有七八九十种，无论啥病，一律捉而灌之。所以私人诊所的药房，应该驱逐出境，医院的药房不得限制病人非买不可。不过抗高一尺，宰高一丈。《中国时报》记者老爷曾瑞钦先生有篇特写，题曰：《医生妙计回扣，病患哑巴吃黄连,处方暗号表示要钱,药价加几成作为佣金》。开药方竟有“有 C”“无 C”之分,有 C 者,有糠米熏也。无 C 者,无糠米熏也。十块钱的药,可卖到五十元,那四十元就“熏”到了医生老爷的荷包。有一位倒霉的病人一星期单是消炎针就开出一万余元,真能把人坑得得脑膜炎。这就更说明病人有自由购药的必要,同时“抗宰委员会”也应出动人马,向 C 宣战,抓住一个,立即斩名示众(这名,包括医生之名和药房之名)。

第六,病人投医,最好多方刺探军情,听听口碑,如果某医生老爷人人恨入骨髓,千万别不服气,去以身试宰。除非十万火急,不要像没有头苍蝇似的乱撞。登广告招徕主顾的医生,天老爷注定他不是好医生。自己掏腰包请病人登感谢启事的医生,准是武林杀手。英国禁止医生来这一套,就是避免恶医们布下天罗地网,坐地分赃。而且特别注意,夫名医者,不见得就是良医,更不见得就是仁医。对有钱有势的朋友,他艺术精良,连砍断脖子,几服药灌下去,都能再长出一个头来。可是你要是三无牌,恐怕他恶向胆边生,医药罔效。人要睁开眼走路,也要睁开眼投医,门上有“诸神退位”招牌的,免进。

18. 借书不还 · 天打雷劈

一个国家的文化水平,从它的国民阅读水平上,可以判断出来。你阁下如果不幸落到新几内亚吃人部落的朋友们之手,战栗四顾,恐怕看到的全是悬挂高竿的头皮,绝不会看到一本书。假设你竟然看到一本书,请来个电话,我就输你一块钱。中国虽是文明古国,最近并且面不改色兼气不发喘地自封为文化大国,当然比新几内亚吃人部落要高三级,所以我们的传统文化中,把“书香世家”,作为最优秀的家庭。柏杨先生说你是“书香世家”,你一定龙心大悦;柏杨先生说你是“小偷世家”,恐怕有揍可挨的。盖“书香”也者,在古时代表现实的权势或潜在的权势,在现时则代表高贵气质。可是,套一句有学问的话,“自欧风东渐”,书香随书橱而消失,代之而起的是酒香四溢的洋大人的酒柜。

柏杨先生去拜访朋友(几乎每一次都是借钱),进得客厅,迎面而立的准是一个酒柜。客气一点的,酒柜则放在左右两厢,上面摆着写满了英文的“喂死剂”“白烂弟”“拿破轮”,把人看得如醉如痴。好容易屁股坐定,左张右望,虽然没有看到悬挂高竿的头皮,却也没有看到一本书。——不但没有一本书,有些家庭,简直连一份报也没有,谈起来航天员登陆月球的消息,全家都用一种嘲笑的眼光看着我,意思是说,借钱就借钱吧,撒这种谎干啥。

不看报还可称为“古之人也”,一切知识来自道听途说。不看书则比“古之人也”要更进一步,成了“吃人部落之人也”。进入这种人家,不见书橱,只见酒柜。没有书香,只有酒香。于是乎“书香世家”,变为“酒香世家”。

日本人吸收外国文化,吸收的是精华。——注意一件事情,当八世纪他们“大化革新”,全盘接受中国文化时,事无巨细,照单全收,却扬弃了中国人最自豪的科举制度,这真是绝顶聪明,使他们免去了由于科举制度而产生出来的“官场”浩劫。中国人吸收外国文化,吸收的只是洋大人身上的汗珠,用舌头舐那么一舐,就心花怒放,傲视群伦。酒柜大兴,不过现象之一。柏杨先生想当年阔的时候,客厅之中,就也有酒柜在焉,因为我老人家是不吃酒的,所以买了些洋文招贴的空酒瓶,里面灌上洗澡水,俨然一个伟大的西崽,来访客人,无不肃然起敬。偶尔有老朋友,硬要来一盅,我就请他来一盅,结果拉了肚子,病不瞑目(没有灌上尿,正是我老人家忠厚之处,读者老爷不可不知)。

这问题就出在眼光太短上,只看见了洋大人的酒柜,没有看见洋大人固是家家有书橱的也。大家努力崇洋,却只崇了一半,不知道我们为啥连日本朋友都不如。大概物极必反,最近酒柜有开始撤退的迹象,若干家庭的客厅,间或有书橱出现,不能不说是中华民族还有蓬勃的生机。不过有些摆的是美国版的大英百科全书,有些摆的是连断句都没有的二十五史,虽然从没有人翻阅,但用以炫耀主人学问庞大,已经足够。据报上说,竟有人在巨著中藏着"花雕",酒劲发时,就展卷过瘾。——这干法属于左道旁门,不在讨论之列。

书橱所以迄今仍不能代替酒柜,或是只摆些样品似的大部头,原因固多,但最主要的原因恐怕出在借书上。有些恶客在朋友家发现一本好书,顿时暗起杀机,雀跃曰:"哎呀,老哥,借给俺瞧瞧!"一场悲剧于焉上场。盖自从盘古立天地,借酒的少,借书的多,借酒的从没有听说不还酒的,借一瓶"喂死剂",准还一瓶"喂死剂"。借书则属于另一种伟大的景观,借一本《红楼梦》,可能还一本《红楼梦》,但是借一本古本《金瓶梅》,恐怕肉包子打狗,有去无回。如果借的是绝版珍本,该恶客可能举家潜逃,你就是弄个盖氏探测器,也探测不到影踪。夫珠宝失踪,或被借、或被俘,没有下文,还可告到衙门。而仅只一本书,如果劳师动众,恐怕同情的不是书主,而是恶客。河南省有句谚语曰:"偷书不算贼,捉住打锤。"此锤非铁揆头,乃拳头也。偷书属于雅贼,打一锤已经该诅咒啦,至于借而不还,理就比天都大,你摆着还不是摆着,俺拿来进德修业,以便救国救民,你不送慰劳金已够差劲啦,还有脸讨呀。

然而,一个人省吃俭用,好容易买了几本视同性命的巨著,却被列强瓜分,实在痛彻心肺。尤其雅贼也者,真正借去拜读,倒还罢了,大多数都是往墙角一扔。据柏杨先生统计,借书归还的比率,不到十分之一。其他的不是存心干没,就是不知道弄到他妈的啥地方去啦。当其借书时也,如果拒绝,八十年交情从此一笔勾销。不得已借给他,再向他索取,不但索不到书,八十年交情也同样一笔勾销。而且还开骂曰:"几本破书,也不是银子,三番五次,要个没完,我早忘记塞到哪里去啦,哪一天我整理整理字纸篓,找到后摔到他脸上。老子也不是买不起。"书主被糟蹋到这种程度,怎能不潸然泪下欤。看起来书橱之代替酒柜,还需要一段漫长的时间。

杜暹先生藏书万卷，每卷后都亲题曰："清俸买来手自校，子孙读之知圣道，卖及借人为不孝。"在唐王朝那个时代，不孝是要杀头的，用杀头以阻止出借，是为磨刀阻吓法。吾友郭衣洞先生，在他的藏书上印有文曰："笺笺稿费，买书自娱，且以之维生。辱蒙借阅，务请早日赐还，实万分感谢。"大概发现要想不借，比登天还难，只有婉转陈词，以求打动恶客芳心，是为摇尾乞怜法。

这两种方法，似乎都是对牛弹琴。冒着杀头的危险而仍把书借人，可见恶客泰山压顶，超过杀头。既决心不还矣，靠几句求情的话，又岂能动他的铁石心肠乎哉。有一次我老人家和一位赵姓朋友去探望一位前辈，前辈家美书如云，赵朋友开口要借，前辈不肯，于是赵朋友双膝下跪，声泪俱下，言明三天之内，一定归还，纠缠了半天，老前辈终于答应了他。出得门来，我问曰："你这算干啥？"他曰："你别看我丑态毕露，哼，等他讨书时，看他磕响头吧。"

柏杨先生是个老毛驴，泼皮胆大，但就是怕人向我借书，那还不如照腰窝捅我一刀。今年8月，我正在看汉宝德先生译的《文明的跃升》，刚看了一半，吾友李大人光临(我瞧他红光满面兼红光满脸，发财在望，所以尊之为大人，盖烧冷灶之意，将来他真的发了财，我还要称之为老爷哩)，他阁下从我老人家手中把书夺了过去，看了几页，爱不忍释，声言要借，我还没有开腔，他已塞到怀里，扬长而去。而且一去四月，音讯全无。任凭我使出十八般武艺，包括恐吓、哀求，他瞪的眼比我还大。最后忍无可忍，终于在他卧室里人赃俱获，先把该书夺回，宣称内急，而他家的厕所是在大门口的，于是我就驾尿遁而逃。在大门还听他诧曰："真出了鬼，我刚才放在茶几上的朗生打火机怎么不见啦。"呜呼，打火机不见啦不过略施小技，以示薄惩，以后如果胆敢再借书不还，恐怕床头那个钻戒也会不见啦。

柏杨先生于是建议，应该组织一个"借书必还大联盟"，盆中歃血，对天立誓，誓曰："借书不还，天打雷劈。"凡是盟员，第一，要有不借书的修养。第二，当非借不可，而书生拒绝时，绝不存大丈夫报仇，三年不晚之心。第三，如果不还，书主来索时又端嘴脸，胡扯淡，则任凭开揍,即令揍掉了耳朵,既不报官,也不哼哼。或者书主有柏老这两下子,俘一点啥,万一失风捉住,也不龇牙。

知识分子最大的伤心之事,莫过于书被人借去如石沉大海,等到自己需要时,呼天天不应,呼地地不灵。

化酒柜为书橱,应先自成立“借书必还大联盟”始,奉告借书不还的恶客。欺负一个手无寸铁的朋友,不算好汉。

19. 我们需要沉思

宇宙是啥时候才有的,言人人殊。最权威的说法出自阿尔玛的大主教犹施尔先生,他在1650年,斩钉断铁地宣言,宇宙创始于公元前四千四百零四年,他和他的徒子徒孙,甚至还敢肯定创造在该年的某月某日某时。看起来洋大人真是小家子气,中国神话学家的尊口就大得多啦,认为宇宙创始于公元前二百七十六万零四百八十年。——是年也,盘古先生劈下他最后的一斧,于是轻轻上升者为天,沉沉下降者为地,一个糊里糊涂的世界,就糊里糊涂地出现。

东西两方,除了时间上的不同,还有坚持程度的不同。中国神话学家信口开河,你怎么拆穿他的西洋镜他也不在乎。而犹施尔先生可不行,他绝不允许反对,以致搞得学术界焦头烂额。数学家布罗诺夫斯基先生忍不住,戳着犹施尔先生的屁股叹曰:“他唯一的武器是教条和无知。”

呜呼,用教条和无知作为武器,盘马弯弓,杀声连天的朋友,举目皆是,又岂止犹老夫子一人乎哉。于是布罗诺夫斯基先生写了一部书,希望被教条酱住的头脑解一点冻,也希望凿一凿被无知塞满了的心灵,看看能不能凿出一点窍。这部书就是被汉宝德先生译出,被吾友李大人俘走,又被柏老收复失地的《文明的跃升》。

这本巨著在美国是畅销书,但在中国未必就是畅销书。这跟在美国是畅销唱片,在中国一定是畅销唱片,情形恰恰相反。一个高水平国家的国民,求知欲一定十分强烈。台湾有个时期,连所谓知识程度较低的女工、下女,在火车上、巴士上,都要拿一本书的。那个伟大时代,早已昨日黄花。现在大概是已成了文化大国之故,普天之下,只有正在学堂求学的学生,不得不苦苦地去磨敲门砖,一旦学堂毕了业,就烧香拜祖,誓死跟书不相往来。一个当经理的,或一个当科长的,看看风花雪月的小说,间或有之。如果有人在看进德修业的书,准被疑心神经有点毛病。这就注定了我们知识的永远恐慌,恐慌到如汉宝德先生所感叹的:"中国教育整个在一种肤浅的专门教育的观念笼罩之下,在职业主义的支配之下,青年朋友要长成为有眼光、有识见,以天地为心,对人类前途有见解的胸襟广阔分子,相当困难。如果没有广大的人文精神的准备,知识与人都是一些工具,都会为野心家所利用,或为自身欲望所驱策,浑浑噩噩地在社会里钻营而不知所为。"

这正是二十世纪中国知识分子的画像,严重性固然在于知识的低落,更在于知识的隔阂,干每一个行业的人,都真的相信他那一个行业掌握了社会、国家,甚至人类的命运,都把头埋在权势或钱眼里,认为天下就这么大啦。

《文明的跃升》是一部静静品味的巨著,作者布罗诺夫斯基(虽然他名字有"斯基",却不是俄国人,而是英国人,跟柏老也没有交情,特此声明,以免误会),他写这本书的主要的意思是在说明:"如果没有人文,不可能有哲学,甚至不可能有良好的科学。对自然的了解是以对人性的了解为目标,和以了解在自然中的人类情态为目标。"

所以,政治有黄金时代,科学没有黄金时代。科学精神是永远不向屁股后看,而永远向前看的焉。动不动就提"想当年"的人,准是现在不如从前。动不动就提"想当年"的国家民族,准是对现状自顾形惭。好汉不谈当年之勇,科学精神就是不在乎过去,他们不把死翘翘的大家伙或小家伙，酱在他们的尊脑里，动也不敢动。欧几里德先生的几何学，被奉行了两千年（柏杨先生年轻时念洋学堂，就是念的他那玩意，现代学生老爷已很少知道他是谁了啦）。牛顿先生的三定律，人人都背得滚瓜烂熟，现在“动则恒动，静则恒静”这一律，似乎已垮了台。

科学家的奋斗是人文精神的，《文明的跃升》介绍死里逃生的医生莱斯格罗先生所自述的，在1620年跟教条和无知奋战历程中的奇遇曰：

我被带到刑架，绑在上面。我的双腿穿过三板架的两边之间，脚踝系着绳索。将把手向前推，我的双膝的主力顶着两板，把大腿上的腱肉，顶得爆裂似的粉碎，膝盖被压破。我的双目直瞪，口吐白沫而呻吟着，牙齿战抖如鼓手槌子。我的嘴唇战栗，没命地喊叫，鲜血自手臂与断裂的腿、膝上溅出。自这痛苦的尖端放下来，我被绑着两手，丢在地板上，我不停地大声喊叫着：“我招供，我招供！”

这是文化人寻求真理所付出的典型代价。伽利略先生的遭遇比较舒服得多，他仅只在法庭上，匍匐在地，自动招认兼坦承不讳地“跪拜在最高贵、最可敬的红衣主教们尊前，及统理基督国度反异端妖言的裁判长尊前”，就免除了皮肉之苦。然而作者布罗诺夫斯基先生引用法国剧作家博马舍先生《费加罗婚礼》中费加罗的话，对加诸莱斯格罗先生、伽利略先生身上的“教条和无知”，下一个定律曰：“印刷品的胡说八道，只有在不准自由传播的国家才有危险。没有批评的自由，赞美与认可同样的毫无价值。”博马舍先生是法国大革命前夕的人物，根据这项定律，他那尖锐的鼻子就嗅到了政治里煮的是啥菜。“路易十六是被《费加罗婚礼》拖下王位斩首的乎？当然不是。讽刺并不是社会的炸弹，但却是社会的指标：说明有新人来敲门啦。”

旧的文明形态被新的文明形态代替，可不容易。于是，有想象力的天才，就成为瑰宝，作者对在推进人类文明进展过程，对促使人类向前跃升的建设性的天才,如牛顿先生和爱因斯坦先生,下一个界说曰:“他们伟大的天才所在,乃在于他们问一些近乎明显而天真的问题,却找出些对传统具有破坏性的答案。”(可惜作者孤陋寡闻,不认识跟莱斯格罗先生同一命运的柏杨先生,否则准把我也算上一个,这是该书唯一不能原谅的缺点)很显然的,相对论一发明,就立刻对旧有的物理学原子论给予一个很大打击,使很多物理学家因恐惧没得饭吃而暴跳如雷。当希特勒先生努力排犹,要向爱因斯坦先生下毒手时,爱因斯坦先生一溜烟逃到美国。否则的话,第一颗原子弹就要属于德国,世界形势,将大大改观。这正是文明跃升中的人文因素。

一种新的文明,必然地要破坏旧的文明,作者举出欧洲接受阿拉伯数字的例证曰:“欧洲当时(八世纪)对数目的记法,仍是愚笨的罗马式,比如一八二五写作 MDCCCXXV,M 是一千,D 是五百,C 是一百,三个 C 是三百,XX 是二十,V 是五。伊斯兰人把这套东西换上现代十进制法,只要简单地写下 1825 就可以啦,因为它是用每一单数的位置来决定它是千、是百、或十、或个的。”

科学不是孤立的,我们可想象到,当愚笨的罗马式传统数字被破坏时,卫道之士如丧考妣的情形。因为一直到现在,阻挠人类进步的所谓卫道之士,用异端裁判所来阻止荒谬的文明被破坏时的嘴脸,仍惊心动魄。

科学和人类文明相偕跃升,给人类带来的绝对不是灾祸,而是幸福。动辄怀念过去好日子的人,事实上并不知道过去好日子的内容是啥。西方人士总是认为十八世纪的乡村是诗情画意的,犹如中国儒家系统总是认为尧舜时代是诗情画意的一样。诗人古德斯密先生描写那失掉的乐园曰:

> 甜蜜的奥本,平原上最可爱的村落
> 健康与丰收鼓舞了青年的工作
> 多么幸福啊,他在树荫下完成了这些
> 年轻的工人,休闲的岁月

这真是隔山观虎斗，看人挑担不费力，作者布罗诺斯基先生斥之曰："完全胡说八道。"在乡下当牧师，对当时乡村生活有深刻体验的克拉比先生，看了之后，几乎气死，也报之以诗曰：

是的，缪斯为那些快活的工人歌唱
因为缪斯不知道他们的创痛
辛苦的工作，无时或休
真的能会为这乏味的谄媚音律所感动

《文明的跃升》给我们的启示是：人类过去的成就虽然很重要的，但它必须受到无数挑战，人类文明才能有进步。人类的美景和幸福，不在那些逝去的日子，而在未来。这世界充满了因新事物的产生，而随之产生的希望。布罗诺斯基先生曰："如果我们一定要信仰，则必须是知识分子的民主。我们不能因人民与政府、人民与权力之间的距离而衰亡。巴比伦、埃及、罗马，都失败于此。这一距离要想缩短，要想集结，只有知识流传人间，或领导人民，没有控制别人的意图，不孤立于权力之中，才有可能。"

我们需要沉思。

20. 死不送书联盟

一个人生了一个娃儿，贺客盈门，送礼的送礼，恭喜的恭喜，老爹老娘受用之余，龙心大悦。这种场面，柏杨先生见得多矣。据我辛苦的调查，似乎还没有听说过贺客们向老爹老娘曰："啊呀！你生了娃儿啦，送一个给我，如何？"假设有人认真地说了这话，恐怕神经病医生要财星高照。

可是，一个作者出版了一本书，情况就大大地不同，既没人送礼，也没人恭喜,门前冷落车马稀,作者可怜兮兮之余,偶尔遇到一个知道内幕的朋友,他的反应大概千篇一律,喊曰:“啊呀!你出版了大作啦,送一本给我,如何?”假设该朋友认真地说要去买一本,准被疑心是个呆头鹅。

说来话长,中国虽有悠久文明,可是出版并不发达,“想当年型”的朋友动辄曰:“活字版兼印刷术,都是中国发明的。”但发明归发明,发展归发展,一直到十九世纪,洋大人开枪开炮打出了五口通商,中国仍逗留在“刻版”阶段,仅这一点就实在不光彩。出版业所以不发达,跟学术的领域太狭有关。中国正统学术,只限于儒家思想,越此一步,就可能粉身碎骨。举一个例子说明吧,清王朝有位谢世济先生,因为他批注《四书》不用朱熹先生的见解,结果被皇帝允祯先生下令斩首。在这种一花独放的文化独木桥上,要想避免扑通一声掉到河里淹死,唯一的方法就是在一花之前,独木之上,来一个军事训练:“原地踏步走。”翻看二十五史历朝所被珍视的图书目录,不是这个“注”,就是那个“解”;不是这个“考证”,就是那个“释义”,抱着儒家大亨的腿,死也不放。看这些书的人,几乎全是有志一同的做官之士。这跟现代《留学须知》《高考精华》,拜读的人只限于一个小圈圈一样。而这些作者,也多半已经是官啦(或正向官位猛爬),有的是谁也弄不清从那里来的银子,出版几本巨著,用来送更大的官和同等的官,以作固位之物,自然乐趣横生。

唐王朝中叶就有一种雏形的小说问世。到了宋王朝,更多得不得了,大批平话,比现代的流行性感冒小说,还要高明。这对那些抱腿之作,简直是一种异端——虽然读者老爷多如繁星,但异端总是异端,所以纵有高深的文学素修,有一肚子的话要说,却是没胆写出他的真名实姓(老哥,你可别拍胸脯,你也没这个胆,我也没这个胆)。于是,“山人”焉、“居士”焉、“斋主”焉,大量笔名,应运而生。中国古典文学中顶刮刮的《水浒传》《三国演义》《西游记》《儒林外史》《金瓶梅》《红楼梦》等等,就在这种情形下,谁也不知道作者是谁(不过幸好不知道作者是谁,胡适先生之流有考据癖的朋友,才有事做)。

抱腿派也好,草民派也好,都不发生"送书"问题。夫抱腿派有的是金银财宝,出书的目的就是为了送书。草民派则反正不知道谁是谁,根本用不着送。

可是,好景不长,到了二十世纪,出版事业发达,抱腿派日渐没落,草民派风起云涌,就开始发生送书的烦恼。之后,出版事业更发达,草民派多如瀑布大雨,送书就成了一种威胁。盖人们普遍的有一种心理,以能够被作者送一本书为荣——其实,真的"为荣",作者还是感激涕零的。最差劲的是,有些自以为不同凡品之士,认为被人送书送得多,就表示自己的权威庞大,可以关起门来沾沾自喜,开起门来炫耀曰:"真麻烦,俺哪有时间看?"柏老就常常碰上这种艳遇。有一次,一个大家伙(当然是我眼中的大家伙),忽然把我叫到桌前曰:"听说你出了书,送我一本瞧瞧。"我被他的和颜悦色所感动,当下就飞奔书摊。若干时日后,我笑脸问曰:"老爷,请你批评指教。"他愕然曰:"批评指教啥?"我曰:"就是我那本敝大作呀。"他恍然曰:"对啦,我哪有时间看,是我那司机向我讨的,他拿去啦。"接着抱怨曰:"那小子真不像话,前天他撕下几页擦屁股,把抽水马桶塞住,害我花了八百元。"

无论如何,作者出一本书,仅只"敬请指正",就是一个负担不了的负担。对大家伙而言,送他书就跟送他什么"晚会票"一样,送给他他不看,不送给他却又把他从头得罪到尾,认为你骄傲不驯;说不定遇有机会,暗下毒手(放心,这种机会多的是)。对朋友而言,可能从此君子绝交,不出恶声,以后向他借一块钱都难,不幸他先借了你的钱,那笔债你就今生别想。原因很简单,他们认为没有面子,你瞧他不起。

从前的出版商,尚有"古风",马马虎虎,作者顺手牵羊,还可以多讨几本。如今的出版商,似乎都身兼律师,一切按合约规定,一种书出版,只送二十本。而且军令如山,多一本都半两棉花,免谈。谈也可以,超过二十本,七折优待(作者有时苦苦哀求,声泪俱下,六折优待,也偶尔有之)。嗟乎,以二十本之数,满足若干大家伙和所有伸手朋友——耶稣老爷用五个烧饼和两条鱼,能喂饱五千人,作者可没有那么大的神通。结论是,不是得罪了个满贯,就是卖掉了裤子。两者必居其一,没有别的选择。如果巨著连连问世,境况也就更更凄惨,不是遍街血海深仇,就是倾家荡产。

因之柏杨先生就有一项大发明,一旦发现有人要开尊口借书,我就先下手为强,向他借钱。然后寄书一册,两相抵消。不过这办法有时候也不太灵光,一则对大家伙行不通,二则有些伸手朋友是抽冷子而上的,更有些天生的铁公鸡。前天就遇到这么一位,听说柏杨先生可能有大作出笼,就捉住我的玉手猛晃曰:"一定送俺一本,一定送俺一本。"我刚开口借钱,他就叫曰:"我身上向来不带钱,我只带信用卡。"

万不得已,我又有第二个伟大发明,凡是可怜兮兮型作者,应该组织一个"宁死也不送书联盟",以赴汤蹈火的精神,跟坐地分赃之徒硬干。凡加入联盟而又送书的,一律祸延先考。但这办法也不太好,柏杨先生天生的软骨头,恐怕抵抗力甚低,就第一个有点不可靠。而且大文豪之流,身价甚高,准召之不来,反正他只有受的份没有施的份,犹如摆花生米地摊的,跟银行老板联盟不起来一样。

走投无路之余,我想我们只有乞灵于全国同胞的观念现代化啦。贵朋友花五十元买一本作者的书——全当是打发叫化子讨饭的,或者全当是预付奠仪,这年头,五十元的奠仪不多吧。如果五百仁义之士如此,不但有书可供司机老爷擦屁股,也同时提拔了作者一把,好心必有好报。如果反转过来,叫作者买五百本去送,恐怕不上吊者几稀。

这是一项新的道德标准,美利坚西洋大人焉,日本东洋大人焉,听说朋友出书,如果他确认为作者是朋友的话,他一定会去买一本(更上一层楼的,还找到作者签名),柏杨先生认为这也属于现代化的行为之一。虽然事体重大,一下子没法达到这个目标,但我建议应自己先从自己做起,自己不要求别人送书,朋友不送,也不暗地里咬牙切齿。朋友出书时,就先去买一本,以示恤老怜贫。自己的负担轻如羽毛,而作者却受无穷之益。这样做的人多啦,可能发生一种感染性的影响,进而培植出一种风气,认为作者不送书跟老爹老娘不送娃儿一样,有他的难言苦衷,不伤一点感情。

最后,向借书老爷哀告,去买一本你老人家希望作者送给你的书吧。那你所积的功德,胜造七级浮图。

21. 十大劣书

世界上最大的痛苦,莫过于看一本劣书,看来看去,能看得发疯。《聊斋》上有一则故事:一位得道高僧,有一种辨识文学优劣的本领,他不是用眼看的,而是把文章烧成灰烬,用鼻子一嗅,就嗅出门道来啦。一位大作家,洋洋得意,把他的流行性感冒大作,火化给他嗅,该高僧不嗅则已,一嗅之后,就像有人在他阁下鼻孔里灌了三斤芥末,先是打喷嚏,继是流鼻涕,接着牵肠动胃,大吐特吐,连肝脏都要吐出来,翻眼兼伸腿,性命交关。盖臭味熏天,熏得他受不了啦。

仓颉先生造字,鬼神夜哭,这故事人人皆知。可是毕昇先生发明活字版印刷术,鬼神也曾夜哭过,却没有人知道。盖毕昇先生发明活字版印刷术的那一天,鬼神哭得特别厉害,真是山河落泪,草木泣血,以致凡听到哭声的人,一个个肝肠寸断,气绝而亡。——这就是没有人把这场公案记载下来的原因。柏杨先生之所以知道其中过节,乃天生异禀之故。

看了《聊斋》那位高僧的痛苦,就可发现鬼神为啥那么伤心。夫鬼神有先见之明,他们早就看出一旦活字版印刷术发达,劣书一定倾盆而出,造成人间一大灾难。最近又多了一种打字术,速度比活字版快一倍,价钱却比活字版便宜一半,劣书如虎添翼,就更勇猛。《聊斋》高僧是清王朝科举时代的典故,如果该高僧迄今仍然健在,在台北市龙山寺门口摆摊子,我看他活不了三天。

满坑满谷的出版物,造成书籍泛滥。联合国曾经统计,如果人类继续这么蛮干,不出百年,全世界将被书籍淹没。所以人们想在这样汪洋书海中,寻觅一本自己喜欢看和对自己有益的作品,简直比在柏杨先生身上找到一块钱都难。读者老爷无可奈何,只好乞灵于广告,而广告跟情人的甜言蜜语一样,是世界上最不可靠的东西之一。有些更壮烈的书商,还两头吃哩!一头吃读者,一头吃作者。柏杨先生的学生陈丽真女士,在某出版社出版了一本《忘记自己的人》。上个月,她忽然发现该书又再了版,而且把书名改为《闭上你的眼睛》。她试着闭上眼睛向该出版社交涉,那就跟向外层空间交涉一样。柏杨先生乃好事之徒,当时就找到该社老板,表演一场舌战。当我说明来意后,老板曰:"我是向她买断的,再版用不着通知她。"我曰:"卖断的?老哥!拿出合约瞧瞧。而且卖断的也不能随便乱改书名,应该得到作者的同意,闲言少叙,给钱。"老板曰:"我找不到她。"我曰:"不是找不到,而是根本没有找。她如果欠你一块钱,看你找得凶。你不过欺负一个弱女子罢啦。空言狡辩,不足采信,给钱。"老板曰:"这本书再版,只印了一两千本,根本卖不出。"我曰:"这是屁话!如果没有销路,你也不是白痴,再版干啥。你就是印了一百万册,又有谁知道。而即令一本也卖不出,那是你自己的事,你就是赔得跳河兼卧轨,我也不在乎。现在没得扯的,给钱。"老板大怒曰:"照你这么说,我们这些出版家,都得饿死啦!"我也大怒曰:"照你这么说,我们这些大作家,也都得饿死啦!给钱。"老板曰:"不给。"我曰:"好吧,你不给,咱们关二爷马上观《春秋》——走着瞧。"第二天他就托人警告我曰:"老头,你刚吃了三天饱饭,就又犯了老毛病。"陈丽真女士也哀告我别瞎拼命,拼不过的,算啦。我这个老毛驴就是不信这个邪,扬言要到衙门告他,他才算悻悻然像打发讨饭的似的,付了一点钱,还叫陈丽真女士在一张啥子纸上签名兼盖章,大概是补办卖断手续吧。

陷阱多的是,劣书的本身就是一个陷阱。《爱书人杂志》已经两次辟出"检肃劣书"专栏,检举过两本劣书:第一本劣书是一立先生检举《贸易通信四国语大事典》,该大事典把"本公司报价时是不寄赠样品的",译成"我们不能给你与敝公司样品相同的产品报价单",这是啥话!不能跟样品相同报价单,那样品有屁用?岂不等于明目张胆地向洋大人喊:"俺这里是个骗局,样品是钢制的,可是将来寄出去的货物可能是纸糊的。"有此一书在手,要想不关门,恐怕得求观世音保佑。第二本是野渡先生检举文化图书公司出版的《词汇》,已营销三十三版啦,而仍一错到底,把"面庞"注音为"面隆"(怪不得仓颉先生造此字时,鬼神哭个没完),把"仵作"解释为"检查刑伤的官兵"。野渡先生问曰:"刑伤"是啥?柏杨先生曰:刑伤是用刑时所造成的伤也,如果你阁下一时想不开,喝了十斤巴拉松,仵作先生可不管验你的尸。

大概二十五年前的事啦,一位假洋鬼子爱德乐佛先生,出版了一本《世界永没有战争》,报上猛登广告,好评风起云涌,抱腿牌大文豪也纷纷介绍。吾友寒爵先生沉不住气,写了一篇《世界永没有廉耻》,搞得那些大亨一个接一个登报启事,声明未看原稿,只是瞎捧。不久之后,不知道哪位先生,又出版了一本《中国文学史》,盛况如前,又是寒爵先生,被熏得冒了火,又写了一篇《中国文学屎》——"屎""尿"相对,佳诗天成。寒爵先生最近封笔大吉,前天,柏杨先生看到他,劝他继续努力,他向我怒目而视,只好作罢。

现在一立先生和野渡先生挺身而出,我曾向《爱书人杂志》建议,每年出版一册当年的"十大劣书",或更精密地分"十大劣小说""十大劣诗集",数目可随劣书的多少而增减,如"七大劣书""十五大劣书"等等(最好也出版"十大劣书店""十大劣出版社")。在文坛上做一点清扫陷阱工作,为读者老爷指出哪些东西沾不得。盖陷阱如果太大,读者老爷花钱事小,拜读之后,气出了肺炎,就伤了社会元气矣。不过这工作不能叫柏杨先生这种聪明过度的人去做,柏老之为人也,距大家伙越近,笑脸越甜,属于不可靠之型。必须由有点头脑不清的朋友担当。——可是千万别把柏杨先生的大作也列进去，你总不能正直到那种程度吧。

除了“十大劣书”，顺便再建议，也可检肃一下每年的“十大劣电视剧”，它虽然是电视剧，但跟仓颉先生和毕昇先生有关，鬼神也曾哭过，所以并没有超出范围。有些电视剧，实在惨不忍看，我们可用十六字真言来给它作一个总结，曰：“装腔作势，唏唏哭哭，拖泥带水，漏洞百出。”装腔作势者，每一个动作，都要努力夸张，唯恐怕观众以为他不是在演剧的。最好的笑话，讲笑话的人是不笑的，现在情形相反，电视上已笑得前仰后合，观众还在瞪眼。悲剧是靠情节和气氛，不是靠唏唏唏唏。观众身上的鸡皮疙瘩，随着每一声唏唏唏唏，都要爆发一次，实在不够卫生。尤其是所谓文艺爱情剧，三分钟一小哭，五分钟一大哭。我敢打赌，只要十分钟没有哭，我就用头往南墙上撞，撞出血来为止。拖泥带水简直能使观众急出尿来，一句说完的话，要说十句，十句说完的话，要说一百句。无聊的动作，多如驴毛。无论作者和读者以及观众，好像永远是幼儿园小班。至于漏洞百出，这还是谦逊的，实际上是漏洞千出。我可不能给你举例子，一举例子，就是站第一线，要吃不了兜着走。不过有时候看着看着，五内俱裂，恨不得捡块石头，把电视机砸个稀烂。

无论如何，选择“十大劣书”“十大劣电视剧”，都可以消极地扫除陷阱，积极地刺激作者的创造力，和读者观众的欣赏水平。不过，你阁下检举尽管检举，可别宣传这主意是柏杨先生出的。我以驯服如虎，闻名于世，岂会出这种馊主意乎哉也。

22. 围棋和人生

上个星期，吾友汪祖怡先生驾临敝汽车间——即柏府所在，要跟柏杨先生较量围棋，于是就在墙角摆下擂台。多年不见，弄不清他的道行又增多少，但听他的语气，好像是已上了段，我就坚持他让我两子，一则柏杨先生一向有谦虚的美德，二则柏杨先生老谋深算，盖万一赢啦，我就可以到处宣传光辉的战绩。这年头有些人的脑筋是一盆糨糊，只会直觉反应，不会深入观察，于是乎在意料中的回答是这样的焉："哎呀！柏老，你真是多才多艺，连围棋都打遍天下无敌手。"然后我就飘飘然兼然然飘。绝不会有人问曰："他让你子了没有？"假使真的有人这么探本溯源，我已准备好迎头痛击，作委屈状，捶胸曰："你说啥？让我几子？是我让他两子的！你门缝看人，把人看扁啦。"这是赢了棋的表态。如果我万一输了棋——其实这根本不必考虑，因为我连吴涤先生的账都不买，岂能会输。

那一天战斗的结果，听说并不十分理想，读者老爷要知道我这个人一向是知恩图报的，他阁下既然让我两个子，我就不得不让他三盘，此之谓投桃报李，古有明训。最后汪祖怡先生喜洋洋而去，留下我一个人坐在板凳上生闷气。

夫柏杨先生少有神童之称，三岁就会下棋，当时如果有吴清源先生或林海峰先生的环境，早就闻名国际矣，岂肯在垂老之年，仍不得不猛在稿纸上写字哉。不过因异禀天生之故，虽没有怎么努力，棋力仍然大进，倒是很少输过（就拿跟汪祖怡先生这三盘来说，我也没输，不过让他罢啦），在绿岛的最后一年，几乎天天跟王道洪先生对弈，他阁下倒是常有妙着。但有一次我大发威风，捉住了他堪称世界上最大的一条龙，胜利在望，心跳如捣，他左算右算，前算后算，算得我发毛。最后，他随便下了一子，我赶忙应之——应得非常迅速，唯恐怕他悔棋，他的子还没落地哩，我的子已摆上啦。砰，喊曰："叫吃。"我心里正要冷笑，谁知道他竟看了七步之多，突围而出，我就"让"了他一百零一子，大概打破世界纪录，人生中有一项能打破世界纪录，还有啥可求的，所以我也不怪他。

现在是很少下棋啦，主要的是没有时间，更主要的是臭棋密布。不是我嫌人家臭棋，就是人家嫌我臭棋。呜呼，想当年柏杨先生研究弈棋,曾写了一本书,曰《吞车集》,颁布种种清律戒规,为棋界之士奉为圭臬,一体遵行。我有如此大的学问,岂是等闲之辈?胆敢瞧不起我棋艺的,自行悔过,还来得及。

人生非常像下棋,当下得正晕头涨脑之际,全神贯注,六亲不认,在一旁看歪脖棋的,偶尔插一句嘴,立刻翻出白眼。而对手就好像社会上挡了他前途的同行冤家,把他恨入骨髓,非彻底击溃,誓不甘休。我跟一位常败将军下棋,他阁下千方百计摆一个陷阱,发现我竟不往里跳,他的气就大啦。唠唠叨叨,一面下一面骂:"老头,怪不得都说你面似忠厚,心怀奸诈,可真一点也不错呀。"可是一旦形势对他不利,他左走我左挡,他右走我右挡,撒下天罗地网,他就满脸青筋,喊曰:"做人要温柔敦厚呀,从没有见过这么心狠手辣,赶尽杀绝的。"他越说我就围得越紧,结果他惨叫曰:"恶劣!恶劣!他妈的!你这个老小子。你总有一天要吃大亏的,天理不容。"把棋盘一推,吼曰:"再下!"

不久以前,我们北京大学堂的同学,在台北市大三元聚餐,凡是还活着的,差不多都扶杖驾莅,清一色的老家伙,而且几乎是全都退了休。老家伙们见面,跟女学生们见面一样,咭咭呱呱,说个没完。——唯一不一样的是,老家伙们见面,谈的都是如幻如梦的当年,而女学生谈的却是如幻如梦的未来。柏杨先生坐在一隅,冷眼旁观,感慨系之,不禁吟诗一首,诗曰:"昔日挤得头发昏,而今都是退休人。弈罢棋子归原位,再叙同根老乡亲。"吟诗已毕,和众老头一一握手。叹曰:"某人也,你当初为了争科长之位,把某人挤得流泪。某人也,你当初为了哥伦比亚大学那笔奖学金,不惜告某人帏薄不修。某人也,你为了表示自己清白,连八拜之交的老朋友都踢出门外。如今时过境迁,前程已尽,又回到一起,套老交情啦。"经过我这么指指点点,大家轰轰烈烈,不欢而散。

但在另外意义上,人生比下棋悲哀。一棋既毕,再行交战,用的还是原来的棋子;而人生就失之毫厘,差之千里。再一场上演时,却是新的棋子,旧棋子都扔到垃圾桶里,恭候牛头马面前来打扫清洁时,倾到阴山背后;再出来折腾的机会很少。所以柏杨先生敢对那些老家伙猛致训词,而不愁后患。要是从前,打死我我也不说,盖那时候大家都在演"码头争霸战",我敢碰乎哉?现在码头已经没啦,触触他们霉头,也略消心头之气。

正因为如此,所以每次一局棋结束,我就有一阵凄凉之感,一局棋已经过去,一代人也就下台鞠躬,而且永远鞠躬。下局棋虽是原般棋子,而下一代舞台却都换了新人。

有些崇拜围棋的朋友,把围棋的功能,说得天花乱坠,诸如说它简直就是战争的雏形——一部用棋子显示的"活孙子兵法",如何设伏焉、如何追击焉、如何撤退焉、如何进攻焉、如何放长线钓大鱼焉。不过事情仿佛并不如此简单,我看,围棋就是围棋,只是千千万万休闲艺术的一种。如果微言大义,胡扯八拉,恐怕桥牌的价值更高。围棋是大独裁者的干法,桥牌则讲的是团结合作。两人同心,其利断金。两个人如果两条心,都想坐庄,哼,你算老几?俺为啥听你的?俺一手好牌,叫"速驴"还是过度忍耐哩,而你这个做朋友的,坐在那里像被谁勒住脖子。好吧,俺硬是打啦:"福尔马克。"福尔马克的结果,负分累累,三年不能翻身。

国手下棋,只求先赢,再求赢的目数多。在全盘考虑之下,他可能放弃辛苦经营的二十个子,一点也不心痛。至于那些被牺牲的棋子,一把抓过,扔到盒子里,连哎哟都不哎哟。可是真正的军事行动,却是一场血淋淋的场面。最近台北上演《夺桥遗恨》,美军全部牺牲,血肉横飞,留下多少孤儿寡妇,它激起的反应是影响了美军士气。围棋永远不会如此,谁听说过"一条龙"被吃掉后,其他的棋子垂头丧气,一哄而散乎哉。

23．恐怖的电视广告

电视现在已是一种最普遍的家庭设备，想当年家里有架电视机，走起路来连脖子都发硬的光荣时代，已成为历史陈迹。连荒村僻壤，家家户户的屋顶上，几乎都矗立着天线。柏杨先生有一位妙手空空，专做无本生意的朋友，金口玉言，亲自告诉我，在他那可敬的行业中的一些高手，只俘现金和珠宝，对电视机之类，请他偷他都不偷。盖家家户户都有这玩意儿，偷了之后，卖给谁乎哉（正因为如此，该朋友到了柏府，如入无人之境，我既不防他，他也找不到对象）。

电视的产生，对电影是一个致命打击，电影老板怨天尤人之余，眼看要择个黄道吉日，一同跳河。可是电视代替不了电影，犹如摄影代替不了绘画。一个走阳关道，一个走独木桥，八仙过海，各有神通。电视最大的弱点是广告多如驴毛，使节目柔肠寸断。就在去年，报上刊载一则消息，花莲县一位看电视的老汉，受不了广告的轰炸，当场就气得撞倒在地，一命归天。不过他阁下的尸谏似乎并没有使电视公司大亨回心转意，所以广告的恶劣面目如故，看来老汉是白死啦。电影就干净得多，一竹竿到底，滋味大异。

电视之有广告，是一种必要的罪恶。盖没有广告，就没有电视。

我想的是，问题不在广告，而在广告内容。读者老爷不知道还记不记得柯达公司推销照相机和胶卷的镜头，全部动作糅合在带有磁性的低沉男性歌声之中，儿女飞奔，夫妻拥抱，全家福团聚，每一个动的画面，接着就是一幅静的留念。那简直不是广告，而是一个完美的艺术节目。呜呼，我们的广告制作如果能有洋大人的一半好，台湾心脏病患者，至低可减少一半。洋枪洋炮，需要有长期的科学和工业基础，比不上洋大人，还有啥可推诿的。广告节目只不过个人的艺术造诣,却比不上洋大人,我们就不知道说啥才好。以台湾制作的广告而论,黑人牙膏就应该数第一位,只有几个音乐悠扬中的画面,就说明了一切,没有一句废话,使人有一种清新深刻的印象。

我们广告中的对话和旁白,就好像从前柏杨先生读私塾时教习用的铁戒尺一样,不断地向观众尊头上敲打,敲得观众老爷脑浆都要迸出,不但把观众当成白痴,而且还硬把同样也是白痴的观念,往观众老爷肚子里灌。广东省有句谚语曰:"横柴塞进灶。"明明把柴竖过来就可以塞进灶门,却非横着往里塞不可,于是,观众就倒了八辈子的霉。我有一位制作广告的朋友,有一天,在一个别人结婚的宴席上见面,三杯黄汤下肚,谈起来广告质量,柏杨先生叹曰:"低能,低能。"他干号曰:"低能?你老头能高一下试试,花钱大爷喜欢这个调调。我要是坚持我的意见,今天还有得吃的?"于是乎我就想起鳄鱼蚊香。一条鳄鱼咬住一个黑男孩,结果是蚊子大批飞来救驾,把鳄鱼打垮,黑男孩一命得全。我一直就没有弄清是鳄鱼老爷厉害乎耶?抑是蚊子老爷厉害乎耶?既然花钱大爷喜欢蚊子厉害,制作朋友只好让他的鳄鱼蚊香大败。

电视广告活像吾友包拯先生的狗头铡,看着看着,正在起劲,忽然一铡下来,身首两段。于是观众老爷也有相应妙法,那就是一看广告驾到,立刻转台,换别的节目。别的台如果也在乱喊乱叫,就再转另一个台,如果三家全是广告,然后就国骂省骂三字经,脏话全部出笼,以平民愤。这样做当然妙不可言,不过观众在电视机与沙发之间,跳来跳去,香汗淋漓,骂不绝口,实在有碍健康,最好买一个遥控器,就大可稳坐沙发,静候雨过天青。

然而这也有问题,问题是你不知道广告到底哇啦多久,有时候扭过来看看,它仍在那里继续教训观众买这买那,有时候则正式节目已恢复半天啦,前后剧情衔接不上,气得鼻孔冒烟。柏杨先生则有柏杨先生的一套,那就是拿一本喜欢看,或需要看而平常没有时间看,或一时看不完的书,一旦"弟弟妹妹爱用洗发精",我就低头看书,一直看到电视上音调不对劲,再抬头看戏。

广告的内容已使人恐怖，而更恐怖的现象似乎逐渐超越了内容，而延伸到制作人、编剧、导演和演员身上。电视连续剧之所以弄到今天这种“纽约城岳飞战张飞”场面，跟这个有关。花钱大爷看重了某一位女演员，制作人、编剧、导演，立刻就屁尿直流，该女演员也立刻成了主角之一，甚至成了唯一的主角，亮相亮个没完，剧情也发展个没有完，一直发展到观众倒尽了胃口才算罢手。当然，制作人、编剧、导演，也有硬汉朋友，拒绝屁尿直流的，但他们之上，大亨在焉，看广告分上，弹性恐怕也很有限。

于是乎，第二步来啦。这个第二步和我死也不肯说的第三步一样，我只能举个例子。君不见有一位女演员由甲台跳槽到另一个乙台乎？柏杨先生是个包打听，打听的结论有点不舒服。原来使出浑身解数要她跳槽的，不是她自己，也不是电视公司，而是她的老爹老娘，尤其是她的未婚夫，简直急得团团转兼转团团。冠冕堂皇的理由足可写三本书，真正的原因却只有一个，乙台比甲台正派。盖甲台也，女演员——包括女歌星在内，必要时得陪一下有权大爷或花钱大爷吃吃消夜之类。而“必要时”却是由有权大爷和花钱大爷来下定义的。老爹老娘和未婚夫大人，怎么能不浑身发抖乎哉。

这种情形，听起来于心有戚戚焉。但都督打黄盖，一个愿打，一个愿挨。既不犯法，也不违纪。自由经济发展到某一种程度，一定会产生这种现象。美国大亨，包括大资本家和黑道上的朋友，他们就是利用广告来控制大众传播工具的。“嗨！老家伙，删掉那段评论——或发表一段报导，俺给你一百万美金广告。”不双膝下跪的，那才是真正的英雄好汉。美国报业史上这种英雄好汉多的是，传记如林，名垂千古，使我们从反面了解广告的力量。

台湾的花钱大爷目前还没有凶恶到这种程度，但已到了使人反胃的程度，再没有积极的反应，下一步如何，恐怕连三圣宫的太乙真仙都无法预料。新闻局曾经规定广告的时间不得超过节目全部时间的几分之几，不过规定等于白规定，以致人们弄不清是节目中插播广告，还是广告中插播节目。如果严格执行，好吧，你超过时间吧，超过一分钟，罚银子十万两，这也是治疗胡说八道的秘方之一。在时间被压缩的情形下，糟粕自然会被挤掉不少。

24. 臭鞋大阵

现代公寓，无论它高矮胖瘦，有一种形态是一模一样的，那就是每两户以上人家构成一个楼层。二楼以上，两户以上的大门，不是并肩硬挤，就是怒目相对，显示出现代人类所特有的寂寞文明——电视之声相闻，老死不相往来。"守望相助"成了空话，你阁下对门那一家，既不知道他姓啥叫啥，也不知道他干啥做啥，楼梯上偶尔碰面，除非对方是一个闭月羞花，你可能紧张过度，一脚到底，身负重伤外；其他时间，你既不理他，他也不理你。而且事实上，楼梯艳遇的机会也不多，所以踏进公寓，就跟踏进古墓一样，能看到一个有笑容的动物，真是三世修炼。

柏杨先生自从驾返台北，因为借钱关系，倒是跑了不少公寓，从高入云霄，有奇异电梯的巨厦，到只有一层，花园洋房式的平屋，马不停蹄，鞠躬尽瘁。结果有两项伟大发现。吾友哥伦布先生想当年发现新大陆，其实没啥了不起，盖他不发现，新大陆还不是照样摆在那里，也跑不掉，总有一天会被发现的，后世之人眼皮薄，以为不得了啦。跟柏杨先生这两项伟大发现一比，他简直是小巫见大巫，可不是我不知谦虚，等我一说出来，读者老爷就得递佩服书。

第一伟大发现是被借钱家伙的嘴脸，无一不十分的实在难看。还没有借到第十次，也就一点也不顾及柏老的自尊心，连鼻孔都翘得可以当烟灰缸，当面质问前九次借的银子，啥时候还呀。真是人心不古，世风日下，昔日那种温柔敦厚的日子已不再矣。孟轲先生曾严厉责备过梁惠王，朱熹先生也曾提出义利之辨，现在对老朋友都见利忘义，满脑子钱钱钱钱钱钱钱，面如铁饼，不知道友情乃无价之宝。遇到这种人物，用不着他吆喝“滚”，我就拨马而去，永不理他，以示重义轻利。此中哲学道理极深，我就是降尊纡贵，努力解释，读者老爷恐怕也不见得懂，所以我也就不必浪费精力。现在介绍的是我第二伟大发现。

第二伟大发现是其他国家所没有，而唯独台湾特有的，那就是“臭鞋大阵”，不管到谁家借钱，除了准备着看嘴脸外，还要攻破臭鞋大阵，才能登堂入室。上得楼梯之后，第一眼看见的就是每家门口，都堆满了臭鞋。我说臭鞋，只是观感上的，既不能一一拿起来嗅，当然不敢一竿子打落一船鞋，说每一只都臭而不可闻也。但如果说它奇香，也应该查无佐证。

每家门口的臭鞋，实在是二十世纪十大奇观之一，有新鞋焉，有破鞋焉；有男鞋焉，有女鞋焉；有大人的鞋焉，有儿童的鞋焉；有高跟的鞋焉，有低跟的鞋焉，有不高不低跟的鞋焉；有黑鞋焉，有黄鞋焉，有红鞋焉，有绿鞋焉，有黑黄红绿乱七八糟拼凑在一起的鞋焉；有前面漏孔的鞋焉；有后面漏孔的鞋焉，有左右漏孔的鞋焉，有像被老鼠咬过到处漏孔的鞋焉，有长筒的鞋焉，有短筒的鞋焉；有类似柏杨先生穿的一百元一双的贱鞋焉，有类似台湾省议员陈义秋先生穿的四千九百元一双的阔鞋焉（陈义秋先生还有价值四百五十元的阔头，那属另一可敬范围，心里有数，不必细表）。除了上述等等的鞋焉，还有木屐焉，拖履焉，以及其他连天老爷都叫不出名堂的各式各样的鞋焉。反正是群鞋毕集，蔚为奇景。

这些臭鞋所布下的臭鞋大阵，跟契丹帝国萧天佐先生在三关口布下的天门大阵一样，暗伏奇门遁甲，诡秘莫测。于是有的鞋仰面朝天，有的鞋匍匐在地；有的鞋花开并蒂，有的鞋各奔东西；有的鞋张眉怒目，有的鞋委屈万状；有的鞋鞋相迭，有的则把守在楼梯之口，形成现代化的绊马桩。主人之出也，先伸出脚丫，像吾友穆桂英女士的降魔杖一样，在臭鞋大阵中左翻右踢，前挑后钩，直到头汗与脚汗齐下，才算找到对象。客人之入也，比较简单，但如果遇到像柏老这类朋友,袜子上经常有几个伟大的洞的,就得有相当勇气,才能开脱。而有些朋友则鞋上是有带子的,你就得耐心地观光他们撅起的屁股,如果属于千娇百媚,当然百看不厌,如果属于老汉或讨债精之类,就无法不倒尽胃口。尤其有幸或不幸的,客人如果太多,一连串把屁股撅起,就更显示臭鞋大阵的威力。

然而,臭鞋大阵的最大威力,还不在使人伸脚丫或撅屁股。伸伸脚丫、撅撅屁股,等于活动活动筋骨,也是有益于健康之举。问题是从臭鞋中所宣传出来的那股异味,实在是一种灾难。从前南方蛮荒地带,有一种瘴气,谁都弄不清瘴气是啥,有人说是毒蛇猛兽口中吐的,有人说是妖魔鬼怪布下的天罗地网。我想那分明是一种空气污染,人们冒冒失失闯了进去,轻则头昏脑涨,重则一命归阴。而中国公寓中家家户户的臭鞋大阵,使得整个楼梯,从根到梢,无处不污染,可称之为公寓式的瘴气。一个人如果从二楼走上十楼,他至少要冲过十八个臭鞋大阵。而每一个大阵的臭味都是具有辐射性的,透过气喘如牛的尊鼻,侵入咽喉和肺部,积少成多,积瘴成癌,恐怕现在砍杀尔大量增加,医院门庭若市的场面,即与此有关。

得砍杀尔也不严重,顶多死翘翘。严重的是为啥外国都没有这种景致,而中国独有乎哉?沿梯而上,一堆臭鞋连一堆臭鞋,即令不得砍杀尔,也得紧掩双鼻。纵是现代化大厦,走出漂亮的电梯,首先入目的就是一堆臭鞋,实在百思不得其解。尤其是室内装潢得跟凡尔赛皇宫一样,金碧辉煌,却狠心地在门外堆起一堆臭鞋。这似乎包涵着一个严肃的课题——绝对的自私兼绝对的短视。自私的是,把自己都不能忍受的东西,推到大门之外,叫别人去忍受。把自己看了就心乱如麻的玩意儿,推到大门之外,叫别人去心乱如麻。把自己嗅了就会中毒的奇异怪味,推到大门之外,叫别人去中毒。

——一切一切,只想到自己,没想到别人;只想到自己的利益,没想到别人的利益;只要自己家里一尘不染,不管公众场所如何脏乱;只要自己舒服,别人就是栽倒到他的臭鞋大阵之中,气绝身亡,他也毫不动心。

短视的是，这是一种鸵鸟心理状态，“眼不见，心不烦”，乃《锯箭杆学》的传统干法，只要俺家像个神仙洞府就好啦，管他谁在洞府之前拉稀屎。从前之人，还扫一扫门前雪，现在不但连门前雪不扫，还把自己家里的雪堆到那里。古诗不云乎：“双手推出门外月，吩咐梅花自主张。”现在则是：“一脚踢出臭鞋阵，推给别人胃溃疡。”六十年前的事啦，那时柏杨先生年纪方轻，有一次去探望一位朋友，他慷慨大方，举世无匹，当下就买了四两排骨请客，预备叫柏老过过馋瘾，他太太不知怎么搞的，一不小心，把那块伟大的排骨掉到毛坑里。该朋友不动声色，用竹竿好不容易把它捞了起来，洗了一下，照样下锅。一直等到酒醉饭饱，他才宣布真相，那时的柏老已经十分聪明，念过洋学堂的卫生之学，立刻就要往外呕吐，他跳起来掐住我老人家的脖子吼曰：“咽下去，咽下去，眼不见为净，这都不懂，还上洋学堂哩。”

那一次我可真是咽下去，一则舍不得吐，一则被他掐得奇紧，吐不出来也。这事早已忘光，最近碰见大批的现代化的臭鞋大阵，家家户户，都在眼不见为净，才觉得肠胃有点不舒服。

我不知道我们自诩为博大精深的传统文化中，包括不包括臭鞋大阵，如果包括，值此原子核子大炮机关枪时代，臭鞋大阵似乎至少是不太美观。柏杨先生在此特别严正声明，至亲好友，如果有一天，你阁下门口的臭鞋，管你是不是陈义秋先生式的，一旦丢啦，你可别疑心我。

柏老是个有名的老实人，从没有俘过别人的东西。但贼朋友如果能够大破臭鞋阵，来一个一扫而光——或者每双鞋只俘一只，以示忠厚，也行。

按牌理出牌

提　要

《按牌理出牌》首先谈女人，以现代女性既强悍又骄傲的特质，称女人“强哉骄”，并分论各种类型的“强哉骄”；当然，亦论述完全相反的弱女子“一摊泥型”。体系或许不够全面，却指出了现代男女关系若干不协调的情况。其次谈小棺材信箱、高楼窗户、填表，主题在“为别人想一想”。而后适逢年节，以其丰富的历史知识遍数中国历史上四十七个戊午年。

再来，谈恶医、谈交通，言“判断一个国家是文明抑或野蛮，只要看他们的车辆对斑马线、对红绿灯的尊敬程度，马上就可得到结论”，谈中国字应从左向右横写、文人无行文人相轻、补习班、考场舞弊以及联考等。对于恶补，柏杨分析其三病源：人口膨胀的作祟、科举精神的复活、殖民意识。最后，针对域外人先生一篇谈孝女卖淫的文章表示异见。

序

人生最大的乐事之一，莫过于为自己的盖世名著写序。可是，一个人如果像泻肚子似的，不断出版盖世名著，因而必须不断写序，写序就成了一种负担。柏杨先生出版了不少厚薄不一，有些还自己懊悔不迭，不肯认账的玩意儿，每一本都要来一篇窝里捧，早已声嘶力竭。盖字典上的好话虽多，但经我拼命猛拣，再拼命往自己头上猛罩，结果已经拣净罩光，而敝大作仍层出不穷，写序盛举，遂万分辛苦。所以本盖世名著之序，十分老实，以保元气。

本盖世名著收集的，全是 1978 年元月到 1978 年 10 月间，在台北《中国时报》上发表的专栏。这里说是“全是”，乃打马虎眼之词，事实上有几篇根本没有发表过，像谈马年的末尾几篇，写着写着，神经衰弱老爷向官打小报告，一口咬定说“有问题”，怎么历史上没有一个好马年呢？简直是郭沫若的《甲申三百年祭》呀。夫历史上有没有好马年，责任不在我，而在历史。《甲申三百年祭》是啥，我不知道，知道的读者老爷务请见告，以开茅塞。不过，反正是其帽甚大，招架不住，只好把余稿收起，现在补上，以示如故。

本盖世名著定名为《按牌理出牌》，按牌理出牌者，出牌按牌理也。按牌理出牌固然有时头破血流，有时甚而连老命都会输了进去，但不管怎么惨不忍睹，柏老反正是按牌理出牌定啦。盖我这个老毛驴相信，只要按牌理出牌，结局准赢，那日子我可能及身看不见，不过来得迟并不是永远不来。柏杨先生的牌理是：打破酱缸——至少自己先爬出酱缸，能为人们留多少灵性，就为人们留多少灵性。

是为序。

1979年元月于台北柏杨居

1. 女人的名字:强哉骄

吾友欧文先生有一篇小说《李伯大梦》。男主角李伯先生有一天上山打猎,看见一群穿着古装的荷兰移民在打九柱球,并且敬了他两盅老酒。酒醒之后,回到故居一瞧,已面目全非。初上山时尚牙牙学语的小女儿已嫁人生子,原来尚在怀抱中的儿子,则长得跟自己一样的高、而且一样的好吃懒做。老朋友有的死运亨通,去阎王殿报到。有的官运亨通,去华盛顿当了参议员。当年爬在他肩上翻斤斗,跟在他屁股后追逐吆喝的一些顽童,现在全成了有选举权的美利坚合众国公民,使他恍如隔世,不胜瞪眼。只有一件差堪告慰的事,就是他那花样百出的妻子,在他上山不久的一天,向一个小贩光火,而终于一命归阴。

常有些朋友拿柏杨先生跟李伯先生相比,问曰:“老头,你虽然没有喝荷兰酒,可是恍如隔世则一,李伯的感受我们已知道啦,你一去十载,可觉得台北有啥改变也哉。”呜呼,台北恐怕是世界上改变最大的都市之一,像房子越来越多,人越来越挤,汽车越来越排长龙,钱越来越不值钱。然而,仔细想起来,这都没啥,柏老久经沧桑,见怪不怪,其怪自败,只有一样使我花容失色的就是女人。盖从前是男人看女人,现在则是女人看男人;从前是男人追女人,现在则是女人追男人;从前是男人泼皮,现在则是女人的脸似乎更厚(以致连胡子都长不出);从前是男人赤膊上阵、闯五关、斩六将、献身事业,现在的女人则十指尖尖,犹如钢爪,把男人抓得呼天抢地。于是,柏老喟然叹曰:“女人,你的名字,强哉骄。”

“强哉骄”是吾友孔丘先生发明的,在儒书里,他阁下诗兴大发,冒出来一连串的“强哉骄”——“君子和而不流,强哉骄。中立而不倚，强哉骄。国有道，不变塞焉，强哉骄。国无道，至死不变，强哉骄”。柏杨先生因而套之，不过是赶着何仙姑叫二姨，沾点仙气儿，以便流传万年，家喻户晓。有人说，孔丘先生用的是“矫”，而不是“骄”，老头何得乱改。问题就出在这里，学问庞大之士，啥都敢改，我老人家还是小改，一旦自以为可以一手遮天，我还要大改。

“强哉骄”者，既强悍又骄傲，值得我们递佩服书之意也。吾友莎士比亚先生曾宣传女人是弱者，在他那个时代，大概有真理在焉。可是真理也会变，时间能够改变太多的事物，他老哥如果今天从棺材里爬出来，抬头一瞧，女人忽然“强哉骄”，恐怕羞愧难当。

台北一家著名的大学堂外文系毕业的女学生，系花兼校花也，长得沉鱼落雁闭月羞花。有一天，路过一公司门口，看见一辆一九九九的奔驰汽车（在柏老看来，凡是四个轮子而自己会跑的玩意儿都是汽车，后来才晓得等级奇多，在目前的台北，“奔驰”属于九段，价值三百万元——把柏老捆起来当猪崽卖，也抵不上一个轮胎。据说屁股坐在上面，舒服得要命）。她阁下见了该“奔驰”，立刻浑身发软，绕着它左转右转，前转后转，伸出纤纤玉手，把车身摸了个遍，啧啧称赞，口水四流。一会儿经理老爷上车，该强哉骄马上抓住天赐良机，未语先笑，嗲曰：“这车是你的呀。”经理老爷眼睛一亮，应曰：“噎死。”强哉骄曰：“我好想坐一坐，不知道能不能请你带我兜兜风。”经理老爷曰：“欧开，欧开，扑里死，扑里死。”强哉骄乃轻迈莲步，慢移玉臀，缓缓坐在经理身旁。以后经过，我不知道，反正是郎有心，妾有意，狗皮倒灶，结论是，经理老爷跟太太离婚，落入强哉骄之手，双双去了洋大人之国。（柏老听了这个故事，就开始担心，一旦该强哉骄在纽约遇到了一辆“砍的拉屎”，不知道还会不会再去乱摸。）

这位女士，可称之为“摸汽车型”的强哉骄。而另一位女士，则属于另一种型的焉，说来就话长啦。柏老有位年轻朋友，已过五十岁大关，尚未婚配，老实忠厚（这可不是赞美之词，用另外一句同性质的话来说，老实忠厚，不过冤大头罢啦），见了女人，先脸红，后心跳，舌头上像拴了一块十公斤重的铁饼，连话都说不清。女朋友永远绝缘,妻子更不必谈。柏杨先生就为他出主意,与其坐以待毙,不如征婚,直截了当地解决问题。

就在去年(1977)9月,征婚大典开幕,启事在报上刊出后,应征信件雪片飞来,老朋友们组织了一个审查委员会,挑选出最最理想的一位,由柏杨先生率领该朋友,按址前往晋谒。该小姐相貌端庄,职业高尚,虽是半老徐娘,却也仪态万千。柏杨先生一见钟情,对朋友训之曰:“小子,小子,好自为之。”当时约定第二天由他们单独见面。就在晚间,柏老又把朋友召到汽车间,面授种种机宜,认为十拿九稳。

第二天晚上,柏杨先生正襟危坐,等候消息。直等到半夜,朋友像斗败了的鹌鹑,垂头丧气,踉踉跄跄跑进来,我一瞧就知道他遇到的对手不是莎士比亚先生的“弱者”,而是柏杨先生的“强哉骄”。原来二人最初约定在一个较小的餐厅见面,强哉骄坚持去一家台北最大的餐厅。朋友本来打算吃个A餐B餐的,强哉骄却非点菜不可,第一盘就来了一个伟大龙虾。嗟夫,到西餐馆点菜,真得有点银子才行,然而这还不足以使朋友出汗,使朋友出汗的是,强哉骄玉音曰:“你今年多大啦,报上登的年龄可是真的?”朋友曰:“是真的,不信可以看身份证。”强哉骄曰:“身份证也有假的,也有当初虚报年龄的,看它干啥,我只问你今年多大啦?”朋友告诉了她,强哉骄曰:“你现在干啥?”朋友曰:“在夜间部教课。”强哉骄曰:“那你白天干啥?”朋友曰:“不干啥,只在家里看书。”强哉骄曰:“你白天为啥不各处活动活动,力图上进。”朋友这时已开始发毛,强哉骄续问曰:“你有没有机会出国?”朋友结巴曰:“恐怕没有。”强哉骄曰:“别人都有机会出国,都有绿卡,你年将半百,为啥没有?”朋友紧张曰:“我不知道。”强哉骄曰:“你一月多少钱?”朋友曰:“六七千元。”强哉骄曰:“六七千元,怎么能养家活口。我过惯了舒服的日子,可不能受苦。”朋友满面羞惭,大汗猛出,然后强哉骄曰:“征婚启事上说,你有房子,到底有几栋?”朋友曰:“一栋。”强哉骄大惊曰:“一栋?你这么一把年纪,只有一栋?”朋友曰:“一栋,一栋。”强哉骄曰:“在啥地方?”朋友告诉她地方,强哉骄曰:“几楼?”朋友告诉她几楼,强哉骄曰:“是木门窗,还是铝门窗?"朋友曰:"木门窗。"强哉骄再度大惊曰:"木门窗的,那房子准不值钱。"朋友喃喃曰:"不值钱,不值钱。"强哉骄向朋友脸上端详了一阵,厉声问曰:"你脸上开过刀没有?"朋友这一辈子从没有开过刀,可是这时已神志不清,急忙应曰:"开过刀,开过刀。"强哉骄曰:"你走路怎么外八字?"朋友根本不是外八字,这时也坦承不讳他是外八字。好容易账单送来,两个人吃了一千八百元,大概只有地藏王菩萨知道我那位朋友是怎么走回来。

这位女士,可称之为"铝门窗型"的强哉骄,柏老除了面谕该朋友三十六计,逃为上计外,别无他计。不过看起来铝门窗的人有福啦。迄今又过了四个月,不知道该强哉骄找到铝门窗的男士没有,真叫人挂心也。

2. 三上吊与刘玉娘

关于强哉骄,我们已介绍过两种类型。仅只两种类型,当然不能一网打尽,为了立德立言,现在再加补充两个类型。加起来恰恰四个,正凑够一桌麻将牌。

有一位也是大学堂毕业的女学生,此婆的神通,与"摸汽车型"的迥异其趣。盖"摸汽车型"的强哉骄,用的是现代化的精密科技,只要玉手一指,辐射线泉出如涌,男人就立刻浑身麻木,身不由己地俯首帖耳,被抓将过去,压在屁股底下。而我们现在推荐的这位女士,用的是中国传统的擒拿术,即"一哭,二闹,三上吊"是也,一举一动,都是重量级的,姑名之曰"三上吊型"的强哉骄。当者披靡,无不臣伏。

有一位男士焉,一表人才,英俊得跟柏杨先生一样。他有一位远在罗马的女朋友,鱼雁往返,两地相思,女朋友就要回国白头偕老。

偏偏三生有幸兼三生不幸,三上吊型的强哉骄看上了他。最难消受美人恩,加上男主角善良得近乎窝囊,于是,遂被抓住不放。有一天,强哉骄把他唤到眼前,宣称非嫁他不可,男主角吓了一跳,一百个不肯。好吧,女人们最最厉害的法宝祭了起来,强哉骄号曰:“你跟我已有肉体关系,你想玩玩就算啦。我的天呀,我的娘呀,我不要活了呀。”

这种法宝,如同《封神榜》上皇太子殷郊先生的翻天印,百发百中,砸到谁头上谁都得翻身落马。

——跟这属于同性质的,还有另一种法宝,那就是太太要想甩掉丈夫时祭出的“性无能”,比翻天印还要厉害,简直是核子武器。英雄好汉一旦挨了这种核子武器,立刻就会尸骨无存。

女人当然同情女主角,认为这种男人,如不被驱逐出境,简直是没有了天理。而男人方面不管自己是不是也性无能,对别人的性无能,却兴趣盎然,硬是认为他死有余辜。尤其糟的是,这种事有口难辩,你总不能到处声明你性有能,不信请试试吧。记得十六七年前的事矣,台北地方法院有件这种官司,妻子要离婚,丈夫不肯,妻子就一口咬定丈夫性无能。该丈夫急啦,要法官准许他当场表演。结局如何,他们表演了没有,有法官在檀台上观看了奇景没有,因为报上没有登,我们就不知道矣。

问题是,对于“性无能”,男士反攻,还有一线生机。但对于三上吊型强哉骄“俺跟他有肉体关系”的当头棒喝,却是连一线生机都没有,一旦陷入埋伏,除了身败名裂外,只有双膝下跪一途。该男主角虽然仍做最后挣扎,但强哉骄既有“肉体关系”作理论的基础,岂怕你踢腾乎。她阁下跑到男主角家宣称要自杀,又宣称要杀他的全家——包括他的父母兄弟姐妹,又宣称要泼他硝镪水,又宣称要发传单揭发他的种种丑行。又躺在他家地板上打滚,又跑到他服务的单位披头散发。最后,她更来一记结实的左勾拳,说她已怀了身孕,偶尔有个胆大包天长辈要她去医院取个怀孕证明书来,这一下可算是捅了马蜂窝,她就一头撞到长辈怀里,把鼻涕兼眼泪全部涂到长辈刚买来的新西装上,又驾临长辈官邸,声言你既然破坏我的“家庭”,我也要破坏你的家庭,大家死在一堆算啦,把长辈老爷搞得魂不附体,向她哀哀求饶。任何朋友只要插一句嘴,都有如此报应,所以群医束手,谁都不敢做声。而且该三上吊型也有温柔的一面,她发誓保证,她自知配不上他,只不过求孩子有个父亲而已,结婚以一年为限,随时可以离婚。这句话说的比唱的好听,恩威并施,终于吹吹打打进洞房。现在结婚已五年有余,该男士每天在街上闲逛,没有一个朋友敢上门,他也不敢上任何一个朋友的门。

另一种类型,也锐不可当,我们上尊号曰“刘玉娘型”的强哉骄。关于刘玉娘,柏杨先生在《活该他喝酪浆》大作中,已经加以介绍,不再重述矣。这一型强哉骄,最明显的特征是,在“义”“利”关头,有极其明智的抉择。有一位女士的丈夫忽然坐了牢,她阁下起初也确实是伉俪情深,伤心欲绝。可是当她听说丈夫要判长期徒刑的时候,她跟刘玉娘遗弃她那中箭待毙的丈夫,携带金银财宝一溜了之的情形一样——只有一点不一样,现代化的强哉骄没有一走了之,而是把丈夫辛辛苦苦挣的家产一口吞没。原来,丈夫爱她入骨,把所有家产全用妻子的名字,这时自然顺理成章地咽到肚子里。同时也没有送碗酪浆,而是由每星期探监两次,减为每星期一次,每月一次,而终于一次也不一次,最后取得了离婚证书,把想当年海誓山盟,愿为他死的丈夫,孤苦伶仃地丢在深狱,任他自生自灭。

有皇后之尊的刘玉娘跟皇弟李存渥,是在丈夫喝了酪浆之后才双宿双飞的,现代化的刘玉娘则在一听丈夫要判刑,就迫不及待地伸出铁掌,抓住了一个现代化的李存渥。此公有妻有子,而且一向阃令森严,下班之后,必须立刻回家报到,否则大祸临头。按说那位太太也属于强哉骄,却不料强中更有强中手,强哉骄跟日本围棋界一样,也论段数的。我们的刘玉娘乃十三段高手,自然有超级绝技。她阁下天天开着她那在牢房辗转呻吟,哭天无泪丈夫的汽车,在下班时去衙门接男主角。有一次,遇到一位尚在葫芦里装着的朋友,告之曰:“他太太管他管得奇紧,恐怕他不敢出来。”她阁下冷笑曰:“哼,看是他太太厉害,还是俺厉害。”她阁下一向宣传自己十分高贵的,一声“哼”和一句“看谁厉害”,使葫芦里装着的朋友张大了嘴。结果证明十三段高手,到底不凡,男主角俯首就范,乖乖登车,葫芦里装着的那位朋友紧张的几乎栽了一个斤斗。

最精彩的是,不知道怎么搞的,那个女主角的该死丈夫,慢慢调理,竟然活蹦乱跳地出了狱。出了狱并不好受,他忽然发现无家可归,一贫如洗,老窠没啦,家产也没啦,晕头转向,在人行道上搭了一个地铺,想了几天都想不通。柏杨先生是目睹过他们夫妻过去亲密逾恒历程的,当下热血沸腾,自告奋勇向强哉骄交涉曰:“老家伙晚景堪怜,你们原来的房子,你现在不住,可否让他暂住一下,一俟另行觅到栖身之所,即行搬家。”强哉骄立刻大义灭亲曰:“根本不可能,叫他找我的律师。”当时就写下律师姓名电话,神色俨然,气壮山河,柏杨先生踉跄逃出,几乎一步下了八个台阶。呜呼,男女两性,如果发起狠来,做出同样绝情的事,女人要比男人恶毒得多。尤其是“刘玉娘型”强哉骄,一旦英姿焕发,简直是脱了裤子打老虎,既不要命,更不要脸,胆敢迎战,无不大败。男人不是被她驯服,就是被她一脚踢。不是被她奉承得心里痒痒,就是被她不当人子。君不见《杀子报》一戏乎,女主角就是刘玉娘型的强哉骄,她跟一位有道之士通奸,儿子发觉了秘密之后,把有道之士揍了一顿。老娘恋奸情热,恶从心头起,毒从胆边生,跟有道之士联合下手,把亲生儿子宰啦。不过宰啦的结果并不理想,在农业社会,人口是静止的,忽然失踪了一个孩子,当然人言沸腾,终于搜出了尸首,一对可敬的情侣,被一条绞绳勾销。

现在,胜利了的女主角似乎遇到难题。她厉害是真厉害,现代李存渥先生终于被俘,被俘到女主角之家,作任何男士都啧啧称羡的上炕之宾。可是男主角的太太,也非等闲之辈,说啥都行,就是拒绝离婚。八年之久,男女主角虽然同床共枕,却只能算是姘居。于是每隔几天,强哉骄尊府就要爆发一场骂阵节目,除了骂现代李存渥无能外(不是性无能,而是离婚无能),接着又骂李存渥夫人曰:“死不要脸,丈夫不要她,她还死揪着不放。"理直气壮,声震四邻。柏杨先生真怕日久天长,她喉咙会得砍杀尔。

说来说去,女人的名字不是弱者,女人的名字是强哉骄。不管是哪一型,男人都抵挡不住。

3. 弱者的名字:一摊泥

我们介绍过的四种类型的强哉骄,在男女关系上,现代化的老奶,把男人当作猎物,其状如老鹰抓小鸡,只要看准目标,一抓一个,丝毫不爽,纵是想当年以男人为主流的时代,对女人也不致这般得心应手。其实现代化老奶不仅对男人如此,对一向被男人盘据的"事业"地盘,也高跟鞋林立。

在十九世纪之前,女人唯一的事业,就是家庭主妇——包括四大项目,曰"嫁人",曰"煮饭",曰"洗衣服",曰"养小孩"。除了这四项,还有两项,曰"娼妓",曰"戏子"。后两项很不好听,正因为不好听,所以一直到二十世纪三十年代,老一辈死脑筋还转不过这个弯。抗战时名震全国的话剧《结婚进行曲》里有一幕,当房东老头听说女主角"在外面做事"时,顿时呆得连钥匙都掉到地下,可道出普通人的顽强印象。中华民国建立了之后,女人事业多了两项,曰"教员",曰"护士"("电影明星"属于戏子之类,"舞女"似乎属于更糟的之类),偶然老奶们也上上政治舞台,但多半靠父亲的余荫,或丈夫的领带——我们尊之为"领带关系",以别于妻子的"裙带关系"。靠自己本领闯出万儿来的,真如凤毛麟角。至于在工商界,更没影矣。

吾友李耳先生曰:"物极必反。"老奶们被传统礼教"大门不出,二门不迈,内外有别"了几千年之后,最近十年来,开始"必反"。遍数台北,女董事长、女经理、女业务主任,满坑满谷,到处都是,一个个理论兼实际,天文兼地理,玉舌如簧,不但能把活人说死,还能把死人说活。而且脑筋里装着铁算盘,一面谈笑风生,一面算盘叮叮当当地响,刹那间就算出柏杨先生用三年时间都算不出的结论。

一位从大学堂毕业才五年的老奶,会七八国的英文兼七八国的日文,情报灵通,武艺高强。得知有东洋之大亨,或西洋之大亨来台采购,立即披上猎装,奔到机场,洋大亨一下飞机,她就飞奔而上,抱住脖子,乱喊一阵“打铃”“打钟”之后,右手接过提包,左手抱住右臂,满洒着香水的秀发硬往洋大亨鼻孔里戳。此时也,那些同样闻风而至的男董事长、男经理,虽也布下了包围大阵,却像狗咬刺猬,无从下口,乱喊乱叫一通,眼睁睁看着洋大亨被玉手绑上了汽车,冒黑烟而去,只好站在黑烟里跺脚高骂,恨不得马上跑到医院开刀,变成女儿之身。

老奶的香闺就是公司的秘密阵地,三杯黄汤下肚,美色又复当前,该美色对市场情形,又了如指掌,讲得头头是道,大亨的架子端不起来,而且如获至宝,唯恐怕被赶出大门。于是叫他签委托书他就签委托书,叫他签支票他就签支票。第二天,老奶像牵条哈巴狗一样地牵着大亨的鼻子,去各厂商看货,各厂商见了老奶,如同见了祖宗,而老奶这时又是一番庄严的嘴脸。如此这般,银子滚滚而来,业务滚滚而大。然后坐镇山头,傲视四方。

这种老奶,我们称之为“挑大梁型”的强哉骄,并不是每一个挑大梁型的都要动用女人特有的资本,不过,如果条件相当,男方铁定吃瘪。

挑大梁型的强哉骄,风尘仆仆,孤军奋战,也有一把辛酸眼泪,而且正正当当作生意,我们十分崇敬。只是,她们似乎有一个共同特征,大多数挑大梁型的强哉骄,都视自己的丈夫如刍狗,丈夫如果窝囊过度,沦落在妻子手下或公司里当一名大小职员,那股气恐怕是可真难受。记得若干年前一个电影上,有一天,不知道怎么搞的,身为董事长的太太,突然下令把担任秘书的丈夫的办公桌,从自己办公室搬出来,不但把办公桌搬出办公室,还把丈夫的身子从床上搬出大门,那就是,刹那间免去了本兼各职。我们因系自称为文化大国之故,截至目前,挑大梁型的强哉骄还没有过这种高潮,但大势所趋,恐怕总有一天会如此这般,柏老有厚望焉,诸女娃其共勉之。

最后,还有一种老奶,我们尊之为"不放手型",不知道应该属于或不应该属于强哉骄。盖在某一个角度看,她确实强哉骄,而在另一个角度观察,她又可怜兮兮,站在弱者的一边,好像是两栖动物。但特质则一,就是不管丈夫老爷如何荒淫无道,硬是含垢吞声,决心同归于尽。"刘玉娘型"中那位现代化李存渥夫人,就是一个样板。对于负心的丈夫,硬是来一个"你有千条计,俺有老主意",你尽管在外边嫖妓女,轧姘头,我都放你一马,但紧守最后防线,就是不离婚,用一根看不见的绳子拴到他尊脖子之上,像吾友孙悟空先生在妖怪五脏上拴一条毫毛一样,只要轻轻一拉,妖怪老爷虽然神通广大,也腹痛如绞,就地打滚。这是惩罚性的妙法之一,足可以使姘夫姘妇,寝食不安。

另一种则不是"强哉骄",而是恰恰相反的弱者"一摊泥"矣,付出更高级的代价,却一点得不到回报,委屈一生,连轻微的反击能力都没有。读者老爷看过第六十八期(1977 年 11 月号)香港出版的《内明》杂志乎,这是一本佛教刊物,上面有一篇谢冰莹女士写的《卜太太的烦恼》,这篇大约四千字的小说,透露出一线信息——一个"一摊泥型"的信息。

大概二十五年之前吧,有一个文艺团体邀请几位作家到各地访问,因柏杨先生跟谢冰莹女士是老朋友之故,就由我负责邀她,当时我少不更事,不知道这么轻易的壮举,为啥你推我拖,落到我头上。我当时就打个电话到台湾师范大学堂谢冰莹女士的宿舍,一场流弹如雨的对话开始。我曰:"谢公馆乎?"一个狼叫的男人声音嚎曰:"我姓贾,这是贾公馆。"我知道碰到了绿林好汉,急忙娇声软语地问他好,向他请安,祝福他的头痛早占勿药,又声明不知道他阁下在府,以致说错了话,务必请他原谅等等。

——读者老爷有所不知,贾公不准人称谢冰莹女士为"谢教授”,只准人称她为“贾太太”;不准人称谢冰莹女士所住的地方为“谢教授宿舍”,只准人称为“贾教授公馆”。贾公既不在师范大学堂教书,又住的是太太的房子,却乱挺脊梁,实在有丧元气。偶尔有学生老爷仰慕盛名,提着礼物去看“谢老师”,而没有去看“贾师母”,贾公就当面把礼物统统丢到大街上,叫学生老爷“滚”,等学生老爷“滚”了之后,再把蜷卧在墙角的谢冰莹女士唤出,拳足交加。

话说柏杨先生一再道歉,贾公曰:“少要贫嘴,有啥快讲。”我曰:“老哥,我们想请谢教——贾太太参加一个访问团,环岛访问,以壮声势,时间大概是某日至某日,只不过几天。”他曰:“等一下我告诉她。”这句话还算人话,可是下句话就不像人话啦。盖我老人家一时糊涂,急于求得一个肯定的结论,就曰:“谢教! 呸,贾太太能不能出席,还不是听你阁下的,只要你点头,她就去得成;你一摇头,她就去不成。”我的意思是要展示一下幽默天才,想不到竟踩了他的痛脚,只听他咆哮曰:“姓柏的,你说话可不能带刺,俺老婆的事都由她决定,俺从不过问,你们在外面胡造谣言,把俺说的没有别的本领,只会窝里凶,恶名在外,这是什么意思? 你是什么用心?”说罢砰的一声,把电话机摔下。我当时就愣住,想了一天一夜,忽然发起气来,要打电话念三字经给他听,被朋友苦苦劝阻。警告我曰:“老头,你如果骂他,他会把怨气全部转嫁给谢冰莹,我们是她的朋友,不能让她受苦。”这一憋就憋得我得了关节炎。

看了《卜太太的烦恼》,柏老的新仇旧恨,一齐爆发。恰恰女作家李芳兰女士从美国回来,又用二十五年前的老话劝我,这一次我可啥也不听。盖贾公用的是明王朝那种阻吓法,明王朝皇帝就是用此法来钳制悠悠之口,以掩饰自己的罪恶的。某甲被错打三十大板,某乙如果抗议营救,皇帝立刻把某甲增打到四十大板。某丙如果再抗议营救,则再加重为五十大板。主持正义的人越多,当事人的屁股也越烂,为了不加重伤害,结果谁都不敢打抱不平。贾公此法,确实封锁了千万丑闻。可是我老人家却是非乱嚷不可。下一次,我还要介绍《卜太太的烦恼》全文,“一摊泥”型的内涵,全在于此。贾公,贾公,你纵是把"贾太太"宰啦,我可是一点也不在乎。

4.《卜太太的烦恼》

现在,我们介绍谢冰莹女士的大作《卜太太的烦恼》——

卜太太和她的鸭子屎丈夫,一同移民到美国。这篇小说,截取了这对夫妇的一段生活,老老实实地描绘出来,字里行间,一片乌烟瘴气。

话说满头大汗的卜太太从唐人街回到公寓,已经是下午一点过五分啦。她回来后,扑面而来的不是普通家庭里应有的祥和温暖,而是鸭子屎丈夫的怒吼。怒吼的是:

你为什么不死在外面,还回来干什么?你知道我饿得多么难受?你明知道我不能动。如果能动,老实说,我宁可不要你这种老婆。滚,给我滚。

原来鸭子屎丈夫得了半身不遂的贵恙,也幸亏他得了这个贵恙,卜太太才没有滚。卜太太对这种当头棒喝,早已非常非常地习惯,盖一摊泥型老奶的哲学是:"每逢丈夫发脾气时,最好的办法是沉默,忍住气,一声不响。对方看见没有反应,过时些,也就算了。"可是今天的卜太太大概吃了豹子胆,仔细一瞧,发现她给鸭子屎端在面前的包子、凤尾鱼、香蕉,都不见他娘的啦,忍不住曰:"你吵什么,隔壁住的都是洋人,已经(为我们整天吵闹)搬走了两家了,幸亏现在住的是个聋子,要不然,人家又要退租。你不是吃了东西吗?还饿什么?"

鸭子屎气得发抖,嗓门吼得更大:"你干什么去了,说,快说。"这一吼,卜太太刚提起的那股反抗精神,霎时崩溃,结结巴巴曰:"干什么去了,等车去了。我已经六十多岁,难道还找男朋友?骂,你尽管骂吧。只要你高兴,骂什么都行,反正我视而不见,听而不闻。我已经受你的气四十多年,难道现在就不能再忍?"

这一段如泣如诉,是多么凄凉。假如这一对夫妇是街头的小瘪三,一点也不稀奇。可是这一对夫妇——鸭子屎丈夫和一摊泥妻子,却都学问冲天,就十分稀奇矣。嗟夫,四十年之后固已六十多岁,人老珠黄。但四十年之前,却是二十多岁的美貌娇娘,不知道为啥如此死皮赖脸(对不起,说好听一下,宽宏大量也可),去忍受"你尽管骂吧,只要你高兴,骂什么都行"。我想,稍微有几根骨头的老奶,恐怕是"骂什么都不行"。而卜太太竟然被"骂什么都行"了四十年,柏杨先生就怎么想都想不通。

这个"骂什么都行",恐怕包括了人类中所能想象的所有脏话,和所有不能形诸文字的恶毒诅咒,国骂省骂三字经,不过浮光掠影,还算文明的。其他诸如"操你祖宗""日你娘亲"之类,就叫人怒血沸腾。谁无心肝娇女,忍心叫一个鸭子屎臭男人如此糟蹋,而这个心肝娇女努力为老爷老娘争取这么多漫天侮辱,竟无动于衷,连挣扎一下都不敢,未免使天下做父母的,同洒一把老泪也。

这位可怜的卜太太在暴力之下,没有能力解救自己,只好烧香拜佛,信了菩萨。然而菩萨跟吾友耶稣先生一样,是采取"人神同工主义"的,枪头不快,努折枪杆。老奶先成了一摊泥,神仙老爷干使劲也没有用。卜太太稍微多说了两句,鸭子屎丈夫就破口大骂:"住口,你真混蛋,敢顶撞我,我得这个病,就是你造下的孽。"

——鸭子屎丈夫这份恶棍嘴脸,和恶棍逻辑,实在有摄影留念的必要。

卜太太对她的媳妇,介绍鸭子屎的光荣经历,曰:"他过去三十年是好的,越是到了老年,脾气越坏,他变得孤僻、顽强、专制。他就是家里的皇帝,一家人都要听他的话,他说什么就是什么,没有丝毫商量的余地。老实说,假如在三十年前就是这副德性,我早和他离婚啦。"

令人脱帽的卜太太,又猛往自己尊脸上抹粉。开宗明义时,卜太太就曰:“我已经受你的气四十多年了。”现在却想用蜜丝佛陀涂掉十年,前言不照后语,自己露出了马脚。而卜太太还借着媳妇之口,为自己杜撰了一个谁也不相信,却打算自欺欺人的伟大理由:“佛的最大宗旨是牺牲。救助别人,正像地藏菩萨说的:‘我不入地狱,谁入地狱,地狱不空,誓不成佛。’”

谎话终于是要显出原形的(对啦,佛家以不说谎话为第一要义,卜太太呀,你可是犯了戒律,就怎么得了乎哉)。有一天,在老友房舍客厅里,卜太太忽然热泪滚滚,脱口而出,告甄太太曰:“我真不想活了,我想要跳金门桥。”

这是痛苦的总爆发,可是一摊泥型的老奶,连自杀的勇气都没有,于是她阁下再借着甄太太的玉口,向自己,也向朋友宣传了一套不能自杀——实际上是她不敢自杀的理由,这理由生硬得像一篇官报的社论,抄在下面,恭请读者老爷共赏。

甄太太曰:

卜太太,千万不要有这个念头,你是佛教徒,怎么可以自杀呢。佛教是戒杀生的,你杀了自己,到地狱里去,一样要受苦刑。首先别人一定以为你的儿女不孝,你的丈夫虐待你,所以活不下去。还要骂你太没有良心,丢下一个瘫痪不能动的丈夫,他太可怜,你太自私。还有你将害得多少亲友为你难过。

卜太太我了解你的痛苦,更同情你的遭遇。你要修忍辱波罗蜜,在观世音菩萨普门品上面,有这么几句话:“常念恭敬观世音菩萨,便得离嗔。”卜先生不信佛教,没法和他谈佛理,他的嗔恚病很重,所以容易发脾气,对什么都看不顺眼。假如你也像他一样,那么你平时的听经念佛,持戒放生的种种功德,都会被嗔恚的火焰烧毁了。所谓“嗔火炎炎,烧尽功德之林,能灭菩萨之种。”又说:“一念嗔心起,八万障门开。”所以你一切都要看开、看空,不可烦恼,不可动肝火、发脾气。要知道“嗔”这个字比“贪”“痴”还要可怕。社会上多少杀人放火、打劫争讼,都是由贪嗔而起。最可怕的是有嗔病的人,到命终时,会堕入地狱变做毒蛇毒蟒等畜生,(柏杨先生插嘴曰:不得了啦!)所以我们信佛的人,首先要消灭贪嗔痴。

这一篇大道理,是一摊泥型女人们的理论基础。问题是,我们不知道她是先有了一摊泥的事实再去找理论基础,还是先有了这种价值连城的理由基础再去身体力行一摊泥。不过有一点是可以肯定的,卜太太的作者谢冰莹女士,北伐时候,是湖南省大家庭儒家系统礼教的一个叛徒,私自逃婚,投奔当时的国民革命军。那时候恐怕她还不相信释迦牟尼这一套,在壮志消磨殆尽之余,才忽然从厨房里端出来这么一大盘半生不熟的大杂烩,而且在端出了这盘半生不熟、难以下咽的大杂烩之后,又告诫读者曰——

卜太太想自杀的念头有很久了,但她向甄太太讲还是第一次。两人对坐了二十分钟,什么也不说,原来她们都闭着眼睛,在默念南无观世音菩萨。

这篇大作最后的结局是:

卜太太回到房间,丈夫睡得很熟。她洗手烧香之后,打开宝静法师的《观世音菩萨普门品讲录》来读,至遏止嗔的方法:“应修慈悲观,慈能兴乐,悲能拔苦。”——最好的方法,就是常常一心恭敬地念观世音菩萨,便得离嗔,如清凉风吹在炎火之上,也定会熄灭。(柏杨先生又插嘴曰:“卜太太的凉风已吹了四十年,鸭子屎的炎火不但没有熄灭,而且更旺。”)真的,卜太太念了无数遍之后,心里平静,舒服的多了。

这一舒服,就更增加一摊泥的勇气。三国时代火烧赤壁之役,周瑜打黄盖,一个愿打,一个愿挨。现在,鸭子屎愿打,一摊泥愿挨,人间固多是这种风景。不过不同的是,周瑜打了黄盖,嚷嚷得唯恐别人不知。鸭子屎打了一摊泥,双方都像被谁捏住脖子,死也不吭声。

5. 男人得自求长进

“一摊泥”同胞，只有一种。“强哉骄”同胞，则可分为四类，一曰功利类，“摸汽车”、“铝门窗”、“三上吊”、“刘玉娘”，都包括在内。一曰事业类，“挑大梁”属之。一曰家庭类，“不放手”属之。一曰灵性类，吾友娜拉女士属之。

原始社会，是以母亲为中心的，人类只知道有娘，不知道有爹。盖那个时候没有学堂之设，大家懵懵懂懂，认为生孩子乃出于天老爷的恩赐，跟臭男人无关。女人既拥有大批儿女做打手，自然称王称霸。臭男人孤苦伶仃，形单影只，只好吃瘪。可是到了后来，不知怎么搞的，联合起来，把女人统统拴到家里，规定她们的责任有二：一是服侍丈夫，一是养育小娃。最初，管理还不太严格，臭男人死翘翘，妻子还可以再嫁。稍后儒家大腿之一的朱熹先生提倡理学，把女人踩在铁蹄之下，要她嫁鸡随鸡，嫁狗随狗，嫁给混账王八蛋，就得跟混账王八蛋过一辈子，连丈夫老爷把她卖啦宰啦，都不准喊哎哟，喊哎哟就是大逆不道，人人得而诛之。为了预防女人叛变，学问庞大分子还发明了“女子无才便是德”学说，作为兽性大发的理论根据。柏杨先生年轻时，还亲眼见过这种场面，当男人真是舒服，当混账王八蛋男人尤其舒服。最近美国卡特总统嚷嚷“人权”，学问庞大他子立刻引经据典，一口咬定中国人的人权是“古已有之的”——反正不管你说啥，包括核子武器在内，中国一律“古已有之”。不过男人到底有没有人权，我们不敢说，我们只敢说，女人身上既绑着“七出之条”，恐怕是没啥人权。老奶们唯一的人权，只是为男人活着的人权。

人权就是人性的尊严，凡违反人性尊严的东西必然要受到反击，而被一扫而光，男人被阉成宦官，女人被缠成小脚，流行而且赞美了几千年之久,如今安在哉。中国科举制度下的知识分子是世界上最乖巧的一种动物,对于生命中最刺心的严肃课题,既没有能力沉思,也没有道德勇气反抗,以致没有人敢为宦官和小脚呐喊。而所有的咆哮都是骂宦官天生贱种,跟骂女人不守妇道的。而妇道者,臭男人为她们摆的道也。

话拉得太远,反正古代女人都是莎士比亚先生笔下的弱者。中国历史上似乎只有两位值得人们从内心崇拜的女人,一位是花木兰,她跳出了家庭,化装为男人,投针从戎,报效国家。一位是秋瑾,她跳出了婚姻——跟她那位酱蛆丈夫离了婚,这本来已够卫道之士脑充血啦。而她又加入了反抗清王朝最后的革命党,简直是双料叛徒。

但这亘古以来的两位女英雄,下场却使人沮丧,犹如亘古以来的男英雄岳飞、于谦的下场使人沮丧一样。花木兰女士在身经百战之后,仍涂上口红,穿上高跟鞋,跳到她原先跳出的家庭之中,去服侍男人。秋瑾女士更倒霉,被小报告朋友告了密,绑赴刑场,执行斩决。

到了中华民国成立,女人纷纷上了学堂,有了"才"啦,儒家理学系统那一套的残余力量,像一条糟麻绳,女人的"才"就是剪刀,把那条糟麻绳剪得柔肠寸断,开始向没有爱情的婚姻挑战。吾友易卜生先生《傀儡家庭》中的女主角娜拉女士,就是这一类的典型。当她阁下抛夫弃子,走出家庭的时候,跟她那位怎么都弄不明白的丈夫有一番对话,说明女人已迈进一个前所未有的境界。我们把这段对话抄在下面,敬请读者老爷参考——

男主角曰:"你说啥,你竟然把家庭、丈夫、儿女,都一股脑扔掉?你就不想人生在世是怎么回事?"女主角曰:"我不在乎这样,我要为理想献身。"男主角曰:"你疯啦,你要放弃你的神圣义务?"女主角曰:"啥神圣的义务?"男主角曰:"你真的不知道,对丈夫、对儿女的神圣义务?"女主角曰:"我有更高的神圣义务。"男主角曰:"屁话,你说说你那更高的神圣义务是啥?"女主角曰:"自己对自己的神圣义务。"男主角曰:"在乱搞之前,应该先考虑考虑你身为人妻、身为人母。"女主角曰:"我现在可再也不相信这一套,首先考虑到的是,我是一个有独立人格的人,你当然也是。我知道所有人的意见跟你完全的一模一样,书本上也是这么写的。但大家所说的,书本上所写的,已不能使我满足。我要自己去思考,自己去求证。”

无论如何,娜拉女士是强者,吾友法国作家普累乎斯提就有一篇小说名《强者女人》,诚柏杨先生的知音也。台北某大学堂的一位女学生,在读书的时候,就被头脑像一盆糨糊的老爹和心狠手辣的继母,用暴力强迫着她嫁给一个伧俗的男人。这男人在发了大财之后,因为日夜在钱眼里猛滚的缘故,就更伧俗加三级。如果这位女学生老奶也是同一类型的,那简直是如鱼得水,乐不可支。偏偏她是个艺术气质很浓,境界很高,追求灵性人生的朋友。她不得不结婚,不得不生子,但她从没有爱过他。这样忍受了九年之后,她终于小包袱一卷,离家出走。呜呼,人生各种痛苦中,只有伧俗使人不能忍耐,跟伧俗的人在一起生活——无论是挤在一个家庭里或挤在一个牢房里,都是最大的苦刑。她阁下出走之后,租了一间四个半榻榻米的小屋,席地而居,过着饱一顿饿一顿的日子,但该老奶精神勃勃。丈夫老爷左想右想,前想后想,怎么想都想不通一个女人怎么会放着荣华富贵不享,而竟去追求啥子他妈的看不见兼摸不着,却陷自己于穷困潦倒之境的灵性生活。于是大跳了一阵子,一直跳了三年之久,才高抬贵手,跟她离婚,离婚的条件是一文不给,扫地出门。他以为这下子可叫她晓得钱的厉害,他死也想不到天下竟有一种女人是不爱钱的。我们本来要给这位老奶上尊号曰“秋瑾型”的强哉骄,但秋瑾女士成了烈士,我们不希望老奶也成为烈士,所以改上尊号曰“灵性型”的强哉骄,以祝福她的生命更充实,活得更愉快。

灵性型的老奶不一定非离家出走不可,但这一型的老奶最大的特征是“不忍到底”,对任何形式的虐待,无论是伧俗、粗暴、不忠、自私、不负责任、大男人沙文主义,忍耐都有一个限度。跟“一摊泥”型的老奶恰恰相反,也跟“刘玉娘型”的老奶恰恰相反,“刘玉娘型”最大的特征是物质生活,第一想到的是自己的幸福,和如何保卫自己的幸福。刘玉娘女士本人就是为了自己的前途,连亲爹都不认,连亲夫都要灌他酪浆。我们前次举的那位“刘玉娘型”的老奶,她是在她丈夫正陷于灾难,正依赖她,正需要她时候,把他丢到旷野,任凭虎狼吞噬。而那位灵性型老奶却不会为银子动心,而是在丈夫正飞黄腾达时,抛弃世俗的财富,去寻觅失去的自我。

有人说,天才都是疯子,事实上也似乎差不多,即令生理上不是疯子,心理上也是疯子。自古迄今,才女之多,一百辆火车都载不完。但几乎全都埋葬在礼教的虎威和金钱的诱惑之下。现在的才女可不那么简单,柏杨先生有一位女学生,跟她的同班同学结婚,那位丈夫老爷嫉妒心奇重,而且凶恶如狼,动不动就开揍。爱情固然产生嫉妒,但嫉妒可不一定就是爱情,有些醋坛子常嚎曰:“我爱你,我才嫉妒呀。”其实,那可不见得,“刘玉娘型”的强哉骄无不嫉妒得要命。最后,该女学生不顾一切,绝裾而去,远走外洋。这需要有灵性支持的强大勇气,普通人想都不敢想。

柏杨先生并不赞成动不动就翻脸,可是目前呈现的景观,至少给月下老人一个警告,醉醺醺地乱系红线和乱点鸳鸯谱已不行啦。从前是丈夫“休”妻子,妻子死缠着不肯的时候。现在则是妻子“休”丈夫,丈夫死缠着不肯的时代。女人既都有德又有才,男人若不自求长进,就得马失前蹄。

6. 为别人想一想

最近,柏杨先生发了点小财,英勇地买了两件衬衫(本来要买一套西服的,一问价钱,立即掉头而去)。衬衫穿到身上,舒服异常,尤其是袖子长短恰到好处,于是我就仔细观察其他朋友的衬衫袖子,无不如此,不禁大声叹曰:“既有今日,何必当初。”嗟夫,这段情说来话长,已是十五年前的事矣,那时候的衬衫袖子无不长到指尖,如果任其自然,它就露出西服衣袖;如果翻而卷之,就又动不动滑下来。在更远之前的三十年代,男人衬衫还流行过一种附件,曰“松紧圈”,像女人的手镯一样,套在胳膊之上,把袖子拉短而箍之。“松紧圈”上端的袖管膨胀如气球,柏老那时正年轻貌美,就凭那种鼓鼓生风,就引起不少如花似玉的注目,好不得意。后来松紧圈没落,臭男人无计可施,只好为长袖烦恼一生。

我始终想不通,袖子为啥要那么长?聋子的耳朵,是天生的,固不必因它没用就把它割掉。但衬衫的袖子到手腕就够了啦,实在没有非长不可的理由,如果把长出来的衣料割下来,集腋成裘,岂不是可做更多的衬衫乎哉。如果说割下也是白割下,割下来的衣料根本没用,那就更不该忍心把根本没用的东西留下来作弄顾客。在那个时代,一个人走遍全世界,恐怕都找不到一件领口大小适合而袖子长短也合适的衬衫。柏杨先生还曾写过大作,向制造商打听为啥不对这种损人而又不利己的怪事,检讨检讨,更改更改,结果如对牛弹琴。想不到事隔十载,袖子竟然恰到好处,自然精神百倍。大亨们的脑筋总算是豁然开朗啦,这一开朗的基础是,终于为别人想了一想。

长而无当的袖子被“为别人想一想”打垮,这是天大的喜讯,显示中国在现代文明的里程碑上,又向前迈了一步,虽然这一步迈得太慢,足足迈了四五十年,但总比蹲在原地和稀泥,要差强人意。

问题是,在我们这个社会,只拼命想到自己,视别人如无物现象,仍然多如驴毛。对方如果竟然胆敢证明他也存在,而且有独立的人格,麻烦可就大啦,小者吵嘴,大者打架,再大则一顶帽子罩下来,不是说你小题大做,就是说你惹是生非;不是说你不知道安分守己,就是说你不知道温柔敦厚,乱发牢骚乱骂人。而乱发牢骚乱骂人者,一一都在卷宗里,后果堪哀。

柏杨先生蒙罗祖光先生恤老怜贫,恩准住他的汽车间,将近十阅月矣,头顶之上,都是富贵之家,而就在二楼阳台的栏杆外边,屋主支起铁架,在上面放了一排盆景。盆景赏心悦目,当然妙不可言。但该屋主每天都要浇水两次,而且每次都浇得淋漓尽致。有一次,酷日当空,柏老在门前买了一碗豆花,蹲在那里正吃得起劲,忽然大雨倾盆,倾了我一头一脸,刚吃了半碗的豆花,也荡荡乎变成满碗,心里诧曰:"这是何方神圣,赐下这种宋江式的及时之雨。"抬头一看,原来能源出在浇花上,而屋主老爷已经龟缩在案,不见踪影。我本来要大声开骂的,怕骂了要挨揍,就没有骂。又想上楼找该家伙理论,心里一想,我这个三无牌恐怕不是对手,只好作罢。于是不久我就练就一种三级跳的奇功,只要他阁下手提喷壶,抛头露面,我就一跃而入,或一跃而出,身上滴水不沾。

这种栏杆上列盆景的奇观,在公寓式的楼房之上,几乎触目皆是,有些更前后夹攻,在屋屁股的走廊上也罗列一排,则下面晒的衣服就要遭殃。而且日久天长,铁架生锈,忽然有一天塌啦,下面的朋友岂不要脑袋开花。即令不塌,铁架孔洞奇大,万一掉下一片碎瓦或一块石头,尊头同样受不了。实在想不通,住在上面的家伙,为啥不为下面的人想一想也。

和这同属奇观的是悬挂高楼的一些冷气机。呜呼,一栋大厦,七层焉,八层焉,九、十、十一、十二、十三、十四层焉,巍峨高崇,美奂美轮,俨然小型皇宫。却每个窗口都突一个黑漆漆的小棺材,既大小不同,也式样不一。每个小棺材又都有一个输尿管,晃晃荡荡,迎风招展。好像一个雍容华贵的贵妇人生了一身脓疮,把全部美感都破坏无遗。然而我们担心的倒不是美感,而是万一有一天小棺材的支架跟花架一样,由老而锈,由锈而断,忽连倒冬,翻滚而下,砸到路人的尊头上,据我了解,那效果可比倾盆大雨厉害。我们再一次的想不通,有钱的大爷,为啥不为路人想一想也。

公寓的威胁不仅是后天的人造雨和小棺材,也有先天的胎里毒。柏杨先生为了谋生,每天要经过台北市忠孝东路四段两次之多,每逢驾临到一个名"国泰宝通大楼"的庞然大物,就怦然心动。心动不是想搬进去住,我可是从没有这种想法,犹如我从没有想搬进吾友伊丽莎白二世的白金汉宫去住一样。我之所以怦然心动,是它的窗子。盖别的大楼,窗子都是左右拉的,只有"国泰宝通大楼"的窗子,却是向前开的焉。

夫窗子向前开,空气的流通量,当然比窗子左右拉要大两倍,屋主老爷住在其中,可能因此多活了三千年。但问题也就出在这上面,向前开的现象是,每个窗户都跟衙门一样——作八字形,金属的窗轴是唯一的支柱,这支柱再粗也粗不过放盆景或冷气机的铁架。即令是钢的吧,钢也有腐烂之日。好吧,俺的窗轴是钻石做的,那就算钻石做的。可是窗架窗框总不能也是钻石做的吧,窗轴如不先坏,窗架窗框也会先坏。一旦坏啦,恐怕倒霉的仍是行路的朋友。如果它不垂直而下,来个天女散花,散到马路之上,坐汽车的朋友,也难逃此劫。

最主要的是,风力的强度,随着高度而比例增加。比例的数字,柏杨先生一时想不起来(这非关记忆不好,如果你阁下欠我银子,看我记得清楚),只仿佛记得,如果地面是一级风,屋顶就有八级风,而八级风足可以把一个人像稻草一样卷起来抛到半空,以致游客们不得不像幼儿园一样,"大家小手牵小手"。或战战兢兢,紧抓栏杆,胆小鬼还得用一条绳索绑住纤腰(亨字辈人物则绑住大肚皮)。

台北国泰宝通大楼固然没有纽约帝国大厦那么高,但风力的递增定律,却是天下一样。该大楼现在是新盖的,还没有跟台风老爷碰过面。而即令撑过一次两次,柏老也不相信那细细的窗轴能长期抵抗日夜不停的高空的强风,万一表演炸弹开花,别人的态度如何,我不知道,我自问可是势不敢当。于是又想不通,当初设计的工程师老爷,为啥不为窗外人想一想也。

写到这里,敝孙女拿了一张啥子表格,叫我老人家填写。表是啥表,不必说啦,反正是临表涕泣,不知所云。尤其使人泪落如雨的是,表上留给填表人应填项目的位置,空白奇小。像"住址"栏的"省""县""市""路""街""巷",上面的空格,小的简直是在主办视力测验。有些空格倒是比较大方,留的位置较大,但也只能大到眼睛可以看见的地步,想把要填的字挤进去,恐怕得使用世界上最尖的笔,外加上一副世界上最精细的显微镜。"阅读书籍"栏,奇窄而且奇短,填三本两字书名的书,都得冒汗,一个人一生如果读过三十本书,仅填表就能填出近视眼。更想不通,制表人为啥不为填表人想一想也。

这些都是小事,但从这些小事,可看出心理上的症结。浇花水倾到你身上,冷气机掉到你头上,窗子把你砸得稀烂,填表填不进,那都是你的事,原主钱大力猛,就是这么干啦。不出事时,谁嚷嚷都没用,嚷的嗓门稍大,则招灾进祸。一旦出了事,血肉横飞,官盖云集,开会如仪,号叫着要追查责任,结果查来查去,除了死人有责任外,谁都没有责任。呜呼,这症结跟家家户户门口的臭鞋大阵一样,是一目了然的,过度的自私使头脑不清兼老眼昏花。

我想,中国人要做的第一件紧急的事是,每个人除了为自己想一想外,还要训练自己站在别人的立场,为别人想一想。

7. 鼓得白,丁巳!

今天是阳历 1978 年 2 月 5 日,后天是 2 月 7 日——中国传统的戊午年元旦,就到了歌星老奶在台上唱的:“大年初一头一天,家家户户过新年。”有人说,当一个中国人福气真好,每年有两个元旦。其实岂止中国人福气真好,洋大人的福气也不错。信基督教的国家也有两个元旦,其中一个是耶稣出生的诞辰。信佛教的国家也有两个元旦,其中一个是释迦牟尼先生出生的诞辰。

阳历新年,是中华民国建立时采用的,当时取消阴历,推行阳历,实在连吃奶的劲都使出来。柏杨先生亲眼看见,一到阳历新年,警察老爷全体出动,挨家逐户,叫小民贴春联、放花炮、穿新衣、戴新帽。主要的,是要大家一齐关门闭户,以示跟阴历一样的真的过年。结果,啥也办不通。一到了阴历新年,警察老爷更是忙碌,再度挨家逐户,拼命叫开门开店,衙门也硬是不放假。结果,仍然啥也办不通。

盖一则数千年的习惯难改,一则“阳历”和“洋历”同音,中国人不过中国人的年,却去过洋大人的年,从心眼里就产生抗拒。再则,中国仍停留在农业社会,百分之九十九是农民。而阴历正是为农民而设,到了阴历元旦前后,恰逢农闲,有的是时间,正可寓休息于热闹,而阳历元旦就不行了啦,那时大家都在下田。于是社会上就流行了两句话,曰:“你过你的年,我过我的年”。加以诠释,就是“官过官的年,民过民的年。”阳历元旦之日,各种衙门张灯结彩,大官训话,小官立正;小民看也不看,理也不理。等到阴历元旦之日,小民张灯结彩,锣鼓喧天,从心坎里来庆祝这个时序的转变。如此这般,官民之间,僵持了三十年,阳历年逐渐地有点不支。弄到后来,大家伙一咬耳朵,想出来一个下台阶的花样,定阴历元旦为“春节”,化暗为明,从此小民就大摇大摆,公开地热闹了起来,谁都不能说啥,俺是庆祝春节的呀。

从前,阴历年是一个险恶的关卡。好像希腊神话中的斯芬克斯,蹲在马路当中,过往人等都要解答他所出的灯谜。解答得出,平安通行。解答不出,一口吞到肚子里,就要断送老命。中国的灯谜很简单,不必费大脑,有银子就行,盖累积下来的新账旧债,都要在阴历年前一一还清,有钱的朋友当然不在乎,掏出花花绿绿的钞票,皆大欢喜。三无牌的朋友可就惨啦,要钱没有,要命一条。债主老爷偏偏是不要你的命而只要你的钱的,就更严重。唯一办法是硬不见面,学名称之为“躲债”。于是发生了一项问题,因为人可躲,家不可躲。男主人落荒而逃,剩下女主人在家,去抵债主,任凭债主跳高,只一声不响。债主暴躁一点的,省骂、国骂、三字经、百家姓,一起出笼。有心计一点的,则来一个“坐催”,就坐在客厅里,稳如泰山,甚至身带棉被,安营扎寨。有些则埋伏在黑暗处,等到三更半夜,穷朋友鬼头鬼脑,彳亍而归,正要跳墙(大门有人把守之故),还没爬上一半哩,债主一跃而起,捉住双脚,从此不得活也。

新年而被称为“年关”,主要在于解决债务。《笑林广记》上有则故事,除夕之夜,两个乌龟在河底养尊处优,听见岸上有人说话,甲曰:“老哥,你在这里干啥?”乙曰:“干啥,当然是躲债。”因反诘之曰:“老哥,你在这里干啥?”甲曰:“这还用问,当然也是躲债。”同病相怜,相对欷歔。乌龟老爷一听,诧曰:“债是何物,把两个家伙吓得不敢回家,我得瞻仰瞻仰。”刚伸出头,还没有瞧清楚哩,就被甲先生发现,他正饿得发慌,一见佳肴亲送上门,不禁大喜,伸手一抓,乌龟老爷心知不妙,勇猛地挣扎,终于溜掉,向老伴叹曰:“债这玩意儿真厉害,差一点被他吃掉。”

俗语曰:“一文钱逼死英雄汉。”不过普通时候,是“个案”的逼。到了年关,则统统有奖,普遍的逼。北方民谣曰:“新年到,新年到,女孩要花,男孩要炮,老婆要衣裳,老头急得跳。”此跳不仅是应付年终奖金,也应付债主。这场讨债的圣战,要熬到初一清晨,只要午夜一过,鞭炮一响,三无牌从枯井里一跃而出,向那位坐催的债主,深深地一揖曰:“恭喜,恭喜。”债主只有干瞪眼。如果想讨此笔欠款,又得一年。

现在是工商业社会,每一张支票都是一个年关。不同的是,支票更厉害,简直是一个定时炸弹,你不去把它的雷管拔掉,它就毫不客气地会自动爆炸。债主是找上门来要捉活的,捉不住他就倒霉。银行则是坐山虎,你不去,它也不问,于是你就得每天团团转。不过“年关”的严重性虽然减低,而余威仍在,似乎总趁着它来临,借机来一个结算。阳历元旦时,报上总有些“回顾与前瞻”之类的文章,有些不过在虚应故事,既没啥人看,也没啥人信。只有阴历元旦的回顾与前瞻,才真正地动人心魄——最动人心魄的是,人又长了一岁。在理论上,过了阳历年就应往上一蹿的。可是在心理上,阳历年却不算年。老奶们尤其斤斤计较,1977 年俺二十九岁,1978 年元月俺仍是二十九岁,必须挨到 1978 年 2 月,阴历元旦泰山压顶,才不能不吞吞吐吐,勉强承认已三十啦,这也是有两个新年的妙处——使老奶的青春至少多延长一个月。

对一个老头而言,每过一个新年,心里就忽冬忽冬地一阵乱跳,盖越走距阎王老爷的宝殿越近,过了今年这个元旦,还不知道能不能再过明年的元旦也。也正因为如此,这短短的一个多月的延长地带,就更为可贵。吾友包可华先生曾有一篇大作,报告“一九七七”被开除的经过,“一九七七”向大老板一再哀求,声泪俱下,甚至丑表功,誓言如果让他继续干下去,他要好好地表现几个惊人的大节目,诸如来一个庞大地震,或来一个中东战争,或来一个中古时候黑死病的大翻版,千言万语,大老板无动于衷,“一九七七”只好洒泪而别,大概羞愧难当,当下跳了淡水河,永不再返。于是,一九七八登场,完全一副崭新的面目。

现在,我们中国人也要开除蛇年——丁巳年啦。丁巳这一年,对中国同胞来说,实在有伟大的贡献,由动荡而安静,由危险而平安。尤其柏老,简直有无限留恋,如果能留客的话,真想把“丁巳”留住,重温旧梦。不过看情形鞭炮之声,不绝于耳,东也震天响,西也震天响。人们已蜂拥而前,热烈欢迎在门口下了车的新老板“戊午”,盖“丁巳”利用价值已尽,非立刻赶走不可。呜呼,回想三百六十五天之前,也是同等手法跟“丙辰”翻脸无情,一刀两断,而对“丁巳”笑脸相迎的,曾几何时,“丁巳”也下台鞠躬。嗟夫,古人云:“十年河东,十年河西。”论起岁月,现在简直是一年河东,一年河西矣,怎不叫人感慨万千乎哉。

万般无奈,我们只好有志一同,挥手送别曰:“鼓得白,丁巳!”鼓得白者,鼓得他脸都苍白也。

8. 回头望戊午

现在虽然仍是1978,但阴历新年却把它砍成两截。前半截属于蛇年——丁巳,已被扫地出门。后半截属于马年——戊午,正忸怩亮相。今天是戊午农历正月十三日,尚在手抱琵琶半遮面的阶段。按照传统惯例,恐怕至少要等到过了正月,到了二月二日龙抬头之后,才能真正地大展宏图。

俗云:"温故而知新"。温故虽然未必一定能够知新——有些干屎橛越温故越糊涂;但温故却有两种好处,一种好处是:根据"国家博士"的景观,故纸堆钻得越深,就越表示学问庞大。另一种好处是:无补于事的废话说得越多,稿费就越多。所以我们不妨回头瞧瞧历史上的一些戊午,都搞些啥子名堂。

——写到这里,忽然有一个长程计划,如果明年羊年——己未,风调雨顺,国泰民安,柏杨先生御体仍康泰如初,我还想援例回头瞷瞷历史上的一些己未,既不用大脑,又可展示故纸堆里的学问,把人唬得两眼发直。不过万一柏老出了差错,无法再写,那你可别怪我,只能怪你没福。

中国历史从公元前九世纪六十年代的第一年——前 841 年起,才有文字记载的,我们就从这一年开始。

第一个戊午,是公元前八世纪一十年代前 783 年,历史上的记载一片空白,大概那一年平平淡淡,史官没啥可说的。真是抱歉,开宗明义第一脚,就踢了个空。不过我老人家既不是宣传专家,自不能捏造一些史实;也不是正被苦刑拷打的囚犯,也不必努力编纂一些足以使自己送掉老命的坦承不讳,只好如此这般据实招供。差强人意的是,第一个戊午的明年(前 782,己未),却露了两手,一手是周宣王姬静先生诬杀了他的大臣杜伯,义薄云天的杜伯的朋友左儒,悲愤自杀。另一手是,这个诬杀案的主凶姬静先生,恶贯满盈,一命归阴,由他儿子姬宫湼先生的屁股坐上宝座。

第二个戊午,是公元前八世纪七十年代前 723 年。这一年颇不平凡,鲁国君主姬弗湼死翘翘,姨太太生的儿子姬息姑上台称孤道寡。又是明年(前 722,己未),春秋时代开始,天下大乱。

——看起来明年"己未",似乎比较调皮捣蛋,花样繁多。

第三个戊午,是公元前七世纪三十年代前 663 年。这一年发生了两件有关齐国君主姜小白先生和他的大臣管仲先生之间的传奇故事。

其一,姜小白跟管仲在密室里商量要奇袭莒国,这本是属于“先阅后焚”型的极大机密,可是第二天已闹得人人皆知,管仲先生曰:“不得了啦,我们国内一定出了智慧极高的人。”姜小白曰:“昨天有一个工友在台下直往上看,莫非是他乎。”立刻就把那位名叫东郭垂的家伙找到,问他怎么泄露机密的,东郭垂先生曰:“大人物善于阴谋诡计,小人物善于察言观色(柏老按,这两句话可圈可点,道尽了大人物的嘴脸和小人物的悲哀)。我看你们两位面孔悖然,兵革之色也。说话的声音我虽听不见,但不断地噘起嘴唇,说的是‘莒’也(柏老按,这一段免费送给教语言学,或教音韵学的朋友,不收分文)。又不断地向南乱指,那正是莒国的所在也。我想,小国之中,始终不服气的,只有莒国。这不是要干掉莒国是啥。”这故事的结果很奇怪,姜小白先生没有把东郭垂先生送到军法处,叫他自动招认私通莒国的死罪,反而擢升他当一名官员。

其二,同样的场面,姜小白和管仲又叽叽咕咕地密谋攻打卫国。等到姜小白回宫,他的一位卫国籍的夫人立刻诚惶诚恐地下跪,请求宽恕卫国。姜小白瞪眼曰:“我跟卫国是至戚至友,这话从何说起?”卫国夫人曰:“我看你进宫之时,趾高气扬,出在一个超级强国的君主身上,显示就要侵略别的小国。见了我而脸上有点不好意思,不是动卫国的脑筋是啥。”姜小白先生当时就指天发誓说他绝没有这种坏心眼。第二天,管仲晋见,姜小白先做了一个揖,管仲诧曰:“怎么,你不准备攻打卫国啦?”姜小白吃惊曰:“你怎生知道的。”管仲曰:“简单得很,你的礼貌忽然谦恭起来,说话又慢条斯理,脸上显著惭愧的颜色,我就猜个八九不离十。”

——这两个镜头使我们在两千年之后,仍感想多端。那位东郭垂先生真是运气。我们不是羡慕他有了官做,而是羡慕他没有被扣上帽子,锒铛坐牢。那位卫国夫人,她聪明绝顶而又热爱她的祖国,卫国不但小,而且弱,但她却以卫国为荣,为卫国分忧。比现代那些怀里揣着绿卡的假洋鬼子,还没出国门哩,已经把祖国忘了个净光,岂真是人心不古也乎哉。

第四个戊午，是公元前七世纪九十年代前603年，发生了一连串战争。这时正是晋国和楚王国争霸中原（事实上，以当时人眼光看来，不仅是争夺中原霸权，而是争夺世界霸权）。位于河南省淮阳县的陈国，实在受不了楚王国的压力，于去年投到楚王国那一边，当了楚王国的尾巴国。就在今年，晋国率领他的尾巴国卫国（河南淇县），组成晋卫联军，攻击陈国。而远在晋国屁股后的长狄蛮族，趁机抄晋国的后路，攻打晋国的两个大城怀邑（河南武陟县）和邢丘（河南温县）。而楚王国一瞧，你攻打我的尾巴国，我也攻打你的尾巴国，于是攻击位于河南新郑县的郑国。

——春秋时代初期，两国交兵，还有古风，打胜打败，见了分晓后就各自回家，所以一连串战役，都平淡无奇。

9. 看九个戊午

上一篇，我们一面骑马，一面回头看过去早已消失的马群，扳着指头细数，数到了第四个戊午。现在，“国民大会”开得热闹，正逢童言有忌，我们还是继续炒我们的冷饭，以求大家平安。

第五个戊午，是公元前六世纪五十年代前543年。这一年发生了一件声名远播的宫廷丑闻。蔡国君主蔡同先生，为他的儿子蔡般先生娶了一位楚王国王族女儿作妻子，这位王族女儿大概有沉鱼落雁之容，闭月羞花之貌，老爹看上了她，她也看上了老爹，看上的结果是隆重地上了弹簧床。蔡般先生得知消息，就毫不客气地照老爹心窝捅了一刀，由自己当上头目——他阁下就是历史上闻名的蔡灵侯。不过他弑父的报酬也很大，十二年后，被楚王国捉住，斩下尊头。

——中国宫廷是世界最黑暗、最淫乱、最残酷，兼最荒唐的地方，君主拥有无限权力，除了天老爷外，谁都管不住他。像蔡同这种色迷心窍的家伙，多不胜收。就在他阁下之前，有"新台"丑闻，卫国君主卫普把媳妇收归己有，而把儿子卫伋杀掉。而在他阁下之后，楚王国君主芈弃疾先生遵古炮制，只是当他要向儿子下毒手时，儿子被忠心耿耿的大臣伍子胥先生保护着逃亡。卫晋和芈弃疾这两位恶棍都得善终，比较之下，蔡同先生的运气就差了一截。

第六个戊午，是公元前五世纪一十年代前483年，春秋时代已到了末期，五霸的最后一霸，吴王国国王吴夫差先生，正回光返照，不可一世。他阁下跟卫国君主卫辄，在郧城（江苏如皋）会盟，依照现代礼仪，两个元首举行高阶层会议，当然一团和气兼和气一团，一面假惺惺举杯互祝国运兴隆，一面言不由衷地发誓要谋取永久和平。想不到吴夫差先生仍是吃人部落的野蛮本色，而卫辄先生同样的既昏且暴，他曾在他的小小国土上，大发虎威，把吴王国的大使且姚先生干掉。这下子可算自投网罗，栽到仇家之手。吴夫差先生下令把他关将起来。这一关直吓得鲁国君主姬将，心战胆惊，穿上出丧的衣服，恳求儒家祖师爷孔丘先生帮忙，孔丘先生就派他那位能言善道的学生端木赐先生，向吴夫差先生游说，最后总算把卫辄先生释放，但至少也吓了一身冷汗。

——中国古老的传统文化之一是"有权就有理"，所以外交也都是权力外交。这种当场拿下的表演，如果发生在现代，那可就不得了啦。

第七个戊午，是公元前五世纪七十年代前423年，这时中国历史已进入战国时代，庞大的晋国表面上虽然仍维持着统一的外貌，实际上已被韩赵魏三大家族瓜分，三大家族都有自用的私人军队，晋国君主只等于一个招牌，跟周王国的国王一样，可怜兮兮，天天拍三大家族马屁。这一年，三大家族之一的韩首领韩启章——所谓"韩武子"，大发兵马，攻打郑国，把郑国主姬已斩首示众。郑国毫无办法，想找个"国际联盟""联合国"之类的聋子耳朵都找不到，只好自认倒霉，另立新君。

——莫小看聋子耳朵,有了它固然挡不住强凌弱、众暴寡、大家伙欺负小家伙。但没有它更糟,连哎哟两声都没人听。

第八个戊午,是公元前四世纪三十年代前363年,又犯了第一个戊午的老毛病,历史书上一片空白。正逢战国时代的高潮,列国之间,你打我,我打你,打得天昏地黑,血流成河。却忽然休息一年,大概是养精蓄锐,准备明年再干。

——两年之后的公元前361年(庚申),秦国君主嬴渠梁下令求贤,卫鞅前往投奔,秦国一跃而成为超级强国,把其他国家踏到脚底下乱踩。

第九个戊午,是公元前四世纪九十年代前303年。经过六十年的漫长岁月,别的国家仍是老样子——既不敢改革,也没有能力改革,死也不变。而秦国却变得厉害。这一年,齐、魏、韩三国联盟,攻打楚王国,秦国起兵救援。三国一听大家伙出动,吓得一哄而散。秦国现代化的大军势如破竹,先教训魏国,占领了山西省北部。再教训韩国,占领了山西省南部。

——各国已衰弱成这种样子,见了秦国就撒尿,不但不能觉悟奋发,团结抵抗,反而总是太岁头上动土,去惹秦国光火。战国时代,似乎只有一个政治家,那就是卫鞅,其他国家的大官,不过一群猪崽。

第十个戊午,是公元前三世纪五十年代前243年。秦国君主嬴政正坐龙廷,虎视眈眈,各国亡在眉睫。不过天老爷对秦国好像有点不满意,就在今年,降下了大蝗大疫,遍地饥荒,嬴政先生脑筋一动,生出一个妙法,下令缴粮食四石的,加官一级。

——这是中国历史上有记载第一次卖官,嬴政先生可算开山老祖。儒家系统的大亨小亨,和不入流的茅坑亨,把嬴政先生骂得一钱不值。可是,此后却没有一个王朝不如法炮制,卖官如仪的。

第十一个戊午,是公元前二世纪一十年代前183年,中国历史已到了西汉王朝,皇太后吕雉女士当权,去年把前少帝刘恭先生杀掉,今年的橡皮图章是后少帝刘弘先生。广东省宣布独立,建立南越帝国,赵陀先生荣任皇帝,跟中国脱离关系。吕雉女士对内有她的一套,对外可束手无策。北方的匈奴单于要讨她当小老婆,南方广大的土地又脱幅而去,她阁下的唯一本领是窝里凶。

——窝里凶的结果是既害了别人,也害了自己,两千年前吕雉的"四人帮"共折腾了十五年,比两千年后江青的"四人帮"多折腾了五年,结局都是一样,被一扫而光。

第十二个戊午,是公元前二世纪七十年代前 123 年,西汉王朝鼎盛时期,但这一年的日子却不好过。第一件事是西汉王朝的皇帝刘彻先生追随开山老祖嬴政先生之后,大卖官而特卖官,只要有银子,管你是不是王八蛋兔崽子,都有得官做。第二件事更糟,这一年大举进攻匈奴,一仗下来,稀里哗啦,一个名赵信的司令官走投无路,只好投降。另一位名苏建的司令官全军覆没,光着屁股逃了回来。可怜的战士和战马死了数十万,国库一空。

——儒家各种之亨,常曰:"王师所至,有征无战。"恐怕不但有战,而且还有败。一将成名固然万骨枯,一将失败,枯骨更多,悲夫。

第十三个戊午,是公元前一世纪三十年代前 63 年。这一年平平淡淡,西汉王朝皇帝刘询,封官拜爵,大肆报答他穷困潦倒时照顾过他的朋友。以致中央政府忙得不亦悦乎,大官忙着向新贵拍马屁,小官们忙着向新贵的左右钻营。

——刘询在西汉王朝十五个皇帝中,算是第一流的。他爷爷刘据跟他爹刘进,是两个超级叛变犯(刘据陷于江充先生的巫蛊案,遣兵调将,跟他爹刘彻干上啦)。刘询还在怀抱中时,就坐了牢,不断有一脸忠贞之士出主意,要斩草除根,靠一批好心肠的男男女女,包括宦官、奶娘和婢仆,才算保住性命。后来被赦出狱,寄住在一个宦官家里,每天斗鸡偷狗,在下流社会当混混,"前途"是没有啦。想不到时来运转,当了皇帝。他比越王姒勾践要高贵的多,没有使共患难、共贫贱的朋友人头落地,反而一一回报。

——不过,刘询有厚道的一面,也有恶劣的一面。他如果不是宰相霍光先生的提拔,不要说当皇帝,恐怕连屁也当不上。可是当霍光已死,霍光的老婆和儿子犯了法时,刘询却屠尽了霍氏三族,连一个婴儿都没留下，也够人发抖的矣。

10. 十四到二十

第十四个戊午，是公元前一世纪九十年代前3年，西汉王朝已到了末期。任何一个王朝到了末期，包管乱糟糟兼糟糟乱，这一年最顶尖的一桩表演，是皇帝老爷刘欣跟他的宰相（侍中）董贤大闹同性恋。夫皇宫之中，美女满坑满谷，刘欣先生却看不上眼，偏看上了一个胡子脸，内幕当然不很简单，恐怕性心理学专家研究起来，能写一本书。刘欣先生对董贤先生真可以说是既有情，又有义。有名的“断袖之癖”，典故就出在他阁下身上。董贤曾陪着刘欣白天睡觉，刘欣春梦初醒，正要起床，却发现董贤还枕着自己的衣袖，睡得正甜，刘欣怕惊动他，就把衣袖剪掉。噫，纵是男贪女爱，也没有听说过有这一套，同性恋的劲，可真够大。

——这里有一个问题，董贤是先献身给刘欣同性恋才当了官乎耶，抑是先当了官再献身给刘欣同性恋乎耶？史书没有记载，我们也弄不清楚。但有一点我们是弄清楚的，要想当官，同性恋也是妙法之一，即令不在肉体上同性恋，也要在精神上同性恋，一床被盖不住两样人，一个衙门也进不了两样人也。

第十五个戊午，是公元后一世纪五十年代58年。吾友耶稣先生刚被钉死在十字架上没有多久，中国的英雄好汉已把国家折腾得天翻地覆，西汉王朝被他们的皇帝老爷活生生地搞亡。王莽先生建立的新王朝仓促兴起，又仓促结束。现在是东汉王朝啦，甘肃、青海一带羌民族的一个支派“烧当羌”，不堪官员的暴政，起兵反抗，就在今年，总算平复。而远在辽宁的辽东郡郡长（太守）祭肜先生，对北方蛮族之一的乌桓，大举进攻，乌桓部落瓦解。这一次战役的影响是，北方所有的蛮族晓得中国一旦从混乱中复兴,就不能乱碰,谁乱碰谁倒霉。

——中国政府也因这一战役,声威大震,估量没有谁敢搞“大东亚共荣圈”之类,就把边防军全部撤回。

第十六个戊午,是二世纪一十年代118年。东汉王朝开始走下坡路,地方政府用种种花样向人民勒索,西南蛮族酋长封离先生,首先揭竿而起,一年间云南省和四川省西部的蛮族,全部叛变,组成三十万人的精锐武装部队,烧杀二三十个县,史书上形容曰:“骸骨委积,千里无人。”而西北羌民族各支派也联合起来再度反抗东汉政府的贪官污吏,已血战了十二年的东汉政府司令官邓遵先生,束手无策,只好用下流手段,重金购买了一个羌奸。就在今年,把羌民族领袖狼莫先生暗杀掉,群龙无首,羌民族才算失败。可是甘肃、山西两省已变成一片荒芜,不见人烟。

——西南蛮族的叛变因为苛捐杂税,西北羌族的叛变因为受不了官老爷的暴虐。呜呼,中国人是世界上最善良的民族,官僚如果不逼,人民绝不会反。为啥多的是非把小民逼反不可的人物乎哉,柏杨先生百思不解,读者老爷如不揣冒昧,不妨也想一想,看看能不能找出原因何在,以开茅塞。

第十七个戊午,是二世纪七十年代178年。东汉王朝快要报销,皇帝老爷刘宏仍嫌它报销得太慢,蛮干起来。盖他阁下乃“贫寒出身”,所谓“贫寒”也者,是相对的焉,其实他固拥有可观的封爵和可观的收入,不过在花花公子看来,仍然捉襟见肘。他原来的封爵是解渎亭侯,除了关内侯外,属于最低一级的侯,吾友关云长先生,封爵就是“亭侯”,上面还有更高级的“乡侯”“县侯”,自然差了好几级。前任皇帝刘志先生伸腿瞪眼之后,刘宏先生拍上了窦太后的马屁,以转弯抹角的皇家血统关系,坐上龙墩。这可算一跤跌进了活金矿,于是隆重地卖起官来。他跟嬴政先生不同的是,嬴政先生是因为国库空虚才不得不出此下策的,刘宏先生则完全是为了积攒私房钱。明令公布的价格是:二千万钱,可买到部长级(二千石)的官。四百万钱,可买到县长、科长级(四百石)的官。凡是以品德或才干政绩应升官的,五折优待,缴一半就行。如果穷得凑不足一半,别说升官,能保持住饭碗不被别人的银子挤掉,就算上等运气。刘宏先生特别建了一个钱库,把卖官的贿款放到里面,每天进去瞧瞧摸摸,龙心就不禁大悦,并且讥笑前任皇帝刘志是个大傻瓜,不知道捞一笔。

——中国五千年的历史归纳给我们一个定律,每个王朝都是该王朝的帝王把它搞亡的。像刘宏先生表演的这种绝技,真叫人拍案叫绝。在专制时代,全国都是皇帝的私产,任凭随意伸手,何必只相信自己的口袋乎哉。王朝如果没啦,有钱的头目能往哪里跑?现代国家,还可以跑到美利坚当寓公,那个时代只有人头落地。尤其新鲜的是,他阁下还嘲笑前任皇帝不如他聪明,其实前任皇帝刘志跟他同样地聪明,同样地在拼命挖掘自己王朝的坟墓,把王朝弄亡之功,完全相等。

第十八个戊午,是三世纪三十年代238年。这时东汉王朝在刘志、刘宏二位皇帝老爷努力斲丧之下,已经灭亡。中国三分,开始三国时代。这一年最精彩的一件事由东吴帝国的吕壹先生表演。吕壹先生的官虽不大(中书郎,不过中央政府的科长级官),权可不小。不怕官,只怕管。他管的可多啦,“典校诸官府及州郡文书”,翻译成白话就不太妙,反正他成了特务头目,“深文巧诋,排陷无辜,毁短忠良,纤介必闻”。大肆捕杀的结果,到了今年,东吴皇帝老爷孙权先生恍然大悟,原来你是专门在挑拨是非,制造众叛亲离的呀,于是把吕壹先生拖了出来,脑袋搬家。其次精彩的表演,是曹魏帝国的辽东郡(辽宁辽阳)郡长(太守)公孙渊先生,在辽阳建立燕王国,热闹了一年,于今年被曹魏远征军总司令司马懿先生,把他捉住,砍下御头。

——一年之中,吕壹先生和公孙渊先生先后处决,真是大快人心兼人心大快。盖一个是狼心狗肺,一个是狗肺狼心。一个是整人为快乐之本,一个是颟顸的分裂主义叛徒。千年之后,我们仍应为此事喝一盅。

第十九个戊午,是三世纪九十年代298年。现在正是晋王朝,白痴皇帝司马衷先生在位,由他那个粗短精悍,其貌不扬的太太贾南风女士发号施令,八王之乱已乱得杀人如麻,血流成河,并且也乱掉了两个亲王的老命。大家既英勇地内斗;国家事自然没人管理。这一年,湖北、湖南、江苏、河北,四省洪水暴发,可怜的中国人除了死或反之外,无路可走。

——三世纪的贾南风跟一千六百年后二十世纪的江青,似乎是一个模子浇出来的。她们都在拼命地夺权,拼命地排斥当年的汗马功劳,拼命地把自己的狐群狗党装上火箭炮往上蹿。贾南风也有她的四人帮:她,跟司空张华、尚书仆射裴𬱟、侍中贾谧。不过不同的是,贾南风最后囚在金墉城,被捏着鼻子灌金屑酒,活活灌死。

第二十个戊午,是四世纪五十年代358年。中国人遇了空前的悲惨灾难,历时一百三十六年的五胡乱华十九国时代已开始了五十四年。就在这一年,中国境内四国并立——东晋、前凉、前燕、前秦,全国混战。而前秦帝国的君主苻坚先生,任用了一位既不是富豪之子,也没有博士、硕士、学士头衔,更不是小圈圈里的乡巴佬王猛先生当助手,变法改革。既得利益朋友义愤填膺,把他恨入骨髓。苻坚先生的亲信兼大大的功臣元老之一,官拜侯爵的樊世先生,警告王猛曰:"俺耕田,你吃饭,这算他妈的干啥?我要不把你的头挂在长安城门上,我就不是娘生的。"苻坚立刻把樊世斩首。

——中国历史上有两位最伟大最奇异的政治家,把两个落后、混乱、贫困、衰弱不堪的国家,只用短短的时间,就像变魔法一样的变成两个超级强国。一位是卫鞅先生,一位就是王猛先生。卫鞅被诬陷而死,而王猛虽备极哀荣,却去世太早。有王猛在,苻坚不致有淝水之败,中国早统一矣。惜哉。

11. 英雄可扭转历史

第二十一个戊午，是五世纪一十年代418年。中国仍留在五胡乱华十九国时代，这一年七国并立——东晋、西秦、北魏、北凉、西凉、胡夏、北燕。地痞流氓、土豪劣绅，或部落酋长，只要凑够一群亡命之徒，就一哄而起，称孤道寡，摆起来官谱。这一年在陕西省发生了一场集众愚于一堂的大屠杀，东晋王朝的宰相刘裕，去年(417)攻陷长安，把短命的羌民族建立的后秦帝国灭掉，把后秦帝国最后一位皇帝老爷姚泓先生，押解到南京，斩首示众。一时声威大震，大家认为这一下子可总算恢复了中原，指日就扫平余雄，中国再归统一。想不到刘裕先生嘴巴说的是一套，心里想的又是一套，他阁下急着夺取东晋帝国的政权，于是留下他那十二岁的草包儿子刘义真当统帅，而自己惶惶如丧家之犬，赶回南京去布置舞台。十二岁的娃儿不过是小学堂六年级学生，于是，首先内部谁也不服谁，接着窝里起哄，将领们互相"诬以谋反"，杀了个净光。在北方的匈奴民族建立的胡夏帝国，乘机攻击。满载着抢劫而来的妇女财宝，正向南撤退的东晋远征军，霎时崩溃。

——刘裕先生是被一个私心烧昏了头的无赖，他最美丽的情节是，一听说全军覆没，草包儿子下落不明，立刻豪气冲天，下令克日再度北伐，要为国报仇。可是不久听说他草包儿子还活着，就心满意足，兵也不北伐啦，国仇也不报啦。数十万生灵，不抵他的一个犬子。而且还把气出到东晋皇帝老爷司马德宗先生身上，弄了点巴拉松，把司马德宗灌死。

第二十二个戊午，是五世纪七十年代478年。五胡乱华十九国早已闭幕，中国历史进入南北朝时代，刘裕先生杀人千万，建立起来的南朝南宋帝国,已到了尾声,北朝的北魏帝国,日正当中。

——最吸引人的不是今年,而是明年己未(479),南宋帝国被宰相萧道成先生篡夺,建立南齐帝国。萧道成先生并且效法刘裕先生把东晋皇族屠杀罄尽的榜样,把刘裕先生的皇族,也来个“无少长皆斩”。风光了六十年,落得全族伏诛的下场,想一想,皇帝这玩意儿,可不是好职业。

第二十三个戊午,是六世纪三十年代538年。仍是南北朝对峙,鲜卑民族建立的北魏帝国分裂为东西,以中国正统兼礼义之邦自居的南朝,已改换了两次王朝。南齐帝国昙花一现,只二十四年就砸了锅,姓萧的皇族也全体被继之而起的南梁帝国“无少长皆斩”。这一年,东魏帝国跟西魏帝国打得血流成河,两军在洛阳北的邙山决战,先是西魏大败,后来转败为胜,把东魏的元帅高敖曹先生一刀两断。

——南朝新兴的南梁帝国上看起来风平浪静,事实上在皇帝老爷萧衍先生领导下,也正忙着腐烂。

第二十四个戊午,是六世纪九十年代598年。南北朝时代在十年前结束,隋王朝统一中国。这一年,高丽王国的大军发动攻击。隋王朝皇帝杨坚先生派他的蠢材儿子杨谅,率领三十万劲旅迎战。陆军刚出山海关,还没交锋哩,士兵先没得吃的,死人死马引起了瘟疫。海军到了大海就竞争翻船。只好狼狈撤退,三十万劲旅死了二十八万。

——杨谅先生堂堂一表,能言善道,真正的“凶”才大略。而“凶”才大略的将领,似乎除了打仗,其他啥玩意儿都会。

第二十五个戊午,是七世纪五十年代658年。中国人熬过六十年真不容易,六十年中,发生了一连串恐怕连计算机都计算不清的惨剧,隋王朝的皇帝杨坚被他的儿子杨广杀掉,然后这个凶手,拳打脚踢,不到二十年,就把隋王朝断送。杨广先生这种化友为敌的亡国本领,真能得金脚奖。接着全国大混战,唐王朝兴起。就在这个马年,唐政府向外扩张,对西域(新疆省)用兵,攻击反抗中国最力的龟兹王国,另为他们立一个新王。

——中华民族是弹性和潜力最大的民族之一，无论经过多少苦难，只要稍稍安定，立刻就威不可当。这可不是往自己脸上乱抹粉，历史证明这一点。比起一铁锤下去，就被打得稀烂，再也不能复兴的民族，中国人实在不很简单。

第二十六个戊午，是八世纪一十年代718，中国仍是唐王朝的天下，正逢上新皇帝李隆基先生走马上任，创下著名的“开元之治”。这一年，东罗马帝国首都君士坦丁堡被阿拉伯帝国围得水泄不通，又杀又打，又在海上乱放火。可是中国却歌舞升平，强悍的吐蕃王国，也在今年正式向中国乞和。

——两相对照，六十年里，西方一片杀伐，东方则国泰民安，洋大人不争气的时候，固多的是也。

第二十七个戊午，是八世纪七十年代778年。今年，回纥汗国攻击山西省的太原，吐蕃王国攻击宁夏省的银川，杀人抢财，饱载而去。而就在小民流离，抢天呼地之际，陇右（青海省）军区司令官朱泚先生却向皇帝李豫先生献上一对活宝：一只猫和一只老鼠装在一个笼子里，而猫竟没有把老鼠吃掉。朱泚先生一口咬定乃皇恩浩荡，祥瑞降临之故。宰相常衮先生，就率领文武百官，向皇帝老爷歌功颂德，誓言李豫先生真是伟大呀伟大，才能如此这般地感化众生，连猫都仁心大动，宁可饿死，也不吃老鼠。

——国之将亡，必多祥瑞。盖必须搞点花样，惶恐的心理才能平衡，于是马屁精层出不穷。朱泚先生不久就起兵叛变，几乎把李豫生擒活捉。以古为鉴，至少我们应知道，凡马屁精，都靠不住。

第二十八个戊午，是九世纪三十年代838年。唐王朝由盛而衰，政治紊乱。就在这个马年，宰相李石先生早朝的时候，中了强盗的埋伏，射了几箭都没有射中，他阁下回头就往家里跑，强盗再度出现，砍断他所骑的马足。皇帝李昂先生赫然震怒，限期破案，结果一个强盗也没捉住。

——强盗横行到这种地步，堂堂首都，秩序已无法维持，全国各地的情况，更不问可知矣。不过从另一个观点来看，宁可破不了案，也没有随便弄几个倒霉鬼来自动招认兼坦承不讳，毕竟也有它的可爱可敬之处。

第二十九个戊午，是九世纪九十年代898年。唐王朝经过长期的掌权，跟任何一个个长期掌权的王朝一样，已开始缴卷，要退出历史的考场。今年，流亡了三年之久的皇帝李晔先生，返回长安。唐王朝到了末期，皇帝老爷们一个个都是赛跑专家，而李晔先生东跑西跑，尤其拿手。

——李晔先生于今年御驾返都，似乎又有太平景象，却不知道只是回光返照，马上就要完蛋，哀哉。

第三十个戊午，是十世纪五十年代958年。唐王朝已亡了五十年，套句《三国演义》的话：天下大势，分久必合，合久必分。中国历史进入小分裂五代十一国时代。这个马年，中国疆土，八国并立——后汉、后周、南唐、吴越、南汉、南平、后蜀、契丹。后周皇帝郭荣先生，有智慧，也有能力统一中国。把南唐打得落花流水，以致南唐皇帝李璟先生吓得屁滚尿流，就在今年，连皇帝也不敢当啦，自动改称自己是"江南国王"，把长江以北残留的土地，全部割献。

——郭荣先生是中国历史上英明的领袖之一，可惜，他死得太早，明年己未(959)，他就驾崩，才三十九岁。遗下了孤儿寡妇，被野心家赵匡胤夺取了政权。郭荣先生之死，不但毁了他的王朝，也毁了中国的前途，假使他能长寿，中国不会成为宋王朝那种窝囊的中国。我们不相信英雄可决定一切，但真正的英雄却可以扭动历史的枢纽，使历史向光明的方向走。

12. 打了不少小报告

第三十一个戊午，是十一世纪一十年代1018年，过去六十年中，五代十一国时代结束,手握兵权的大家伙赵匡胤先生欺负后周帝国末代皇帝孤儿寡妇,一屁股坐上金銮宝殿,建立宋王朝。这个宋王朝不久就成为儒家学派的乐园,所以一直奄奄一息,过的是混一天算一天的日子,名义上统一了中国,实际上只统一了中国的三分之一,西北西南,全部沦陷到异民族之手,而北方新兴起的契丹帝国,又强大无比。宋王朝最大的特质是,对内鬼混,对外怕得要命——有时候心里气不过,也会惹是生非,不过每一次惹是生非,都一定招来一记当头棒,打得乖上一阵。十四年之前(1004),宋跟契丹在澶州签下睦邻条约,每年向契丹进贡银币十万两,绸缎二十万匹。两国维持了一百一十九年的长久和平(最后还是以礼义之邦自吹的宋王朝先叛盟)。所以,今年这个戊午,中国境内没啥事体,最大的一宗热闹,就是皇帝老爷赵恒先生,立他的儿子之一的赵受益当皇太子。

——宋王朝虽然屈辱,总算国泰民安,而北方的契丹帝国却闯了大祸,它看朝鲜王国小而且弱,想并而吞之,结果就在今年,茶陀河一战,契丹军大败特败,只有统帅萧排押先生逃的最快,没有与士卒共存亡。

第三十二个戊午,是十一世纪七十年代1078年。宋王朝发生大狱。相州(河南临潢)有三位强盗朋友被判死刑,司法部法官周清先生认为其中两位只是从犯,应该减刑一等。前任相州法官陈安民先生慌了手脚,拜托宰相吴充的儿子吴安持,跟女婿文及甫帮忙,又通知相州现任法官潘开先生曰:“大事不好,快来打点。”潘开先生卖掉了全部家产,到首都开封到处送钱,结果被查出来。皇帝赵顼先生派大臣蔡催先生审理,于是像一条念珠似的,牵出一大串烜赫人物。这些烜赫人物可不是好惹的,其中像邓润甫先生,还是皇帝老爷的宫廷教师,在皇帝老爷面前打了不少小报告,把蔡催先生打得七荤八素,要不是硬骨头,早就双膝下跪矣。弄到后来,纸包不住火,大亨纷纷落网。

——前已言之,宋王朝是儒家学派的乐园,而儒家学派是讲师承的,师承的特质之一是,只问利害,不问是非,动不动一哄而上。这时候王安石先生正在大力变法,把特权阶级的既得利益,剥夺殆尽,三有牌怎能不一哄而上乎,王安石先生又怎能抵挡得住哉。

第三十三个戊午,是十二世纪三十年代1138年。过去六十年中,在那场大狱之后,王安石先生的变法,被儒家大亨的一哄而上搞垮,民族复兴的良机全部窒塞。北方的金帝国崛起,消灭了契丹帝国之后,宋王朝硬从老虎口中掏肉,被老虎猛咬一口,捉去了两位皇帝老爷,又占领了宋王朝已经够小的半壁河山。幸赖名将岳飞先生之流,总算在不断惨败中,节节反攻。可是,就在今年这个戊午,秦桧先生当了宰相兼国防部长,开始要跟鞑子和谈啦。

——宋王朝真是妙不可言,总是在不该打仗的时候打仗,不该和谈的时候和谈。以"错误的决策"多少而言,宋王朝应考第一。

第三十四个戊午,是十二世纪九十年代1198年。这一年可是中国历史上最具有意义的一年,宋王朝中央政府做出了一件晴天霹雳的大事。盖儒家学派一花独放,已放了一千余年,在宋王朝更放得厉害。弄到后来,冒出了朱熹先生,搞了一个自封为儒家主流的"道学",也就是"理学",摇头晃脑,大言不惭,于是一块石头扔到大杂院的毛坑里——激起公愤,大臣刘德秀先生向皇帝老爷赵扩先生告了一状曰:"正邪的分别,只要看真伪就可知道,朱熹满口仁义道德,却一肚子男盗女娼。"就在今年,中央政府采取强烈反应,下令禁止道学,设立"道学(理学)户口簿",列名的有留正、朱熹等五十九位大亨。

——留正先生名列朱熹先生之上,盖他的官是宰相,比朱熹先生大得多啦。对朱熹先生,我们不敢说啥,同时人人皆知,也不必多费口舌。对于留正先生,则应端到桌面上瞧瞧。四年前1194那年,太上皇赵伯琮翘了辫子,现任皇帝赵惇先生也病危,正躺在太平间等主宠召。中央政府人心惶惶,责任全落到宰相头上。你猜留正先生干啥,他可没像他宣传的"铁肩担道义",当"中流砥柱",反而不肯负一点责任,假装头昏,忽冬一声,栽倒在地,躺到医院提出辞呈。这就是道学家(理学家)的嘴脸。

——道学(理学)不久就解了禁,此后又是一千年,一直到二十世纪,道学(理学)系统出了不少古圣先贤,全成了病牙,谁都不敢碰。

第三十五个戊午,是十三世纪五十年代1258年。过去六十年中,金帝国亡,西夏帝国亡。蒙古帝国在北方崛起,五十年代的局面是,宋王朝的中国仍在长江以南苟延残喘。今年,蒙古西征的主力兵团,攻陷了巴格达,杀了个鸡犬不留,黑衣大食(东阿拉伯帝国)灭亡,蒙古人就在波斯建立伊儿汗国。蒙古留在东方的少数兵力,分三路进攻中国,一路由大可汗蒙哥亲自率领,从陕西攻四川,一路由皇弟忽必烈率领,从湖北攻武昌,一路由大将兀良合台率领,从越南北上攻长沙。长江以南这个小局面,一片烧杀,中国受尽苦难。

——然而,宋王朝这一次又挺了二十年才完蛋。就在明年己未(1159),蒙哥先生死在四川合川城下,为了争夺宝座,三路大军一齐北撤。这是运气,不相信运气的朋友真能急得跳高。然而,最奇异的还是宋王朝的总司令贾似道先生,他既没有蒙古大军就要撤退的情报,又被蒙古大军的声势吓得浑身发抖,竟悄悄地派人向忽必烈先生求和,条件是:中国取消独立,降为尾巴国,把长江以北的残余土地,全部割让,每年再进贡银子二十万两,绸缎二十万匹。忽必烈先生乐得做顺水人情,一口答应。然而贾似道先生却把蒙古那些落伍的散兵游勇,宰了几个,就宣传大捷起来。御用文化打手廖莹中先生还写了一篇《福华篇》,努力歌颂贾公退敌的大功。贾公驾返首都临安之时,那种英雄式的欢迎凯旋场面,真可谓惊天地而泣鬼神。全国都被蒙到鼓里,没有一个人知道他暗中干的绝活。

第三十六个戊午,是十四世纪一十年代1318年。在上个六十年里,宋王朝结束,蒙古帝国子国之一的元帝国统治中国,汉民族第一次被异民族征服。蒙古人的军事能力在当时是拔尖的,可是政治能力却不入流,除了刮钱和互斗外,几乎啥也不懂,在这种成群结队的游牧民族统治之下,中国人的日子可不好过。但今年却算平安,没啥值得出海报的节目。

——西方洋大人往往把蒙古帝国当作中国,后世的中国史家则更是脸上贴金,认为蒙古帝国疆域庞大,也就是中国疆域庞大。这个账如果慢慢地算才会明白,元帝国跟四大汗国以及西藏宗教国,立于平等地位,没啥区别,不过四大汗国是蒙古大汗间接管辖的殖民地,西藏宗教国是自治殖民地,中国是蒙古大汗直接管辖的殖民地罢啦。所以元王朝并没有亡于明王朝,而只是明王朝把元王朝的蒙古人赶出中国本土而已。这一点虚骄之气不连根拔除,中国人就永远发高烧,不能长进。

第三十七个戊午,是十四世纪七十年代1378年。明王朝已建立了十一年,蒙古第十八任大可汗脱欢铁木儿于八年前被逐出北京后,活活气死,由他的儿子之一爱猷识理达腊(这个名字真别扭)继位。就在今年,这个千方百计弄到王位的爱猷识理达腊先生也死掉,由他的大权在握的弟弟脱古思铁木儿坐龙庭。

——今年这个戊午,蒙古人仍在中国保持一块广袤的土地,那就是云南省全部和四川省一部。三年后(1381),才被明政府收复,蒙古人才算全部退出中国本土,但政权仍然在漠北继续存在。掐指一算,蒙古立国,从吾友铁木真先生起,到狼狈被赶,共一百七十六年。柏杨先生看了几本史书,都说元王朝立国只九十多年,真不知道是怎么算的也。

13. 祸国之官

第三十八个戊午,是十五世纪三十年代1438年。正当中国历史上第三次宦官时代,太监老爷王振先生表面上把皇帝老爷朱祁镇捧到头上,实际上把朱祁镇玩得滴溜溜乱转,大官小官芝麻官,无不风起云涌地唯王振的马屁是瞻。政治学上有个定律,凡眼睛专门往上看屁眼的，就绝不会向下看小民。小民呼天不应，呼地不灵，只好叛变。西南边疆麓川（云南陇川）少数民族的土王任思，就干了起来。就在今年这个第三十八个戊午，任思先生攻陷了腾冲，下令屠城。

——到了明年（1439），明政府派遣了饭桶将军沐晟先生当元帅，率领大军剿匪，结果中了埋伏，全军死光，只沐晟先生撒丫子，保了老命。

——中国历史上绝大多数的民间变乱，都是官逼民反，与民族意识无关。我们只看到官老爷如何剿灭叛徒，却很少看到官老爷去检讨人民为啥去当叛徒。只看到官老爷猛查谁是主谋，都很少看到官老爷自己照照镜子，改改姿势。

第三十九个戊午，是十五世纪九十年代 1498 年。中国第三次宦官时代仍没有过去，而又来了一个明王朝特有的“断头政治时代”，就跟蛇躲在蛇洞里，死也不肯出洞一样，皇帝老爷则躲在深宫里，死也不肯出窝。去年（1497），在深宫躲了三十三年之久的朱佑樘，勉强到金銮宝殿上和宰相们见一面，喝了一杯茶，没谈上两句，就作鸟兽散。之后一直到朱祐樘伸腿瞪眼，都没有再抛头露面。所以，今年的明政府实际上是无政府，大小官虽多，事实上各人乱搞各人的。

——天下事也真奇怪，南北朝时一些短命皇帝，好像屁股上生了疔疮，简直坐不住，拼命往外面跑。明王朝的一些混账皇帝，屁股却好像生了吸盘，硬是吸在龙床上不放。柏杨先生实在弄不明白，皇宫这玩意儿，到底是可厌乎耶，抑或是可爱乎耶。

第四十个戊午，是十六世纪五十年代 1558 年。明王朝鬼混到现在，已经无药可救。在宦官时代兼断头政治时代中，又冒出一位宰相严嵩先生，他是中国历史上最成功的官僚之一。官僚的最大特征是：对上谄媚，对下阴狠，全世界只有他忠心耿耿，别人都靠不住。就在这个戊午，监察部委员（给事中）吴时来先生，司法部科长张冲、董传策二位先生，向混账皇帝朱厚熜上奏章弹劾严嵩。这一下子像通了马蜂窝，三个人的处罚是：坐牢，廷杖，流窜边疆烟瘴地区十年。

——坐牢没啥，流窜也没啥，叫座的是“廷杖”，乃明王朝开山老祖朱元璋先生发明的刑罚。朱元璋是一个土匪型的恶棍,对付知识分子,尤其心狠手辣。廷杖也者,把倒霉的大官按到地上,先用破布塞住尊口,再用一个布袋把头套住,再用四根绳子把手脚紧上加紧地缚到柱子上,使你一动也不能动,然后脱下裤子(当然是脱下倒霉大官的裤子),由锦衣卫老爷(明王朝大大小小,听到锦衣卫连咳嗽都不敢),用特制的木棍(木棍的学问也很博大精深,柏老建议大学堂应开一个廷杖系,专门研究研究),照屁股上就一五一十。有的还没有打到规定的数目,就已活活打死,有的则命令就是要"立毙杖下",那就可想而知。呜呼,中国人的人权,值得学问庞大之士干号"古已有之"也。

第四十一个戊午,是十七世纪一十年代1618年。明王朝盲人瞎马,终于走到深井的边缘,马上就要忽冬一声。就在今年,女真民族在东北建立的后金汗国可汗努尔哈赤先生,以七大恨告天,大举向明王朝进攻。明政府腐败的边防军,全军覆没,总指挥官张承荫被砍下尊头。

——努尔哈赤先生告天的"七大恨",简直是一连串屁话,但问题是,屁话归屁话,强大归强大,两国交兵,不是辩论会,反正是干定啦。不过这时候努尔哈赤先生并没有并吞明王朝的所谓大志,大志是明王朝那些懵懂颟顸的死硬派逼出来的。嗟夫。

第四十二个戊午,是十七世纪七十年代1678年。过去六十年中,后金汗国改称为清王朝,女真改称为满洲,可汗也改称皇帝,运气来啦山都挡不住地闯进了山海关,统一了中国。令人恶心的明王朝,完了他妈的蛋,最后一任皇帝老爷朱由榔先生,在昆明被吴三桂先生用弓弦活活绞死。可是,吴三桂就在今年这个第四十二个马年,在长沙披上龙袍,要过当皇帝的瘾,这位大汉奸的花招可真多。

——花招多的朋友不仅吴公一人,经过明王朝三百年对人权的蹂躏,知识分子的自尊心差不多消失殆尽,除了寥寥可数的几个人外,大多数都习惯成自然兼顺理成章地,见了权势就服服帖帖。不管汉民族也好,异民族也好,反正谁有权势,他就伸出舌头舔谁的屁股。

就在这个戊午，一方面大汉奸吴三桂先生在长沙当皇帝，一方面清王朝玄烨大帝在北京举办“博学鸿儒科”，清政府那些满洲鞑子深知道儒家学派的毛病，就是想当官，所以一举击中要害。一个王朝硬搞得人人寡廉鲜耻，不仅是该王朝的悲哀，也是整个国家民族的悲哀。

第四十三个戊午，是十八世纪三十年代 1738 年。在清政府的统治下，中国进入第三个黄金时代。疆域急剧地扩张，在今年之前，台湾、西藏、青海全被并入版图。在今年之后，外蒙古、新疆也全被并入版图。加下清王朝带来的嫁妆东北广大地区和内蒙古，中国疆域要比明王朝时大三倍。在这种武功烜赫的形势下，这个第四十三个戊午，天下大致太平，是中国过去所有的戊午中最值得骄傲的一年。

——中华民国人物对清王朝的印象不太好，尤其是清王朝末期，天天割地赔款，人们提起来忍不住就咬牙切齿。其实所丧失的领土，不过是满洲同胞嫁妆的一小部分。如果中国仍是明王朝当权的话，疆域北不过到长城，西不过到张掖。只有现在疆域的三分之一，可啥牛都没得吹的。

第四十四个戊午，是十八世纪九十年代 1798 年。一个甲子（六十年），就是一个风水轮流转，清王朝像一块石头，从最高峰开始往万丈深渊里滚。明王朝出了一个严嵩，清王朝则出了一个和珅，结局都是民怨沸腾，民变纷起。就在今年，四川总督勒保引诱变民领袖之一的王三槐先生投降，指天发誓，保障他的安全。王三槐把官崽的话信以为真，想不到，就在见面的时候被绳捆索绑。皇帝老爷永琰亲自提问，王三槐一桩桩一件件，举出官逼民反的事实，永琰也不禁流下御泪。

——流下御泪的结果不是检讨“官”，而仍是检讨“民”，王三槐先生的下场是磔死，那就是活活分尸。常有人吆喝中华文化是行仁政的，不知道包括不包括这一类惨剧。

——这时候，名义上是皇帝老爷永琰当家，实际上是他爹太上皇弘历说了才算。弘历先生年轻时一度也是一位英明的君主，可是越老越糊涂，被他所信任的和珅先生玩得晕头转向。就在明年

(1799),弘历断气,儿子永琰这才翻了身,第一件事就是把和珅干掉,查抄和珅的家产,初步的统计就有银币八百兆两,合现在的银元九千亿,比当时全国国库十年的总收入还要多,真是漪欤盛哉。夫贪污和无能是相连的,再多的磔刑,磔不完不怕磔的抗暴。

14. 最近的三戊午

第四十五个戊午,是十九世纪五十年代1858年。这个第四十五个戊午,可以说头上长疮,脚心流脓,坏到了底。第一件大事,中国人因反抗清政府暴政,揭竿而起,于七年前(1851)建立的太平天国,正跟清军大战。就在今年,太平军大将陈玉成先生猛攻扬州(江苏江都县),清军"江北大营",一夕崩溃。第二件大事,第二股的抗暴力量捻军——一种政治意识比较薄弱,只是被贪官酷吏逼上梁山的武装民众,攻到山东省金乡县,清政府任命袁世凯的爷爷袁三甲先生当剿捻总司令,结果越剿而捻军也越多。第三件大事更糟,今年四月,帝国主义的英法联军,攻陷天津大沽炮台,把清政府那些大言不惭的官崽吓得除了怨天尤人外,只好求和,签订《天津条约》,赔偿两国"侵略费"银币八百万两(以那时候的购买力计算,五口之家,二十两银子一年用不完,算算看吧,中国怎能不穷乎哉)。第四件大事,是北邻俄国,乘人之危("乘人之危"似乎是俄国人的专长,第二次世界大战时就对日本干了一票),这一年,俄国西伯利亚总督穆拉维约夫先生亲自率领洋船,深入中国领土五百公里,直抵瑷珲城下,发现清政府的国防军仍是用的弓箭长矛,只有少数人用鸟枪,更少数人用十七世纪雅萨克城之役时的大炮,不禁大吃一惊,认为对这个二百年之久都没有进步的国家,如果不马上侵略一下,简直死不瞑目,于是要求清政府重新划界。清政府那时怕洋大人已怕得要命,就派黑龙江饭桶将军奕山去谈判，穆拉维约夫要求中国把黑龙江以北的领土割让给俄国，奕山最初还不肯，穆拉维约夫大怒而去，回到江心的俄国军舰上睡其大觉。奕山先生在瑷珲城，遥望俄国军舰上灯火齐明，而又仿佛听见啥地方有炮声，吓得魂不附体，好容易挨到天亮，对俄国所提出的要求，迫不及待地一口答应，签订了有名的《瑷珲条约》，六十四万方公里疆土，就这么迷迷糊糊断送。

——从上面四件大事看来，这个戊午，真是惨不忍睹，清政府饭桶林立，对内一片血腥，对外丢人砸锅。

第四十六个戊午，是二十世纪一十年代 1918 年，距今年(1978)整整六十年。六十年前这个戊午，比一百二十年前那个戊午(1858)，更多彩多姿。因为贪污无能，腐败透顶了的清王朝，连同五千年帝王蛮干政体，于七年前(1911)被清政府视为叛乱集团的革命党，连根推翻，中华民国共和政体已建立了七年。就在中华民国建立了第七年的今年这个戊午，事情可多啦。第一，北京政府在军阀老爷段祺瑞先生的横冲直撞下，召集了一批橡皮图章，组成国会，选出清王朝残余官僚徐世昌当总统。徐世昌先生事实上同样也是一个橡皮图章，不过是大一号的橡皮图章罢啦，实际大权操在段祺瑞先生之手，段祺瑞先生发誓要用武力统一中国，所以折腾得很是起劲。叫徐世昌干总统，不过是第一炮。第二，北京政府虽然是个官僚政客和橡皮图章大集团，却做了一件大事，那就是由教育部公布了中国方块字注音字母——注意，可不是注音“符号”，而硬是注音“字母”，不但使艰难的中国方块字有了读音的方法，也因“字母”的缘故，有走向拼音文字的趋势。这件事在中国文化史上，是一个非常非常重要的里程碑，使得顽固的守旧派气得暴跳如雷。第三，第一次世界大战结束，同盟国投降，协约国把最厉害的惩罚加到战败国头上，既要人家割地，又要人家赔钱，认为这一下子压得你上吐下泻，永远不能翻身，世界从此就获得永久和平。第四，战败国的人民终于恍然大悟，原来那些高不可攀的帝王将相，全是装腔作势的银样镴枪头，于是群起而攻之，德国皇帝老爷乘着月黑风高，连夜溜到荷兰。奥国更惨，皇帝老爷退位，分裂为四个国家：奥地利、捷克斯拉夫、匈牙利、南斯拉夫。

——这些节目距现在不过六十年。八十余岁的朋友，当时不过二十余岁，回忆起来，历历如昨。我们常听见一些学问庞大之士，要人们接受历史的教训。但据柏老的考查，有些人固然是接受历史教训的，有些人恐怕硬是不肯，尤其就全体人类而言，检查他们走过的轨迹，简直是几乎从不知道历史教训是啥。吾友希特拉先生在发动第二次世界大战时，曾向德国人民保证："1918年（第四十六个戊午）绝不会重演。"结果硬是重演，他阁下胡搞到不可开交的时候，一死了之，丢下了一堆稀烂的保证。

——第一次世界大战尚是古典式的，谁战败谁倒霉，钱地两空。第二次世界大战则成了辩证式的，战败的国家不但无霉可倒，反而棺材里伸手，向战胜国死要银子，而且给得少啦不行，给得慢啦也不行，给的时候不赔笑脸同样也不行。像日本之对付美利坚，真是"吃孙子、喝孙子，末了还要骂孙子"，以致把有些国家气得脸色发青。据说阿根廷穷极生疯，国会酝酿着要向美国宣战，以便打败了好靠美国养老。可是被一位议员说了一句话，议案不得不自动取消，那位议员曰："我们打败啦固然美不可言，可是，万一我们打胜啦，你说怎么办吧。"

第四十七个戊午，也就是今年——1978年，现在我们正在过的这个年。关于今年这匹马，我想用不着报导，一则今年不过刚刚开始，马老爷还没有盖棺论定，正在猛跑。二则在这最初几个月里，海内海外所发生的大事小事，美事丑事，以及各种之事，用不着我老人家代你翻历史书，尊脑里早已塞满。不过在柏老看起来，今年最大的事件之一，莫过于台北一连下了一个月的雨，听气象台的报告，好像是天漏了似的，如果吾友女娲女士不快点复出，还继续落四十天（按，这次雨一直落了三个月，三月四日落起，六月四日才停）。我那双最漂亮的皮鞋，早已灌水裂缝，每走一步，就叽咕作响，而且高贵的右腿膝盖，酸痛并臻。有一次下楼梯，一膝一软，双膝齐跪，隆重地跌了下来,完全国际标准姿势,跟想当年美国总统福特先生表演的完全相同,唯一不同的是,他有人扶,而我老人家则是自己在哎哟哎哟声中爬起来。不过,政躬仍然康泰,全国同胞,大可放心,不必再去烧香求佛。最大的事件之二,那就是柏老正在苦心研究一种价廉物美的"拐弯望远镜",研究成功之后,一块钱可买十个。夫台北市公共汽车之难以等候,乃老太婆的棉被,盖有年矣。我老人家曾有《歪脖国》巨著,该国小民的脖子,人人都是向左歪的,病因很单纯,只是等公共汽车时,"望尽千帆皆不是",望得太久,脖子乃歪。柏老将来廉价供应的望远镜能够拐弯,用不着歪脖,照样可以远眺车踪,亦二十世纪骇人听闻的大发明也。

写到这里,对中国历史上有文字记载以来四十七个戊午的推荐介绍,告一结束。盖不结束似乎不行,下一个马年将是二十一世纪三十年代 2038 年。柏杨先生最近频频到卦摊算命,虽然一致预言我将来铁定的大富大贵,而且大寿。但我觉得我阁下再活六十年的可能性,好像似乎不高,所以只能写四十七个。以后的戊午,慷慨地留给下一代,下下一代,或下下下一代的朋友写吧。

不过可庆幸的是,世界也只有中国有这么多戊午,美国老爷如果要写,顶多写上三个。可以跟中国匹敌的,只有埃及和印度。但今之埃及人,非古之埃及人也,今之埃及人乃阿拉伯人,在七世纪时杀了过去的。至于印度,骨子里一向瞧不起中国,认为中国文化全是他们传进来的,这当然是狗屎话。但即令不是狗屎话,古印度人的哲学、宗教,固然比古中国人发达,但古印度人的史学却是一个白痴,要想写历史上的戊午,恐怕急出痢疾也没有用。

当一个中国人,至少在这一点上,足够我们光彩。

15. 恶医大辞典

天下的事,只要和广大人群有密切关系,就很难长期地保守秘密,尤其是臭气已经四溢,怨声已经载道,那就准会有胆大包天的朋友,掀开锅盖,瞧瞧里头到底煮的是啥。即令该锅盖财大势猛,没人敢掀,或者敢掀而无法下手,也总有一天在锅里被煮得受不了的伙伴,鼓起道德勇气,把锅盖顶开,泄露天机。

台北啥心诊所被人侧目而视,已是历史镜头,几乎人人恨入骨髓,却又人人无可奈何。即以柏杨先生之尊,也只敢哼哼唧唧,吞吞吐吐写“啥心诊所”,不敢指名道姓。可是,这个锅盖现在终于被撬。原始创办人之一的赵祖森大夫,忍无可忍,不顾一切地把黑幕抖了出来。而且引起该所董事长田可高先生的名言:“三等医生才收三等费用。”呜呼,这正是恶医的嘴脸,柏杨先生正想编纂一部《恶医大辞典》,这下子可是天上掉下来的材料,免得我东奔西跑地乱找。

田可高先生这句话,不但显示了他的行医哲学,因他身居董事长高位,而且有把他一样身份的原始创办人挤掉的绝对权威,这句话当然顺理成章地成了啥心诊所的“所训”。可敬的田可高先生把医生老爷分为三等,这三等不是用医术医德作标准,而是以银子作标准的。收银子最多的,乃一等医生焉;收银子次多的,乃二等医生焉;收银子最少的,乃三等医生焉。有些不但不收银子,反而补助贫苦病人,若史怀哲大夫之流,在田可高先生思想体系中,简直不是医生,只能算呆头鹅。最近柏老也打算开一个诊所,挂号费美金十万元,瞧一眼也是美金十万,瞧第二眼减半,五万美金就行。依田可高先生的标准,我老人家不知是几等医生也。

无论如何,田可高先生如此这般医生分等,也是一大发明,诺贝尔奖金如果不砸到他阁下尊头上,那算他们瞎了眼。假设他们是真瞎了眼,柏老就建议诺贝尔先生再设一个恶医奖,田可高先生就十拿九稳。

田可高先生在口吐名言之后,横扫一耙,打到别的颂声盈耳的两家医院的头上,他嚎曰:“俺收费并不高过长庚医院与国泰医院呀?”这真是野猫子拖酱瓜,急花了老眼,还没看清是不是老鼠哩,就先咬一口。国泰医院我没去过,长庚医院我老人家是去过的。初诊挂号费二十元,复诊挂号费十元。而啥心诊所初诊挂号费一百元,复诊挂号费仍然一百元。用不着用电子计算器,只要脱下袜子用脚指头数,也可数出来恰恰贵十倍之多。至于其他费用,更简单明了,台北的《民生报》已调查得清清楚楚,啥心诊所急诊挂号费是五百元,国泰医院包括诊察和材料费才八十元,长庚医院也包括诊察费也只一百元。啥心诊所的三等病房仅占总床位的四分之一,而国泰长庚三等病房则占总床位的三分之二。赵祖森大夫指出,啥心诊所住院剖腹生产,一星期要九万元,开脑术更不得了,二十万到四十万。食物中毒住院两天一夜,打了八折还要一万七千元。发炎伤口延为丹毒的,住院四天要三万元。而长庚医院开盲肠住院八天,只不过八千元。更不一样的是,长庚医院对穷苦贫人照顾周到,没有啥心诊所那种田三等的传统势利眼。请读者老爷打听一下,啥心诊所对谁发过慈悲乎哉?

啥心诊所原本不设三等病房的,大概是啥心诊所的医生都是头等二等货色之故,盖田三等先生之流,永远不明白,没有钱的人竟然敢胡乱害病,到底是何居心。后来被抨击的厉害,只好弄几间三等病房塞塞社会之口,而三等病房除了住院费稍低外,医疗费跟头等二等病房,完全相等。啥心诊所的医生老爷对三等病房的病人,收了人家头等二等的银子医疗费,是不是也像对头等二等病人一样医疗,我们不知道,只有希望赵祖森先生给我们透露一点奥秘,但我们却老老实实地为田三等先生担心起来,那就是,他阁下对医生的分等法——我们姑尊称之为“田氏分等法”,可发生了困扰。如果按病房收费,则诊治三等病房的可怜虫应是三等医生，如按医疗费来说，则诊治三等病房的可怜虫，应该仍是头二等医生。这学问可大啦，田三等先生应该给我们一个明确指示。依柏老的推测，可能当病人需要医疗时，拖将出去，由头二等医生按脉下药，开肠破肚。然后拖回病房，交给三等医生摆布。

于是乎，我们又有点为难，啥心诊所医生如云，谁知道谁是头等二等货色，又谁知道是三等货色乎耶。因此我们建议啥心诊所的医生老爷，应该每人脖子上挂一个牌子，注明等别；或者采用世界运动会的办法，头等的挂个金牌，二等挂个银牌，三等的挂个铜牌。而不分贫富，一视同仁看顾，因之不入等的医生，则挂个木牌。像田三等先生，非银子不过关，则不妨挂个钻石牌（挂个小翡翠也行），以示身价，而便有钱大亨迎风而上，穷苦小民望风而逃。

啥心诊所所长吕彬晔先生，似乎没有田三等先生那么蛮干，他当然跟田三等先生如鱼得水，否则他当不了大权全握的所长。

——啥心诊所的编制如何，局外人弄不清，一会儿说是董事长，一会儿说是理事长；一会儿说是院长，一会儿说是所长。反正不管啥"长"，能在那里发号施令猛赚银子就行啦。

吕彬晔先生一开口就有柏杨先生雄风——检讨的结果，过错全是别人的。赵祖淼先生曾要求到啥心诊所做妇产科医生，可是，吕彬晔先生曰："他没有受过妇产科专业训练，怎么能做妇产科医生？虽然他是我们诊所的赞助人，我们仍然不能拿病人的健康来满足他一己的要求。"吕彬晔先生真是武林高手，一个旱地拔就把赵祖淼先生结结实实的"创办人"，化解稀松平常的"赞助人"。然而这不过是打马虎眼的小手术，真本领则是指摘赵祖淼先生所以顶开臭而不可闻也的锅盖，是因为想当妇产科医生没当上之故。嗟夫，想当年柏老跟一位立法委员打笔仗，就有人一口咬定我想当立法委员。更远的想当年，一位学者跟一位大学堂校长干起来，也同样被一口咬定那位学者想当该大学堂教习。这样下去，恐怕没人敢谈妓女矣，怎么，你想当婊子呀。

吕彬晔先生应该答复的是啥心诊所是不是赵祖淼先生所形容的一团糟,至于赵祖淼先生想当皇帝也好,想当太监也好,都跟一团糟无关,往东南西北乱扯,不过转移阵地老战术罢啦。何况,更擦不了屁股的是,吕彬晔先生宣称,他要赵祖淼先生到三军总医院进修妇产科,但是没有结果,很明显地是说赵祖淼先生顽不听命。如果只听吕公的一面之词,简直是有理呀有理。不过偏偏天不从人愿,报馆记者老爷七钻八钻,竟然发现并不是赵祖淼先生拒绝进修而没有结果,而是进了修而仍没有结果。只有田三等和吕结果才有这么大的权,和这么勇敢的嘴巴,对自己的承诺自己再咽下去。

吕结果先生又曰:啥心诊所有六十多位合伙人加上不是投资人的医师,共一百多人,“不可能只对赵祖淼先生一个人有所歧视,更不可能垄断”。内情是不是如此,我们毫不关心。但是根据吕结果先生所推出的大前提,在逻辑上恐怕不会产生出他阁下所说的这个结论。“歧视”是一种病态现象,这种病态现象存在不存在,和人数无关。如果情形是和谐的,一万人也不会有歧视,如果情形是倾轧拥挤的,两个家伙聚在一起就够啦。在反淘汰的小圈子里,正直清廉的人物非受歧视不可。看起来柏老倒要建议吕结果先生去大学堂进修进修逻辑,把思考方法和推理方法弄清楚之后,再来哇啦哇啦,还来得及。

啥心诊所这个臭锅盖已经从里往外地被顶开啦,赵祖淼先生正以一个人的力量大战一窝,这不仅需要普通的道德勇气,还要谨防倾巢而出,软硬齐来。不过人生不应该只是活着,而应该有意义地活着。所谓有意义地活着不是从病人身上刮几两银子,买房子飞美国,而是能有机会为人群做一点事时,就要做一点事,我们睁眼等着瞧赵祖淼《丑陋的医生》完稿大吉。——“大吉”很重要,硬骨头别挺不到底。

16. 某扒裤·小零件·王代表

医院收费过高,并不说明这个医院不好,只是说明它比较狠罢啦。世界任何一个国家或任何一种社会,都有贵族性的医院,要想彻底平等,叫英国女王或美国总统,去医院挂号排队,不但没有这个可能,也没有这个必要,如果真的如此,恐怕全国都要反对成一团。所以人们责备啥心诊所以及啥恩医院等等是贵族医院,柏老认为,这不是毛病。盖姜子牙钓鱼,愿者上钩,他们总没有到街上拉客吧。有钱有势的大爷,就是喜欢贵族调调,穷朋友硬往里挤,受点窝囊气,自没啥可说的。贵族医院最大的特征之一是,对病人的了解,比俄国克格勃的效率还高,而且准确得不差分毫。你只要住进病房,不出两天,就把你调查得清清楚楚——不是把病情调查得清清楚楚,那倒感谢上帝;而是把你的身价,包括社会背景和财务情况,调查得清清楚楚。然后把你分门别类,伺机下手。贵阁下如果跟柏杨先生一样,属于三无牌,恐怕就是衣服穿得再阔,牛皮吹得再大,医生老爷心里有数,知道你没啥折腾的,你就准备努力哎哟可也。你如果属于"三有",有被列入"亨"之辈人物,那可是外孙女回到外婆家,舒服舒服,假使你害的是痔疮,依田氏分类法的头等医生,真能跪下来用舌头为你开刀。

所以,费用过高不是毛病,而是没有医术医德,才是问题的核心。吾友吴伯升先生,三十年前就官拜少将,来台湾后退役。去年(1977)八十九岁,忽然尿中带血,慕啥心诊所之名,借了几两银子,由我老人家和他老人家的孙女,一老一幼,双双陪同,前往投靠。好容易走进了泌尿科,一位因此一役而名噪天下的医生老爷某扒裤先生在焉。吴伯升先生虽然当过高级将领,仍是真正的中国传统文化,穿的是中装裤,系的是中装裤带,这种乡巴佬打扮,已足够刺激某扒裤先生的神经中枢,再加吴伯升先生双手有点发抖,(这是老年人的震颤症,无可奈何),不能马上解开裤带。于是,某扒裤先生大怒,一言不发,伸出巨爪,一下子就把裤带拉断,再一下子又把中装裤拉下。那种一脸不耐烦的表情,吾友被吓得当时就小便涔涔而出,某扒裤更怒不可遏,急挥玉手,把我们赶了出来。在走廊上,吴伯升先生惊魂稍定,垂泪曰:"我平生从没有受过这么大的侮辱,给我一把刀子,我要跟他同归于尽。"幸亏柏杨先生老奸巨猾,知道斗某扒裤先生不过,苦苦哀求,才算没出乱子。

——这是去年(1977)七月初的事,七月末,我们把吴伯升先生送到中山纪念医院,于一个月后逝世。在中山纪念医院,他受到温暖亲切地照顾,含笑而没,大概已把扒裤之事忘之矣。

啥心诊所不但拥有某扒裤,是可上辞典的人物,也拥有可上辞典附录篇的奇异"小零件",这得举一个例子。今年(1978)3 月上旬的一天(大概是 7 日、8 日——如果逼得紧啦,查一查贵宾录便知),柏杨先生到啥心诊所去探望一位住院的朋友。楼下是有几个电梯的,都正在冉冉上升,只有一个大开辕门,一位西装革履、油头粉面的青年才俊,一手扣电钮,一手叉腰;一脚直立,一脚点地;完全西部武打片枪手姿势,在那里严密把守。我刚要从他肘下往里钻——我本来可以请他让让路的,可是看那种场面,还是低头为宜。想不到刚要钻进去,却被他抓住不放,我曰:"老爷,你这算干啥?"他翻白眼曰:"啥也不干,请坐别的电梯。"我曰:"别的电梯都在上面,只有这个电梯空着。"他曰:"叫你坐别的电梯就坐别的电梯,这个电梯另有重要用处。"我老人家这下子又发了老毛驴脾气,答曰:"我就是要坐这个,而且坐定啦。"他张牙舞爪,露出要开揍的嘴脸。偏那时柏老鬼迷心窍,就是挨揍也得弄个明白,我曰:"不叫坐也行,你得说出不叫坐的理由。不说的话,我就躺电梯口发赖。"他只好命我"附耳过来",如此如此,这般这般,总括一句话:大官即将驾临。他正色曰:"我们总不能让大官站在这里等电梯吧。"我也正色曰:"老爷之言差矣,天赋人权,大家平等,大官等等电梯,也没啥有伤尊严的,穷紧张个啥。不躺也可以,我就蹲在门口,等候大官,让我有机会欣赏欣赏他的虎威。”他大吼曰:“老头,你是敬酒不吃,吃罚酒呀。”我这时心理已恢复正常,知道一旦惹得他大刑伺候,可吃不消,于是朋友也不看啦,乘他不备,赶紧开溜。

这件事我一直想不通,最近才恍然大悟。夫头等二等医生老爷也是人,而人的精力固是有限的也,既然对付大家伙用出浑身解数,自然没有余劲跟三无牌瞎缠。既然所有笑脸都呈现给大家伙娱乐,自然也没有余笑送给三无牌,恶医一直板晚娘脸,而不肯偶展玉颜,非不为也,乃不得已也,我们应该特别体谅他们的苦衷。不过由此一点可以看出,当马屁精可不简单,仅只电梯一项,便下如此苦心,其他节目,更会五彩缤纷,马屁学遂成为一种精密工业,如吾友吴伯升先生一介小民,除了任凭扒裤外,恐怕无他法焉。

另外还有一家啥华开放医院,也有精彩的特写镜头。柏杨先生前些时喉咙发炎,柏杨夫人硬说是吸烟太多所致,我想一天只不过吸四五包,怎么能算太多,空言狡展,不足采信。但挣扎的结果,就在今年(1978)5 月 10 日下午八时,仍被老妻押赴该院,挂号候审。正在等得发昏,只见一个穿着中装的老汉——又是一个中装,被人扶着,挂急诊号求治。不久一位穿白衣服的医生老爷,踉踉跄跄,撞进诊疗室,一屁股坐下。护士小姐诧曰:“你不是王大夫呀。”该朋友曰:“当然不是王大夫,我是王大夫的弟弟,王大夫病啦,我来代表。”护士小姐瞪了一会儿杏眼,只得逆来顺受,传该中装老汉进去以身试法。柏杨先生看到眼里,不禁出了一身冷汗,喉咙也不敢痛啦,乘柏杨夫人在那里打盹,我就来一个脚底抹油,走之乎也,走到路上,还在为那个老汉担心,他一头撞到“代表”之手,是命也夫,是运也夫。

不过,我总算开了眼界,原来世界上除了“国民”有“代表”外,“医生”也有“代表”。呜呼,病人投奔医院,是苦难中人投奔救星,两眼漆黑,谁是医生,谁不是医生,谁是正主,谁是代表,根本无法分辨。这种乱派代表,临时凑数的奇技,将来风起云涌,医生的弟弟、医生的太太、医生的儿子,甚至医生的朋友,说不定哪一天柏老也会应某一位医生老爷的征召,披挂上阵,那时候恐怕只有观世音菩萨才能保护你。

记得一则老故事,美国某一家医院里,一位美丽的少妇,脱了个净光,躺在手术台上。一会儿一个医生老爷进来,掀开被单,看了个够,啧啧称赞而去。一会儿又一个医生老爷进来,掀开被单,看了个够,也啧啧称赞而去。这样川流不息地来了四五个医生老爷之后,少妇曰:“打狗脱,到底啥时候开刀呀。”被问的医生老爷曰:“不知道,太太,我们的白衣服是花二十块钱租来的。”噫,台湾已美国化到出现代表医生矣,看样子准有一天会进步到出现这种冒牌医生,轻则掀开被单瞧瞧,重则手执巨斧,斩手断脚。各位读者老爷,拭目以待,有厚望焉。

17. 恶医大阵

“看我和我妈拥在一起悲哀痛哭的样子……护士以及那些未来的‘仁医’们,都笑了起来。”

住在美国加州的薛俊枝女士来了一封信,叙述她母亲薛太夫人住院的奇遇,以及最后还是被糊里糊涂医掉了命的经过,不禁汗流浃背。呜呼,我们过去所谈的恶医,不过只是个别的焉,而薛女士所陷入的,却是恶医大阵。除了恶医外,还有恶护士。重重绊马绳,迭迭杀人坑,那就没法度矣。

薛俊枝女士信上曰:

我妈逝世快九年矣。我的家庭背景很是单纯,父亲是位识字的小商人,母亲小学毕业。我是老大,下面有两个弟弟。父亲一生吃苦受累,用一双手养活我们全家,我妈除了帮父亲做小生意,就是洗衣烧饭。为了抚养我们姐弟三个成长,为了我们姐弟三个受教育,父母牺牲了他们一生中最美好的时光。他们平常根本不懂什么检查身体,发烧就打退烧针,发炎就吃消炎片,有病也撑着说没病。我们姐弟三个,除了忙升学,就是忙出国。我们不认识高官显贵,没有显赫的亲朋(柏老按:这就注定她母亲的命运),我们姐弟总认为等我们长大成人,父母就不再受苦,有福可享。谁知天不遂愿,我妈是1967年冬,突然大出血晕倒,送到台大医院的,经医生检查后送回家。等检查报告下来,说她害了癌症,而且已到了二期,必须住院割治。父亲和弟弟商量,这种病要很多钱,所以考虑住什么医院。当时大弟在军中服役,所以我母亲就住进了三某总医院,主治大夫是明啥啥先生,左查右查之后,决定阴历年开刀,而这时已拖了一个多月,我妈在开刀那天排第三号。前面两位病人和我妈害的是同样的病,但比较轻,只不过一期,可是,当第一号手术完成之后,病人一直昏迷不醒,不敢送回病房,后来终于逝世。第二号当时就死在手术台上。明啥啥拒绝再给第三号——我妈开刀,换为物理治疗。这就应了你老人家的话,病人交到医生手里,就全心全意依靠他,他怎说,父亲弟弟怎么听。

接着是几个月的物理治疗,在啥民总医院照钴六十,罪是怎么受的,我都没有看见,那时我在美国,爸妈瞒着我,怕我担心害怕(可怜天下父母心)。数日后明啥啥检查,说完全好了,说可以出院,我妈就回家。可是,不到三个月,又大量出血,人开始瘦下去,父亲弟弟急得找到了徐千田大夫,徐千田大夫要立即开刀,于是又住进了台北省立医院。徐大夫剖开我妈的肚子一看,叹息曰:“迟了一步,可惜可惜。”原来癌菌不但没有杀死,而肠子却被钴六十烤焦,太脆弱,医生碰也不敢碰,所以给我妈在肚子上造了一个人工肛门,再缝起来。1969年8月,我叔父来美,告诉我妈的病,我立即收拾回到台北,进了家门,见到我妈完全脱了人形,每天都要用吗啡跟“痛”来搏斗。9月,我妈又开始出血,又回到三某总医院,急救输血。从此出血输血,由两个星期减为一个星期,由一个星期减为二三天,最后上午输血,下午就流出，再最后，血管僵硬萎缩，输不进去。10月份起开始昏迷，10月6日夜去世，我们全家四口饱受煎熬，眼睁睁看她离开，留给我们姐弟三人无穷的悔恨和遗憾。

我不知道主治医师是仁医还是恶医，我简直不知道如何下判断。一条人命在医生眼中，大概算不了什么，我妈就这样地被断送性命。我恨我父亲不马上再去找别的医院开刀，我也恨明啥啥不转送给别的医院开刀，而主张物理治疗。我更恨啥民总医院那位医生，为什么用钴六十烤肠子，而不烤癌菌。

我相信今天像我这样家破人亡的情况很多，台湾的医院、医生、护士，大都缺少丰富的仁心与爱心。今天，我喜欢美国，在这里，穷也是过这种日子，富也是过这种日子。我妈住三某总医院时，我随身要带二三万元以备急需。我妈要输血，我得跑到红十字会去买血。输血要输血管，我得跑到药房去买成打的输血管，全背在身上。医院没有病床，我妈就躺在急诊室里，小床二尺宽、四尺高，我得随时看着她别滚下来。医院连块被单都不给，我把全家的被单都拿来用。我妈浑身血渍，医生竟毫不掩饰地表示“恶心”。看病的时候，除了医生，还有学生——实习医生，还有来来往往过路的病人。诊治时涌来一大群，我妈被检查得全身发抖，我泪流满面地抓住她，恨不得为她分担一点痛苦。大概他们看我和我妈拥在一起悲哀痛哭的样子，十分有趣，护士以及那些未来的“仁医”们，都笑了起来，这件事我一辈子不能忘记。我惶惶如丧家之犬，整天待在医院里，不敢得罪她们。要打针得找她们，要输血得找她们，请医生也要找她们，我恨不得向她们下跪，救救我妈的命。那时小弟也服兵役去了，请假回来不准，父亲日夜不能成眠，卧床在家，里里外外，都是我一个人支持。我是一个基督徒，若说这份罪是上帝的惩罚，那个有眼无珠的上帝，不要也罢。

还有一幕不能忘记的，就是三某总医院的一位护士小姐，矮矮胖胖，是急诊室的专任护士。有位母亲带着一个发高烧的孩子来急诊，实习大夫立刻拿着盐水、针管下手（在台湾，我所看到的是，只要发烧,就注射盐水针,不懂是啥道理)。那根长针,柏老,不知你见过没有,东插一针、西插一针,头上、手上都试了,针就是插不进去,一下子就滑出来。孩子哭得快要断气,可怜那母亲一串串的眼泪往下流,最后她大着胆哀求那位护士说:“请大大夫先来看看,再给孩子打针。”那位护士勃然大怒,嗓门升高了十度,骂起来:“什么大大夫、小大夫,没有小大夫,哪里有大大夫?”那位母亲连忙认错哀告:“我不是这个意思,我不是这个意思,已半个小时,孩子受不了。”我和那位母亲同病相怜,看她心如刀割,我就悄悄地站到她跟前,怕万一她碰墙自尽,我好拉她一把。后来那位乱插针的“小大夫”终于放弃尝试,叫来了“大大夫”,把针插入,总算是雨过天晴。

这种“天使”,这种“仁术”,我宁可去自杀,也不去看这些嘴脸,不知道他们生不生病?她们的家人生不生病。还有一次,病人需要立即开刀,开刀房没有水(那时台风刚过),所以工友就用水桶(那水桶是黑的,还有锈),一桶一桶地往开刀房提,大概是用来消毒的吧。幸好没有停电,否则医生摸着黑给病人开刀,那才是绝技。

还有一次,托我的老师许宗尧先生,找到啥民总医院副院长,请求收留我妈,副院长立刻吩咐下去。第二天一早就来了一辆救护车,把我们母女直拉到啥民总医院的急诊室,不到十分钟,放射科的主任“亲自”带着一群随员下楼探视。我想他大概不晓得来者是何许人物,竟能劳动副院长亲下手令。但一看我们母女枯焦干瘦,衣服褴褛,好像饭都没得吃的,身旁又没有人嘘寒问暖。他就明白了一切,问了没两句话,站了不到五分钟,就呼啸而去。那一刻,我们的自尊心完全破碎,只觉得死了比活着好。不久又有一位女医生下来问话,千篇一律,给我妈输血,要我立即去买血(就在啥民总医院里面),我先去排队领买血的证明,再去排队付款,再爬到三楼(记不清了)去领血,再送到急诊室。放心不下我妈一个人在病床上,急得我团团转。柏老,柏老,这种煎熬,你可经历过?孙观汉伯伯要我扬善隐恶,我实在做不到。累积起来的恨,不是局外人几句话化得开。

在美国,我住过三次医院。在美国这样社会里,我是一个渺小的人物。一切都由医院负责,我丈夫用不着装着钞票,来医院陪我,他完全放心。在医院里吃喝随时供应,每天一定铺床、换床单、换冰水、为病人洗身、洗头发(依病人自己的意思),帮助病人行动,护士们都面带微笑,随唤随到,哭丧着脸的太少了。医生最少每天来看你一次,和善地开开玩笑、捏捏你、逗你,没有一个板着脸训话的……这样的医生、护士,你当病人的会不安心?说句老实话,就是被他们治死,我都觉得应该原谅。

18. 砍杀尔传奇

柏杨先生小时候,一些鼓儿词唱本,常有一种惊险场面,那就是,忠良被奸臣陷害,推出午朝门外,三声大炮已响了两声,只等第三声大炮,人头就要落地。在此间不容发之际,老太师扫平番邦,得胜回朝,一马冲进刑场,大喝"刀下留人"。看到这里,不禁大悦。而在二十世纪的今天,吾友卢倍倍先生,竟然也上演了这个节目,他阁下被恶医宣判死刑,正抢天呼地,等候屠宰,却被一位仁医老爷,一马当先,救出老命。其紧张历程,如果卖给希区柯克先生,准可拍一部动人魂魄的大银幕电影。

这件事要追溯到七年之前,卢倍倍先生右胸被撞了一下,一直觉得有点疼痛。有一天,他精神恍惚,去那时尚在台北广州街的老啥心诊所,由胸膛科医生姜啥啥先生诊治,诊治的结果认为是害了瘤。吾友向他百般声明不过只是撞了一下,姜啥啥先生听也不听,一阵磨刀霍霍,就干掉了吾友三根可怜的肋骨。

七年后的今年(1978),卢倍倍先生忽然间,茶也不思,饭也不想,好像古典美女害了相思病。这种小症候,换到柏老身上,来个俯地挺身,或打个飞脚,也就爽然若失。偏偏他小心谨慎,再度投奔已搬到台北忠孝东路的新啥心诊所。于是,一脚跳进恶医大阵,几乎招来杀身之祸。他挂的仍是胸膛科,七年前的姜啥啥先生已不知去向,现在手执钢刀的是一位王乱看先生。这位可敬的医生老爷最初还有点仁医味道,他拿着艾克斯光照片,皱眉耸肩,呻吟咳嗽,表演了一阵,御驾亲征,去找艾克斯光室的一个女人。卢倍倍像一头丧家之犬,跟在屁股之后,只听王乱看先生问曰:“这张照片是谁照的?”女人曰:“俺照的。”问曰:“看起来有点问题。”女人曰:“有啥问题?”王乱看先生曰:“是不是可以再照一张。”女人不耐烦曰:“没有必要。”

这是该女人露的一手,而王乱看先生的圣心仁术,不知道是啥缘故,也到此为止,所以接着该他露一手啦。他阁下回到诊疗室,告卢倍倍先生曰:“你食道有毛病,需要食道镜检查。”一番折腾之后,再照第二次艾克斯光,哎呀,大事不好,王乱看先生拿着照片,花容失色,宣布卢倍倍先生得了食道砍杀尔,该砍杀尔在照片上显示的有拇指那么大,必须立刻把食道割掉,再用人工做一个人工食道。那一天正是今年(1978)4月20日,王乱看先生真不简单,说干就干,勒令马上住院,并且警告曰:“多延迟一分钟,你得救的机会就少一分钟。”不准他回家,毫无考虑余地。

卢倍倍先生如晴天霹雳,万念俱灰,已没有了三根肋骨,再没有了食道,这个医学怪人即令活下去,也没啥意思。而且妻少子幼,全家生活,将靠何人乎哉?与其痛苦地苟延残喘,不如坐以待毙。所以他鼓起勇气,坚持要先回去安排一番,在诸恶医怒目而视之下,狼狈逃走,一家老少,哭成一团,只有眼睁睁等候吾友耶稣基督先生的请帖。于是柏杨先生就劝他再去投奔其他医生试试,他曰:“老头,你懂个啥,医院是名医院,医生是名医生,又是用科学方法检查的,岂会有错?”我曰:“话可不能那么说,货问三家不吃亏,买东西还如此,看病岂可从一而终。”在我老人家英明的指导下,他又去了台大医院。

他的砍杀尔就是在台大医院翻了案的,一群实习医生对少了三根肋骨的照片,大为惊奇,挤在一起欣赏,还邀请他们的老师王德宏先生欣赏。——王德宏先生,这位愁云惨雾中的明灯,看了之后,问卢倍倍先生曰:“你害什么病呀?”卢倍倍先生哭丧着脸曰:“我得了砍杀尔。”王德宏先生端详了病人半天,忍不住大笑曰:“看你满面红光,不像不像。”全体实习医生跟着也都大笑,卢倍倍先生怒曰:“这有啥好笑的,我有诊断书为证。”王德宏先生看了密密麻麻英文兼法文一大叠影印的诊断书,发现事态严重,不敢再笑,教病人躺下检查,同样也做了食道镜,然后难为情曰:“对不起,检查不出啥砍杀尔,只检查出你的身体很棒。”卢倍倍先生曰:“可是,我吃不下东西呀。”王德宏先生曰:“谁告诉你吃不下东西就非是砍杀尔不可,你吃不下东西不过是普普通通的消化不良。”卢公硬是不信,王德宏先生曰:“我保证你百分之百不是癌。”卢公曰:“可是啥心诊所怎么说我是癌呀。”王德宏先生吼之曰:“你问我,我问谁?现在你可以走啦,我的病人很多,没时间跟你泡蘑菇。”卢倍倍先生大喜过望,爬在地下磕了两个响头,哼着“十八岁姑娘一朵花”,蹦跳而去。

卢倍倍先生对王德宏先生感激之情,不在话下。对那位王乱看先生和那位死不认错的艾克斯光女人,则一肚子炸药,要到衙门告状。柏老洞烛其奸,就劝他算啦,病人乃命中注定可供随时宰割的动物,如果能把官司打赢,恐怕天都会塌,不如把打官司的银子买点烧饼油条送给我老人家。但卢倍倍永不能忘的却是啥心诊所那副恐怖的食道镜。

夫啥心诊所的食道镜,大概是十五世纪的最新产品,粗如洞箫,硬如钢铁(听说事实上它就是不锈钢做的)。在检查之前,先要下一堆石灰似的药物到尊肚之中,然后硬生生地把管插进咽喉,病人痛得直翻白眼,双目流泪,汗出如浆,啊啊之声,不绝于耳,这种苦刑景观,看的人都于心不忍。苦刑之后,卢倍倍先生的食道几乎全部破裂,咽一口水都痛彻心肺。台大医院的食道镜却是橡皮做的软管子,只有原子笔粗细,简直如坐春风。不仅此也,连价钱上也不相同,啥心诊所一次苦刑,索价一千八百元,而台大医院的一次如坐春风,只不过八百二十元。

——啥心诊所收费昂贵,已名震世界,谁也没法度,我们也不必多嘴。不知道那些昧良心钱都弄到他妈的啥地方去啦,连买个新式食道镜都不肯,我老人家建议田三等先生,如果把你们现在用的那个食道镜当古董卖给博物馆,准可卖出大价钱,用其中的一部分买一个像台大医院那样新式的,剩下的还可以下腰包。即令不管病人,那么看银子的分上,换一换吧。阿门,绿卡与你同在。

柏杨先生还有一位朋友,在某大学堂当教习,不准我公开他的尊名,但他的砍杀尔奇遇,并不下于卢倍倍先生。三年之前,他阁下忽然得了一个难言的小毛病——尿道不太通,吃药打针,一律罔效。于是投奔某某名医,名医用科学的方法一检查,同样宣判那也是砍杀尔,非把生殖器割掉不可。呜呼这比割掉食道要隆重得多,他魂不附体,拿不定主意。柏杨先生一向都是唯恐别人不倒霉的,就顺水推舟,劝他怎能不听名医之言,割掉算啦。他的夫人正在美利坚,听到消息,急急回国,也劝他以老命为重。但他顽强抵抗,不听良言。这样僵持了几个月,尿道竟毫不客气地通啦。再检查的结果,原来只是结石。

把一个没有害癌症的人,一口咬定他害了癌,又有学理、医理、法理等等之理的根据。想割人的肠,就割人的肠;想剁人的腿,就剁人的腿,而且无论如何残忍,都立于不败之地。上述的两位朋友真是祖宗坟上冒青烟,至少有五百年的积德,才能死里逃生。否则的话,他们今日又是啥模样乎哉。

奉告读者老爷,以后万一政躬违和,玉体欠安,千万多走两家,探探行情,听听口碑。恶医虽然如林,但如果用心地找,像王德宏先生那样的良医,固多的是,假如你命不该绝,总会碰得上的也。

19．两项建议

柏杨先生因眼睛有点贵恙，常蹲在啥庚医院走廊上，听候传唤。有一天，《中国时报》摄影记者姚琢奇先生追踪而至，我以为我大概啥时候忽然伟大起来，他要拍我的玉照往报上登哩。原来不是，而是他阁下的小女儿住院，闷得发慌，找我老人家瞎聊。没等我开口诉苦，他就滔滔不绝说他的小女儿打针如何、吃药如何，舐犊之情，溢于言表。接着又说该院的医生如何、护士如何，感激之情，也溢于言表。其实对该院医生护士的评论，千言万语不过四个字：亲切诚恳。呜呼，能使病人产生这种感激之情的医生，就是仁医。诚如吾友薛俊枝女士所说的，纵然被他们治死，也心甘情愿，因为他们已尽了心也。

然而，世界上最使人沮丧的事，莫过于自己所崇拜的对象，忽然呈现出丑陋的一面。今年（1978）5 月 19 日，正是星期五，女作家海汶女士的三岁女儿，上吐下泻，高烧到三十九点七六度，她听说啥庚医院是第一流的，就在午夜十二时，前往投奔，挂了急诊之号，进了急诊之室，于是遇到了煞星——一位年纪轻轻，刚从学堂毕业的实习医生曲不直先生，此公正在跟护士小姐打情骂俏，看见海汶女士一头撞了进来，不禁大怒。为了表示这种大怒，一面仍然继续他的打情骂俏，一面在孩子头上胡乱摸了摸，包了一点药，把母子饬回。可是这包药不但没有遏止发烧，到了早晨七点钟，反而烧得更高，达到四十度。海汶女士慌了手脚，再抱着娃儿，再挂急诊之号，再进急诊室，此时天色泛白，已 5 月 20 日矣，只见曲不直先生不断在看表，打哈欠，自言自语曰："快啦，快啦。"而海汶女士偏偏在他正要"快啦，快啦"交班之际，再度硬闯辕门，这不是故意找麻烦是啥。曲不直先生立即板起晚娘面孔，眼也不抬，伏案疾书了些普通小民看不懂的洋文药方，交给海汶女士："拿去吃吃看。"海汶女士曰："大夫，请你瞧瞧，孩子已高烧四十度，昏迷不醒。"曲不直先生曰："这就是退烧药。"海汶女士赔小心曰："大夫，是不是请你先注射一剂退烧针呀。"曲不直先生曰："用不着，他害的是一种啥子感冒，要烧四五天才能退，住也没办法，先吃吃看。"那股吊儿郎当、不把人当人的派头，使海汶女士魂飞天外，盖高烧四十度四五天之久，其不把孩子烧成白痴者，未之有也。当下不敢言语，抱起孩子仓皇而逃。逃到她家附近的一家何大夫诊所，打了一针，第二天孩子就康泰如初。

呜呼，普通情形是，年轻人初入社会，至少在一段时间内，会保持他的纯真情操。久久之后，受不了形形色色的诱惑，才开始逐渐堕落，《恶医大辞典》上的老家伙，当初固都是一腔热血的小伙子也。现在那些备受赞扬的医院，多半是年轻医生，我老人家就一直担心一俟他们年龄稍老之后，会不会也变得面目可憎。想不到年轻医生群中，竟然马上出现曲不直先生这种人物，还没成为医生哩，不过刚离开学堂，就先学会了恶医嘴脸和恶医心肠，再过十年二十年，那真要吃人了也。回想起来薛俊枝女士在三某总医院，被一些跟曲不直先生同等身份的实习医生包围大笑的镜头，不禁冷汗如雨。

我们以为，医术其次，医德第一。以后各医科大学堂招考学生老爷时，似乎应该对考生作一个性格调查，对没有爱心，没有同情心，没有人性，没有道德勇气的朋友，千万请他另行高就——或为他们特别创立一个杀猪系，也是为国家保命脉，为社会保祥和的方法之一。

——附带建议，法律系招考学生老爷时，似乎也应该注意这个标准，衮衮诸公，以为然否乎耶。

人是会变的动物，秦桧、汪精卫，都有他们的光荣的青年时代，后来挡不住逼面而来的富贵，才成了汉奸卖国贼。但人类也并不是非变不可，固有些年纪已老，饱经沧桑，浑身血泪的人，仍保持着赤子之心，和澎湃的热情，至死不渝。所以恶医大阵虽然纵深千里，愁云惨雾，而明灯盏盏，也到处听到歌颂。我想住过台北妇幼中心的老奶，都会感激杨本洁大夫，她的圣心仁术，并没有随着她的年龄而衰退，反而始终一贯,数十年如一日。早上九点钟一定到医院,深夜始归。我有一位朋友的儿媳妇住院,她是公保的,只能住二等病房,天气炎热,而又有难产迹象,就要求改住头等。杨本洁大夫坚持不允,她曰:“要转也要等生完再转,头等病房要你自己花钱,接生费比二等贵一倍,干啥那么阔。”结果没有转成,而杨本洁大夫却自己损失了头等病房的接生费。妇幼中心的规矩,孕妇可指定某一位大夫接生,但要付该大夫指定费一千元(这是五年前的价钱),于是杨本洁大夫忙得人仰马翻。吾友是指定请她接生的,生的那一天,正好是杨本洁大夫值班,她坚持取消指定,吾友为了敬意和礼貌,而且为了更加肯定,不愿取消。杨本洁大夫曰:“你简直莫名其妙,我今天值班,指定也是我,不指定也是我,不必多花冤枉钱。”吾友还在犹豫,因为按照规矩,既经指定,就不能临时取消。杨本洁大夫亲自去办,负责人照此理由拒绝,杨本洁大夫曰:“我自己不要这份钱,与别人何干。”大笔一勾,把她的名字勾掉——当然也勾掉了她荷包里的一千元。

杨本洁大夫反对安胎药,反对剖腹生产——这跟孟一刀先生恰恰相反,她主张一切顺其自然,除非万不得已,不要动刀动枪。媳妇老奶有点难产,杨本洁大夫就在她床前整整守候了两天一夜。吾友不过小职员罢啦,既没有钱,也没有势,但在杨本洁大夫眼中看来,每个病人都跟皇后一样的尊严。听说杨大夫的身体不太好,千万感恩的人,祝福多多保重。不过据柏杨先生观察,她保重恐怕不太容易。盖保重就是休息,病人们风起云涌般指名挑战,她想休息,也不能休息。

医疗界的问题,已构成社会问题,我们不能不加以重视。显然的,医疗界的败类,不但使全体医生蒙羞,也严重地伤害到国民的健康,和国民对国家的信心,这靠捂是捂不住的。今年(1978)5月间,台湾卫生署大发神威,发布了十七位恶医名单,《联合报》《黑白集》称之为“恶医榜”,让哀哀无告的病人,有机会认识庐山真面目,免得像无头的苍蝇,乱往陷阱里撞。但这个恶医榜的范围似乎太小,只限于刊登夸张不实广告的朋友,我们希望范围更广,包括所有劣迹昭彰的恶医大阵,像6月间《自立晚报》刊出的高雄市立医院的条件,骇人听闻的程度,远超过我们过去曾经叙述的,其中最可敬的节目,该报报导出有三项焉。一曰:陈姓医生坐领干薪,根本不上班。二曰:护士小姐竟然在黄色沙龙中兼差赚外快。三曰:在上列基础上,病人倒霉定啦,于是,顺理成章的,一位十六岁的学生,在延误急救之下丧生。这一类恶医,台湾卫生署不应该使他们逍遥榜外。

恶医密布不是偶然的,它早已潜伏,不过现在再度揭开粪缸盖,当问题提出的时候,也就是这问题已到了有办法解决的时候。因之,柏老有两项建议:

第一,在司法系统中,应该早日成立医事法庭,专管医院医生跟病人之间的纠纷。这个法庭应附设一个公立的病理检查院,使任何恶医都无法遁形。医事法庭并不是专跟医生作对找碴,同时也具有保卫仁医的功能,遇到发泼的流氓无赖,跟医院医生豁上啦,也同样伸出除暴安良的援手。

第二,受宰受割受窝囊气、挨窝囊刀的病人或病人的家属,至少应做到一点,那就是记下恶医的名字和恶行的日期事迹,等到环境许可时,给他抖出来。有人说,反正于事无补,腿已砍掉啦,再抖也抖不出一条腿。我想,这正是一种可怕的自私根性,须知固救不了自己,却救得了别人也,而且使恶医们心理上一直蒙着有一天会被病人揭他疮疤的阴影,也是对兽性的一种围堵阻吓。

20. 对讲机风波与恐怖路

女作家韩韩女士,在美国《世界日报》及香港《南北极》杂志上写了一篇《我见到了柏杨》,记述她回国时我们在台北鸿霖餐厅的一夕谈话。我看了她的大作之后,不由地努力瞪眼,盖她引用我所说的一句话:“在经过我这样的遭遇后,天下没有任何事情可使我吃惊。”——现在我正为这句话懊悔不迭。呜呼,仅只柏府这次乔迁之喜,使我老人家吃惊的事,就如天女散花。

柏府本来是住在吾友罗祖光先生汽车间的,今年(1978)3月,隆重搬到了新店镇附近一个新小区的公寓,我是宁死都不肯住楼上的焉,但问过价钱,再掏出小包数了一下银子,我想我还是不要“宁死”,就老老实实地住上了三楼。我之所以宁死都不肯住楼上,是恐惧臭鞋大阵,那种使人不知道怎么说才好的文化,跟女人缠小脚一样,是中国人的一项伟大发明。小脚已风吹云散,臭鞋不知啥时候才能无影无踪也。

我既然住上三楼,就摩拳擦掌,准备大战那些抛头露面的臭鞋,不过不久我就发现有点英雄无用武之地,臭鞋大阵竟没有出现,这不能不向建筑师递佩服书。盖古老的设计,进门就是客厅,私心沉重的同胞,既不愿踏脏油光光的地板或地毡,只好“双足踢出脚下鞋”,一齐堆到门外,眼不见为净。我住的这家公寓,进门之后,有一个小小的钢砖走廊,作为缓冲之地,可以大脱特脱,不扰客厅的美观,没有把臭鞋往门外展览的必要。

——不过我项目考察的结果,有些人家正在大兴土木,扩充地盘,把走廊跟客厅合并,而且铺上跟客厅一样的拼花地板,看样子已下定决心非把臭鞋择吉展出不可,悲哉。

臭鞋大阵目前虽然暂时逃脱,但几乎在搬进公寓的当天,就发生对讲机风波。十年之前,对讲机还不流行,公寓房子,客人沿梯而上,直抵门口。自从有了对讲机,客人便被阻在楼梯口的“总门”之外——“总门”者,楼上人家共同使用的门也。不但可防止闲杂人等在楼梯地带睡觉撒尿,保持清洁卫生;也同时可以防止宵小无赖,往里硬闯。受欢迎的客人驾到,主人一按电钮,红灯大亮,总门即开。不受欢迎的客人驾到,主人不按电钮,总门紧闭,即行永隔门外。柏府搬家后不久,就有一个讨债精,尾追而至,其声如雷,问曰:“柏老在家乎?”我一听就知道非良善之辈,厉声曰:“不在。”讨债精哀告曰:“请你开门,我可以在府上等他回家。”我曰:“他到银行开会去啦,要开三天三夜,欠你那几个臭钱,难得你看到眼里。”砰的一声,耳机挂断,在窗缝里看他一愣一愣地蹒跚而去,忍不住想打听一下谁发明这玩意儿的,真得递给他一张感谢状,否则,碰到这种只知讨债不知友情可贵的粗汉,岂是轻易打发得了的哉。

然而,据说对讲机不是魔术,而是其中有一个小马达,如果总门开得太久——一次超过若干小时,或累积起来超过若干小时,它就损坏,需要再买一个,而新的价钱,十分可怕,当然是八家分摊,但分摊的数目,也足使我老人家一跳。银子固然事大,主要的是,一旦损坏,以同胞们一盘散沙的特性,要装新的,恐怕需要一年半载,在这一年半载中,你听那些受欢迎和不受欢迎的客人,和一些偶尔忘带总门钥匙的主人,在楼下像发生了凶杀案似的猛喊吧。

可是就在柏老住的这个总门系统之内,有些男女老幼,硬是以不关总门为荣,目睹着红灯亮在那里,一小时二小时过去,只好御驾亲关。有一次刚刚关上,一位住在二楼的老爷就吼曰:“打开打开,天这么热,我要吹吹凉风。”呜呼,他一家吹吹凉风,却让七家的对讲机一同陪他烧坏,这种心理状态,恐怕在他残余之年,都难开窍。不久之后,我老人家半夜荣归,只见总门大开,一位老奶正安步当车,在巷子里遛狗哩。我进去后,正要关门,老奶曰:“莫关莫关,我自己会关。”我曰:“现在暂时关住,等你遛罢尊狗,只举手之劳,尊府即可打开。如此一直开着,八家马达岂不为你阁下一狗,都要报销乎耶。”她勃然大怒,砰的一声,把门关住。我也大怒,把门打开,瞅了她玉容一眼,也砰的一声,再关一次。

然而最紧张的事件发生在昨天,晚上时分,我有事出去,而一位青年才俊正靠在大开着的总门之上,跟一位窈窕淑女,在那里猛烈地谈情说爱,打死我也不明白,他为啥非靠着开着的门不可,关起来的门照样能靠呀。趁他不备之际,我就把门带住,这一着大概伤了他“死要面子”的优秀传统,在女朋友面前丢了人啦,他跳起来,就要动武。柏老一看情形不妙,立刻采取紧急防卫,从口袋里闪电般掏出——依目前的风俗习惯，理应掏出扁钻的，我既然没有扁钻，所以只好掏出钥匙，再把门打开，以平民愤。

和对讲机风波同时发生的，还有人车之战。这个新小区没有电话，每次打电话，都要千里迢迢，越过马路，到马路对面公共电话亭。这条马路曰"北新路"，即台北到新店的路也，十年前还门前冷落车马稀，而今车马却像尼加拉瓜大瀑布，风驰电掣，简直没有个完。台湾交通的紊乱，司机的英勇，车辆的凶猛，都占世界第一位。有些洋人仅只看了台北市区街头，就血压高升。他如果看了北新路上横冲直撞，每辆车都像屁股后着了火，斑马线、红绿灯，一概不在眼下，恐怕心脏都会爆炸。而柏杨先生的新居，恰恰首当其冲。

话说今年（1978）6 月 3 日晚上八时左右，柏杨先生暨夫人，为了借钱，去给朋友打电话。站在北新路跟明德路口，好容易等到车辆间歇，正要举步，忽然间柏杨夫人大叫一声，我觉得右半个身子被猛烈地一拉住，就毫不客气地仰面朝天，后脑勺庄严地攻击地面，发出连华盛顿都听得见的巨响。当时还神志清醒，原来一辆黑漆一团的摩托车竟然在慢车道上靠左行驶，把我撞翻了之后，扬长而去。老妻扶我回府，不久就陷于昏迷，恰巧隔壁住了一位医生老奶，前来诊治，看我既没有呕吐，瞳孔也没有放大，嘱老妻安心，但告诫曰："每半个小时都要把老头叫醒一次，问他一点话，如果神志清醒，就没有关系，如果神志不清，那就要马上送医院，可能是脑震荡。"

如此这般，我躺在竹板床上，每隔一会就被泪流满面的老妻像叫魂似的叫醒一次。一天一夜之后，我才苏醒，除了浑身酸痛，右臂血流如注外，简直跟没有被撞一样。唯一不一样的是，为我出书的星光出版社老板闻讯赶来，一进门看我正在活蹦乱跳，先是如释重负地长长吁了一口气，然后咆哮曰："老头，你欠我那么多出版税，应该守身如玉，洁身自爱才对，怎敢做出乱撞摩托车之事。你死啦没关系，我的账哪里去讨？"又训柏杨夫人曰："阿巴桑，柏老脑筋不清，还情有可原，你怎么这般糊涂，过马路不拉紧他。以后他有个三长两短，俺一块钱的奠仪也不送。"说罢悻悻而去，我气得一直等他走了好远，才发现忘了向他念三字经。

柏杨先生真是一个老泼皮,屡经大难而都不死。但从此我每次过街,都两腿发软,盖北新路乃化外之路,这一带乃化外之地,车辆闯闯红绿灯、闯闯斑马线,根本算不了啥,而竟然还靠左奔驰,却没有一个人出面干涉,此路遂成为恐怖之路矣。——附带奉劝同胞,如果不幸驾莅此路,过街时千万小心,不但要前看、左看、右看,还要往屁股后看。

公寓的总门常开,和恐怖路上的车辆靠左边撞人如撞狗,而且似乎谁也没啥妙法改善,仅这两项奇遇,就够我心跳如捣,想起来向韩韩女士吹牛的那几句话,真想找把小刀把舌头割掉算啦。

21. 反撞大同盟

柏杨先生对于如何平安地通过马路,一向有高深的研究,铁路平交道旁的"停""听""看"招牌,就是我奋斗的目标,每逢带着家人,或陪着朋友,要冒险犯难时,一定再三再四地昭示小心小心,盖据我的印象,如果一旦活活地被撞驾崩,仿效外交家的口吻:"借尸还魂的可能性,似乎不大。"所以戒慎恐惧,夙夜匪懈。想不到自己却首先以身试撞,而且是被一辆靠左逆行的车辆干了一下,实在不能瞑目。

自从6月3日被撞,转眼已一月有余,北新路上靠左逆行的节目,依然如昔。这节目完全是特技镜头,马路上正尘土四扬,眼花缭乱,只见一辆(有时候甚至二辆三辆)车如春水马如龙,英勇杀入重围,杀得行人鸡飞狗跳,正常行驶的车辆,则急刹车的急刹车,干他老母的干他老母,真是惊心动魄。所以如此的原因,北新路一段和北新路二段,快车道跟慢车道之间,有一条高堤线在焉,而快车道中央,也有一条高堤线在焉,车辆要想从右边到左边,往往要前进大大一段,才能找到左转弯的缺口,而慢车道跟快车道之间的缺口,和中央堤线的缺口,又往往前后参差,如果一定依照交通规则,就非要更前进大大的一段不可。与其浪费时间和浪费精力,胆大包天分子不知不觉就发挥了抄小路、走快捷方式的传统文化,逆流而上。

其实北新路不是唯一的恐怖路,台北另外还有一条恐怖路,专栏作家森森先生在《中国时报》上曾指出辛亥路充满了杀机,森森先生曰:"辛亥路的杀机,在于一般驾驶人,对行车道的白实线视若无睹,天天时时,都有驾驶人违规越过白实线,冒犯不得在右侧超车的规定,硬是超车。私家车如此、出租车如此、大卡车大客车如此、水泥拌搅车也如此。驾驶机车的人更是左右突进,成了蛇行抢路的敢死队。"

森森先生说,他每逢乘公共汽车经过辛亥路时,都情不自禁地捏一把汗。嗟夫,森森先生所见未免不广,如果他有暇在北新路旁站上一站,恐怕用不着捏,汗就能流出一缸。森森先生是在辛亥路上压死了一位大学生之后,振臂呼吁的,柏老则是在北新路上挨了那么一撞,才拉开嗓门嚷嚷,人地和事件的结局虽然不同,但悲从中来固一样的也。而北新路上的那种"迎头干上"的表演,却是辛亥路上所没有的,看起来北新路的杀机更重。观世音菩萨从灵山雷音寺下望,只见这两条路上血迹斑斑,恐怕要喟然叹曰:"善哉,善哉,谁能救此一方生灵欤。"

若干时日前,一位从香港来台湾参观的英国警官,临走时不但没有硬着头皮发表"敬慕中华文化"正义之声,反而发了约翰牛脾气,留下一封信给台北警察局交通大队,说了一大堆逆耳之言,对台北交通秩序的乱七八糟,大表惊讶。尤其对斑马线上行人没有优先权,更是震骇。他强调曰:"只要行人踏上白线,天老爷的车辆都得停下来,让行人先走。"洋大人碰都不敢碰的斑马线,我们根本没瞧到眼里。北新路上车辆日夜不绝,连红灯也都如同聋子的耳朵。而且日新又新,精益求精的结果,还出现硬碰硬场面,靠右行驶者有之,靠左行驶者有之;快车到慢车道上行驶者有之,慢车到快车道上行驶者有之。而主要的是,这种奇异的景观,竟没有人管。辛亥路上撞死的不过一个大学生;北新路上撞伤的不过一个写杂文的糟老头;五年之前,清华大学堂教习唐明道先生就是死在斑马线上的,一律"活该""活该"。

远在巴黎的无车阶级,最近曾成立一个"全国交通工具使用者同盟",向汽车挑战。二十五个公共交通乘客团体,发布联合宣言说,步行的人、骑脚踏车的人、搭巴士的人,要求有优先使用道路的权利,用以对抗私家车和货车滥用道路。法国的汽车密度,虽占欧洲第一位,但他们的交通秩序,也占欧洲第一位。如果换在台湾,恐怕颂声载道,偏偏法国佬人在福中不知福,又提出怨言。然而也可看出事体的重大,如果把台北的交通秩序搬到巴黎,恐怕能逼出轰轰烈烈的法国大革命。儒家学派要求人们"温柔敦厚",对于车辆违法乱纪,和别人血肉横飞,丝毫无动于衷,连哼都不哼一声,温柔敦厚也算修到了家。

判断一个国家是文明抑或野蛮,只要看他们的车辆对斑马线,对红绿灯的尊敬程度,马上就可得到结论。一个国家的汽车摩托车如果随便靠哪边走都可以,如果视斑马线如无物,视红绿灯如无物,纵是写两火车引经据典,布面烫金的精装巨书,都成不了文化大国。专栏作家李寒先生在《自立晚报》曾垂头丧气曰:"那位从香港来的警官提出的问题,在我们这里可以说已经是老掉了牙的问题。十几年来,随着车辆的增多,问题越来越严重,尽管舆论批评,人民呼吁,而主管当局始终拿不出一套解决办法。以至弄得人车争道,行人没有走路的权利,只有大小车辆横冲直撞的权利,这是机械文明带给落后地区的困扰。纵然我们自诩文化高妙,但交通主管的作风是落后的,驾驶人的观念更是落后。享受着文明的恩物,却有不文明的应用方式,实在为文明羞。"

夫交通秩序的维持,比不得登陆月球,断送老命也搞不出来,而只仅仅地要求车辆尊重斑马线,尊重红绿灯,严格地靠法定的一边行驶,可以说是天下最最简单的事,而我们却做不到。血淋淋的"尸谏"没有用,洋大人的训诲没有用,舆论呼吁更不如一屁,反正是束手无策。

在我们这些不太灵光的小民脑筋里,硬是认为把交通纳入常规,实在是易如反掌,两个字就能解决一切,曰:"重罚。"新加坡就有重罚的规定,车辆如果在斑马线上撞死人,那是唯一死刑。这条法律的结局是,新加坡车辆的屁股上,都伤痕累累,盖在斑马线前紧急刹车,后面的车猝不及防,只好一撞。虽然如此,并没有纠纷,撞伤了车可以修补,撞死了人却修补不起来也。

交通秩序不仅车辆要遵守,行人也要遵守,交通法规不是专门管理车辆的,同时也管理行人。那种悠悠忽忽的农业社会老汉,也是一害。新加坡规定,行人如果在陆桥下过马路,撞死啦等于白撞死,谁教你不走陆桥。而四岁以下顽童在马路上撞死,司机老爷不但没事,顽童的监护人老爹老娘老啥之类,要被判二十五年有期徒刑。于是有些家伙虽死了孩子,却连尸体都不敢认领,来一个挥泪逃亡。这在台北准被酱萝卜认为不近人情,但不近人情的结局却是顽童的安全获得保障,这正是政府立法者的大慈大悲。

凡是去过东西番邦的人士,对洋大人遵守交通秩序的美德,无不啧啧称赞。岂是洋大人从娘胎里生下来就比中国人高一等乎。吾友虞和芳女士告曰:"洋大人只不过被罚怕了罢啦。"虞和芳女士住在德国慕尼黑,有一天,半夜开车到近郊,遇到红灯,看看没人,就犯了中国人的老毛病,只稍微一顿,就冲了过去,想不到被附近一家该死的德国佬看见,第二天,一张罚款单颁发下来,害得她阁下三天都没吃饭。从此她开车就如履薄冰,如临深渊。

"重罚",只有重罚——当然公正的重罚,才是治疗交通混乱的特效药,其他任何办法都不过是转移阵地的胡捉八拉。你不是靠左乱干乎,好吧,银子一万两。你不是闯斑马线、闯红灯乎,好吧,银子五千两。罚的数目必须超过他所能负担的——再大的大亨,第一次罚他美金十万,第二次罚他美金一百万,第三次罚他美金一千万,依此类推,他也受不了。也就是说,只要厉行使他心如刀割的重罚,交通秩序就能正常。这点小事似乎不必重金礼聘洋大人来亲自站岗,如果连这一点也没有能力,而仍有脸皮瞎扯淡,我们就没啥好说的,只好仿效法兰西那一套,无车的穷朋友联合起来,组织一个"誓死反对被撞大同盟",自己动手,争取过马路时的生存权利。——可不是争取优先权利,小民可没这个胆,能争取到不被撞死的权利,就心满意足啦。

22. 珍惜中国文化

中文横写,天经地义地应从左向右。

《伊索寓言》上有一则故事,蜈蚣先生正爬得高兴,小白兔问曰:"老哥,你这么多脚,走路时先伸那一只呀?"蜈蚣先生挨了闷棍,想了半天也没想出来,而且觉得先伸那只脚都不对劲,终于寸步难行。

中文横写应从左向右,抑或从右向左?跟蜈蚣先生的尊脚一样,本来毫无问题,不知道怎么搞的,被有些学问庞大之士那么一搞,反而搞出大大的困扰,议论纷纷,使人紧张。

呜呼,中文横写,天经地义地应从左向右,不但横写应从左向右,就是直写,天经地义地也应从左向右。——读者老爷且莫瞪眼,我可是有"古"为证的焉。吾友董作宾先生已蒙主宠召,不能出庭,但研究甲骨文的朋友固多的是,拜托千万说两句公道话。甲骨文时代,即公元前十四世纪,甚至更早,够"古"了吧,直写的中文就明明有的是从左向右的焉。以"崇古"为生命的朋友,似乎应该把脖子往屁股后多扭一扭,当可发现现在流行的直写从右向左,并不一定完全合乎古法。

中国文字在构造上,全都从左向右,所以再僵硬的朋友,写字时都得从左向右。我们建议举办一个“写字大会”,请一些酱萝卜或干屎橛,当场表演从右向左的写字手段,让我们开开眼界。甲骨文时代那种直写从左向右的写法,应是中国传统文化中最可贵的一部分,却被后人当破鞋一样地抛弃,实在泄气。盖直写从右向左的最大坏处,一是写过的东西全被右肘遮盖,不能随时回顾,要回顾就得停下来,使思路中断。一是写好一行之后,必须耐心地等它晾干,如果没有耐心,硬要写下去,就灾情惨重,胳膊上全被沾得墨迹斑斑,而已写好了的字也会被摩擦得一塌糊涂。用毛笔固然屡试不爽,用钢笔或用原子笔,如果挥汗如雨,也同样狼狈不堪。信件字数不多,还可以将就,慢慢地等。如果写稿,那才叫急死人也。如果写的是十万火急的军情文书,恐怕还没写完哩,前线已吃了败仗。

直写原本应该从左向右,现在反而从右向左的成了正统,是中国文化一大反动,叫人叹息。现在既已如此,力难回天,说也等于白说。想不到横写时天经地义地从左到右形式,在二十世纪的今天,也撞上了霉运。有些人下定决心,颠而倒之,非把它改为从右向左不可,不但向中国同胞推销,而且还英勇地硬往日本人头上猛罩。记得十年之前,日本航空公司台北分公司,在它的顶楼竖起从左向右的“日本航空”横写招牌。大家义愤填膺,群起而攻之,逼着执法人员取缔。取缔了好几年,不敢动它一根毫毛。原因很简单,中国字一旦被日本吸收,就成了日本字,日本人想怎么写就怎么写。日航公司老爷回答曰:“你们只能管中国字,怎么管起俺日本字啦。”台北某报上有一篇短文,坚决地主张中文横排应从右向左,奇趣丛生,且照抄小一段,恭请读者老爷御览。文曰——

当年日本开办万国博览会时,我们中国馆有个从左向右的横写匾额,被彼邦人士纷纷物议,认为失去了东方人的色彩,违反固有传统中文横写顺序的体制规定,大以为不当,当时已详见诸报端。

这是一种阮大仁先生所称的“奋不顾身式”的雄辩,尤其请出洋大人助威,更使人一时眼如铜铃。但仔细一想,却疑问丛生,第一,

“当时详见诸报端”,这是物证人证,但不知道这些报端有谁详见过,又不知道内容到底是啥,不敢随便肯定。但有一点却是敢肯定的,从左向右不但没有违反固有传统中文横写顺序的体制规定,恰恰相反,反而正是固有传统中文横写顺序的体制规定。这一点必须弄清楚,才不至于瞎缠。第二,“传统”已经很明显地是从左向右,把目光如豆所看到的眼皮底下的现象,不分青红皂白地都当成传统,那么,飞机大炮、计算机原子弹,都是中国固有的玩意儿矣。第三,“东方色彩”,就更奇怪,不知道啥叫东方色彩,中文从右向左是东方色彩,中文从左向右就成了西方色彩乎?中国人自己应有自己的道路,应有自己奋斗的目标,不是为了提供洋大人欣赏“东方色彩”而活着的也。真的是这样的话,台北高楼大厦和电梯、电冰箱,都该一扫而光。第四,主要的是,依正常的理性判断,日本一向是从左向右横写的,所以他们不可能对中国从左向右的横写,会发出“大以为不当”的反应。犹如日本老奶们从不缠足,能讥讽中国老奶也不缠足乎。对啦,提到女人缠足,那才真正是东方色彩,更是古老的中国色彩,我们是不是为了提供洋大人见识见识,就仍硬缠不放?说谎也得有点想象力,靠搬洋大人,似乎没太大用场。

正因为中国文字的结构,在基本上是从左向右的。所以,横写时从左向右,字跟字间的距离,容易衡量。如果从右向左,就非常难掌握矣。像从右向左的“中国万岁”四字,猛一瞧固然均匀停当,各就各位。但考察一下实际,当学问庞大之士下笔挥毫的时候,却是先写“岁”,再写“万”,又再写“国”,最后才写“中”的,这种逆流而上的写法,如果遇到长长的一大句或长长的一大段,那真能把人累死。我真不明白,当一个中国人,何必非如此辛苦不可乎哉。

有人主张数学、物理、化学,以及英文文法书,可以从左向右横排,其他的书则必须从右向左直排。看起来这是一个折衷办法,不过仔细一想,问题又出来啦。其一,这是一种使中文分裂的办法,中文势将成两类:一类曰横写的中文,一类曰直写的中文(而在横写的中文中,现在又分为二:一曰从左向右的横写中文,一曰从右向左的横写中文)。一个完整的书法体制,从公元前三世纪大一统,到今天已两千二百年,成为中国人最大的向心动力之一,为啥用尽心机,非使它一分为二不可耶。只有我们的敌人,才忍心下这种毒手。其二,事实上除了数理化英文文法书之外,其他需要横排的地方,多如牛毛,即令一分为二,仍然乱七八糟,混淆的情形,更要严重。

举一个例子来说明,好比填起表来吧,"一二八战役发生于""一九三八年一月二十八日",这即不是数理化英文文法书,又不能用相沿的直书(因为表是横格子的焉),遂成为一个崭新的课题,如果坚持从右向左,就成了"一二八战役发生于""日八十二月一年八三九一"。这种奇异形式,读起来能把活人气死。假如"国民身份证"A字第 102984868 号,一旦从右向左,读起来就成了"国民身份证""号868489201 第字 A",到了这种程度,读起来摇头摆尾,不但能把活人摇死,简直还能把死人摇活。

吾友沈君山先生曾有《中文横写和维护传统》一文,叹曰:"以现代眼光来看中文横写,若一律从右向左,那台湾便成了世界科学文明的孤岛。"立法委员费希平先生也曾在立法院院会上告诉教育部曰:"文字的改革与简化是必要的,否则将因文字书写的浪费时间,而相对地减少吸收广博知识的速度。而中文横写,现在尚无最后的规定,但横写从右向左,不但不合世界潮流,且文字中夹杂阿拉伯数字时,也极为不便。"

谈到文字改革与简化,事体重大,柏杨先生曾为提倡简体字坐牢,现在封嘴大吉,但中文横写应从左向右,却是历史的定律,再顽强的阻力,只能延缓它的实现,不能取消它的实现。俗语曰:"人过一百,形形色色。"任何时代都有反对进步的顽固分子,生在清王朝末年,他们就反对革命,反对共和,反对剪辫子,反对放足。生在中华民国初年,他们就反对白话文,反对标点符号。生在现代,他们就反对文字简化,反对从左向右。而且每一次都使用发高烧的泛政治手段,磨刀霍霍,使人又怕又呕。

于此,奉告反对从左向右的学问庞大之士,谈学术最好单谈学术,如果一定乱罩,那么,贵阁下走路时,千万别先迈左脚。

中国面对着西洋文化的冲击,已不绝如缕,再不能不加珍惜,酱住它只有使它没落死亡。

23. 文人无行乎·文人相轻哉

我有两位朋友,一位在大学堂当教习,一位是职业作家。有一天为了一件鸡毛蒜皮的小事,恶言相加,教习詈作家曰:"你文人无行。"作家也詈教习曰:"你文人无行。"我本来英勇地从中劝架,希望爆发大场面的,但劝来劝去,看他们其笨如牛,任我怎么努力,都骂不出新花样,老是在"文人"这个小圈圈里翻觔斗,不由得兴起江郎才尽之叹。

两个家伙明明都是所谓的"文人",却硬把自己身上的膏药,揭下来猛往对方脸上贴,大概对"文人"一词,印象不太好之故。想了半天,也想不出来"文人无行"这句话是谁发明的,真是鬼来之笔,成为克星。一旦惹谁冒了火,准飞来这四个字,雷霆万钧地套到头上,套得两眼昏花,招架不住。于是,"无行"遂成为"文人"的专利品,自己推也推不掉,别人抢也抢不去。

中国(其实洋老爷之国也一样)古时候,知识分子只是全民的一部分,而且是一小部分,他们治理国家,管理政府,干的都是不识字的人干不了的事——政府中也不断出现过不识字的高官,但只是少数,无碍于政治的运行,如果大多数都不识字,甚至全体都不识字,恐怕这个政府要下台鞠躬。小分裂时代一位后汉帝国老粗大将史弘肇先生,曾用充满了轻视的口吻曰:"笔杆有屁用,捍卫国家,全靠长枪大矛。"宰相之一的王章先生顶之曰:"没有笔杆,那些拿长枪大矛的人吃啥?"一个人的见解,往往受他的生活背景所拘限,史肇弘先生虽然最后爬到高位,但脑筋仍然酱在长枪大矛的阶段。

刘邦大帝所以高明,就是他具有超人的领悟力,对陆贾先生所说的话:“马背上可以得天下,但不能马背上治天下。”立刻全部吸收。他如果认为只有长枪大矛就够啦,他建立的西汉王朝势必早完了蛋。辽帝国的皇帝耶律德光先生,就差了一截,他率领契丹兵团,打到开封,把后晋帝国那位荒唐的皇帝石重贵先生捉住后,拒绝重建政府组织,认为他那种原始部落“打草谷”办法,任何地方都行得通,结果激起人的反抗,把他赶走,不明不白地死在杀胡林。

所以中国历史上,知识分子可以分为两类,一类是当官的知识分子,一类是当不上官,或还没有当上官的知识分子。前者谓之“士大夫”,被称赞为国家栋梁,后者就成了所谓“文人”。发明“文人无行”的朋友,我们可以确定他准是幸而当上了官的知识分子,对于同时往上爬,而屁股还没有坐上权力宝座的朋友,一千零一个瞧不起,就跟猪八戒先生,见了当年的同类一样,立即大展猪威,狠狠地筑上一钯,借以表示他已非昔日凡品。昔日凡品则一律纳入文人系统,简直臭而不可闻也,臭而不可问也。

于是乎没有当官的知识分子,凭空被插上“文人”的标签,成了没有甲壳的裸体动物,全身暴露,纵然是流氓地痞下三滥,以及假冒伪善的烂货,都可随时随地踩上一脚,詈曰“文人无行”而不愁后患。盖笔杆固然可以治理国家,短兵相接时,却不能使对方头破血流。

“文人无行”的节目,写起来能写一火车,轻一点的像司马相如先生勾搭小寡妇,韩寿先生勾搭宰相的女儿。重一点的——其实根本没有重一点的,没有当官的知识分子一旦能狠狠地把对手干上一记,那他准已经大大小小至少是个官矣。呜呼,作恶并不简单,不断地作恶更是亨字辈的特权,没有当官的知识分子,手无寸铁,坏一次良心就可能连老本都全部报销,没有坏第二次良心的机会。不过即以司马相如而论,勾搭不勾搭固然在男主角,但卓文君女士也不是幼儿园小班,接受不接受她自有主意,既接受矣,便是恩爱夫妻。如果正义之士坚持那仍是“无行”,那么他就得庆幸他阁下的老爹,幸亏有这种“无行”,才能娶到老娘,精彩地生下了他。至于韩寿先生,那更冤枉加三级,事实上是贾小姐先向他下手,只因韩寿是个没有当官的知识分子,就得背上这个黑锅。

天下勾搭女人最多的,莫过于皇帝。说他勾搭,未免过度温柔敦厚,绝大多数都是霸王硬上弓,搞得各级官民,家破人亡。玩腻啦一脚踢开,还杀之剐之,甚至连全家全族都要赔上老命。又有哪个正义之士,敢龇牙说一声“皇帝无行”乎哉。同样一件事,没当官的知识分子做啦,正义之士就哇啦哇啦,拉起来嗓门叫曰:“文人无行呀。”可是皇帝老爷做啦,正义之士的嘴巴里就像塞了一根香蕉,连哼哼都不敢,只敢铁证如山地喊“皇帝圣明”。面对着没有甲壳的裸体动物,义愤填膺,“虽千万人,吾往矣”。不但安全,而且还可以烘托“俺奴家可不是那种人”。如果一时把握不住,面对着九五之尊,“虽一个人,吾往矣”。恐怕一往不返。悲哉,发生在有权势的知识分子身上,丑闻会自动地化为佳话。发生在没权势的知识分子身上,佳话会自动地变成丑闻。

除了“文人无行”,还有“文人相轻”。这个疮疤的发明人我们可是知道的,他就是身为皇帝老爷的曹丕先生。曹丕先生的话,有他的根据,但问题也就发生在这里,一个动物学家曰:“蝴蝶是有翅膀的。”门徒们遂闭着眼睛一口咬定天下只有蝴蝶才有翅膀,但有翅膀的动物固千千万万也。文人固然相轻,可是医生就不相轻乎哉,教习就不相轻乎哉,商人就不相轻乎哉,当官的就不相轻乎哉,司机就不相轻乎哉,工程师、科学家、电影明星、开饭店的,都不相轻乎哉。柏杨先生最近想装一个小铁窗,以防贼老爷光临乱俘,当时就有三家铁匠老板,把对手褒贬得一文不值。连巷口磨剪刀的老张,就没把另一位打游击磨剪刀的老王,放在眼里,认为老王半路出家,是一个大大的外行,连刀刃上的薄钢都磨光啦,呼吁我们这一带亲爱的住户,不要上当。

古人曰:“同行是冤家。”“冤家”的情调,似乎比“相轻”要严重得多,可是正义之士却不敢碰冤家,只敢乡下佬吃柿子,专拣软的捏。

没权势的知识分子没有保护自己的甲壳,只好被捏。被捏的结果是,“相轻”也就成了没权势知识分子的注册商标,动不动都会有聪明才子,掀起盖来让大家瞧瞧。中国的艺术批评,包括文学批评,以及严格的批评态度,始终无法建立,原因全出在这个注册商标上。你只要胆敢批评某一幅画或某一部书,对方只要一句话就可一手遮天,先作心平气和状,然后悠悠叹曰:“这不过是文人相轻罢啦。”一切公论,全付落花流水,甚至还可能惹得一身膻腥。

问题是,偏偏也有不相轻的。夫一个真正的作家——不是妒火中烧的作家,他实在没有时间去轻视别人。然而,在“无行”和“相轻”两块巨大的夹板之下,没当官的知识分子,遂倒了八辈子霉,连走路都得小心翼翼,不敢碰一个石子,否则正义之士和文坛打手,前击后攻,无不大败。

不过,时代已大大地不同,教育普及的结果,人人都成了知识分子。柏杨先生的一个朋友,老年丧妻,想找一位老伴,共度残年。有些朋友建议他最好找一位不识字的婆娘,以免她阁下挑三嫌四,胡思乱想。朋友辛辛苦苦找了几年,不得不悲哀地发现,要想找一个不识字的,可真不容易。这年头连五六岁的娃儿,用注音字母写起信来,都长篇大论。

每一个人都是知识分子,知识分子就特别不起来,不能构成一个阶层。当官的知识分子既非荣耀不凡,不当官的知识分子就没有资格被封为“文人”。在私人公司当绘图员的博士,在出租车上当司机的大学生,你总不能说他们是文人吧。嗟夫,教习就是教习,作家就是作家,“文人”跟“进士”一样,早已绝种,所以,这个法宝最好少祭,动不动就念念有词的正义之士和文坛打手,就得先把自己的尾巴夹起来,才不会被别人踩得哇哇叫。

24. 恶补大国

我们拥有世界上最大的和最多的补习班。

任何一件存在事物,都有它存在的社会条件。有了这些条件,它一定诞生,一定成长茁壮,搬块大石头压也压不住。没有了这些社会条件,你就是敲锣喝道,它还是不出来。君不见到处都有美容院乎,鼓其如簧之舌,保证满脸皱纹的阿巴桑,只要花上几两银子,被它那么一搞,立刻就千娇百媚。柏杨夫人前些时忽然冒出返老还童决心,不断向我伸手。而我是视钱如命的,岂肯乱用到那些骗子婆娘之手,柏杨夫人嚎曰:"老头,你不愿你老婆如花似玉呀。"凭天地良心,天下哪有丈夫不愿自己妻子如花似玉的哉,不过据我的考察,就是把五十吨的蜜死佛陀堆到柏杨夫人头上,恐怕她阁下也如花似玉不起来。但是她老人家仍是往美容院猛跑,我虽然引经据典,并且弄了些洋书和洋大人的名言隽语,以张声势,结果她老人家猛跑如故。一年下来,尊颜未改,而我的稿费单却常常失踪,良堪痛心。

于是柏杨先生发现,世界似乎只有美容院,却没有丑容院,不禁恍然大悟,假使有位学问庞大的朋友,在台北开一家丑容院,宣称用不了十分钟,就能把一个如花似玉变成一个阿巴桑,恐怕能把他这个老板饿得死去活来。这道理连三岁娃都知道,人有爱美的天性,不但女人有爱美的天性,男人爱美的天性更为勇敢,所以女人为了漂亮而花再多的钱,臭男人都付得起。这种形势,连飞机大炮都挡不住。那也就是,如果开了丑容院,同样的,用飞机大炮,也不能把太太小姐轰进去。

恶补——恶性补习,也是如此。台湾补习班之多,补习班之大——高楼巨厦,冷气电梯,以及教习待遇之高,使有些官办的学堂,黯然失色。补习班老板一个比一个阔，有的脑满肠肥，有的身揣绿卡，有的远在加利弗尼亚海滩，别墅焉、地产焉，好不风光。而一些“恶补大王”型的教习，更是身价非凡。柏老就有一位朋友，身在台北，每星期去台南一天，由台南补习班致送往返飞机票，旦上呼呼飞往，晚上呼呼飞返，机场有人恭接，休息有高级旅馆，虽阿拉伯王子下东洋，也不过如此，好不羡煞人也。

但各位读者老爷千万不要认为这也不错呀，补习班真是尊师重道。事实上补习班完全是一个现代化的商业机构，在这个现代化商业机构之中，财神高高在上，既没有“师”，也没有“道”，所以也就根本无法去“尊”，更无法去“重”。补习班里只有“推销员”和“主顾”，推销员是教习，主顾是学生。也可以说，补习班就是马戏团，教习就是小丑，学生就是观众。你能招徕观众，你就是大牌红星第一等角色，不要说坐飞机，就是坐火箭，老板也千肯万肯。可是一旦你黔驴技穷，不能叫座，或年老色衰，门前冷落，彼时也，别说坐飞机，你就是甘愿坐钉子，老板也没钱买。

半年之前，一位回国不久，在某大学堂教数学的打狗脱，前来拜访，他深知柏老神通广大，拜托介绍教补习班。他是一个老实人，愁眉苦脸曰：“老头，你看我，靠大学堂的薪水，捉襟见肘。”进取之心，人皆有之，我就帮了他一个忙，结果不到两个星期，面无人色地被赶出大门。呜呼，补习班的教习，跟一般学堂的教习不同，学问大不值一个屁，主要的必须能招蜂引蝶。学生跟教习之间，既没有师生名分，更没有师生感情。普通情形之下，银货两讫，交易而退，谁也不欠谁的。盖学生老爷没考上联考，掏出银子，来收买两套本领，准备再干，如果教习不能卖给他两套结结实实的考试功夫，学生们总不能让银子泡汤，当然拍拍屁股就走，去别的店铺，打听有没有更好的货。嗟夫，学生就是饭碗，饭碗生脚，教习能不生脚乎哉。

补习班老板，把教习当作摇钱树——对不起，越比喻越不像话，这当然不是说你阁下，请别多心。而只是，谁能为他摇钱，谁就是活宝，恶补老板抢着重钱礼聘，活宝一咳嗽，老板就掏阿司匹林。如果摇不出钱来,就是爱因斯坦先生也不行,两节课下来,一看你讲得不见得抓住联考题目,学生立刻散了一半(没全部散掉已够面子啦),老板的脸色就像刚挨了破鞋底,如果再不知趣,第三堂仍敢走进教室,那恐怕真是世界上第一流胆大包天的冒险家。

补习班里,一切都是买卖,而且是无情的买卖,学生跟教习之间冷若冰霜,老板跟教习之间也冷若冰霜,而教习跟教习之间,同样冷若冰霜。柏老曾参观过台北最大的补习班之一,看到下课时的奇景,不禁吓了一跳。诸教习像沙丁鱼一样地挤在休息室,乌黑一片,却鸦雀无声,大家面目痴呆,精疲力竭,互相间不交一语,不但谁也不知道谁姓啥,简直是谁也不知道谁是男是女。盖正式学堂上课,教习可慢慢地讲,扯扯闲话,发表发表属于自己的见解,训训学生出口自己的闷气,而补习班却是严阵以待,教习必须使出浑身解数,真刀真枪,一有冷场,就要卷铺盖,话题稍离考题,也得卷铺盖。严格说来,挣那份银子可真不容易,那不能称之为教书,只能称之为拼命。下得课来,自然奄奄一息。

有些恶补大王一星期能教五十六小时的课,不分昼夜,埋头苦讲,连星期天都不休息,目的不是"得天下英才而教育之,一乐也",而是奋不顾身的赚钱。于是,台湾的教习可分为两类,一类是恶补教习,小焉者生活宽裕,优哉游哉。大焉者除了没有私生活,没有人生的情趣外,其他应有尽有,汽车焉,洋房焉,有的甚至跟恶补老板比美,此乃第一等人物,使人起敬起畏。另外一类就不必提啦,只靠固定薪津的正规教习,面有菜色,迂不可及。

——其实当教习的,还有两条大路发展,一是搞上一个有钱或有权的腿抱之,弄个顾问、委员、董事、监事之类的名堂,一旦奉命,立即提笔上阵,搬出学术理论来支持大亨怎么搞都是正当的。另一是钻个官做做,"学而优则仕",中外如此,谁也没啥可说。

问题是,教习老爷岂真愿当恶补大王哉,乃不得已也。现在的待遇,初级中学堂的教习,每月大约六七千元。高级中学堂的教习,每月大约八九千元。大学堂的教习,每月大约一万余元。我们说"大约”,因为教习每月到底多少钱,谁也不知道,教习自己也不知道,恐怕请主计会计的朋友张口,也一言难尽,盖数目无几,却名目繁多。倒转过来说,虽然名目繁多,却数目无几。生在笑贫不笑娼的工商社会,五口之家,真得有点挺劲。要想进一步的温饱——台湾亚热带气候,夏天长而且热,应该改为要想进一步的凉饱,如买个电风扇,或雄心万丈,买个二手货的冷气机之类,既然没有别的妙法,只好乞灵于恶补矣。

学生老爷恶补的唯一目的是考上学堂,教习老爷恶补的唯一目的也是使学生老爷考上学堂——学生老爷必须能考上学堂,教习老爷才有钱可拿。补习班老板好像月下老人,把双方撮合在一起,两情相愿,各取所需。跟美容院一样,有它存在的社会条件,再大的力量都无法把他们拆散,更阻挡不住它生意兴隆通四海,财源茂盛达三江。

25. 三大考场舞弊案

清王朝曾发生三次考场舞弊巨案,三次考场舞弊,分别发生于1657、1699、1858。

1657 年,南京主考官方猷先生,副主考官钱某先生(名字一时记不起来),二人率领十八位考试官,有志一同,大做买卖。发榜的那一天,全城哗然。一位考生老爷就写了一本《万金记》小说,“万”者,“方”字去一点也;“金”者,“钱”字去一边也,把送贿受贿的种种关节,作详细的描绘。清政府不但没有逮捕该书的作者,反而下令调查,把方猷先生的本家方章钺先生抓到北京。方章钺先生遂供出全部内情——跟《万金记》书上说的一模一样。清政府就把全体考生(举人),集中起来再考一遍,花钱的大爷遂全部露了原形。结果是,方猷、钱某两位正副主考官砍头,十七位考试官一字排开,一个个绞死(考官之一的卢铸鼎先生,鸿运当头,早翘了辫子),他们的父母妻子,全体放逐到边疆,财产全部没收。那露了原形的有钱大爷,一齐充军。

跟南京考场舞弊巨案同时,也是 1657 年,首都所在地的顺天(北平),考场也发生舞弊。主考官李振邺先生、副主考官张我璞先生,眼睛只看见银子,没看见十年寒窗苦读的贫穷考生。他们跟有钱的大爷约好,由有钱的大爷在试卷上作一个暗号,然后按暗号行事,代价是银子六百两。以当时的购买力而言,一个人一个月的伙食,不过二两。六百两够一个人吃二十五年,可谓庞矣大矣,无怪动人心魄。动人心魄的结局是,李振邺、张我璞以下,包括行贿的考生,以及中间的媒介体,一齐法场斩首,家产没收,父母妻子有祸同担。

四十年后的 1699 年考场舞弊,也发生在顺天(北平)。发榜之后,大家先是瞪眼,接着是奔走相告。那时候还没有报纸,只有用笔写的"招贴"满街飞。清政府也没有捉拿写招贴的要犯,同样地也立刻明察暗访。主考官李蟠先生,是一位知名度很高的"大儒",七十岁时考取了状元,皇帝玄烨先生瞧他一副德高望重的模样,不久就派他当主考官——在科举时代,当主考官是一种最大的荣耀。副主考官姜宸英先生,则是李蟠先生同榜的探花。但状元也好,探花也好,照样见钱眼开。

明查察访的结果是,李蟠贬窜到蛮荒,姜宸英死于监狱。

五十年后 1858 年考场舞弊,是三次考场舞弊案中最大的巨案,地点仍是顺天(北平)。主考官柏葰先生,官拜宰相之职(军机臣),而且还拥有"紫禁城骑马"的殊荣。副主考官是部长级官员朱凤标先生(尚书),跟程庭桂先生(左副都御史)。柏葰当大官当的时间太久,一切不在乎,加上年老体衰,凡事都交给他的侍从(门丁)靳祥先生去办。靳祥先生小心恭顺,把柏葰搞得心服口服,当作亲信,一切都听靳祥的。呜呼,驴大啦,驴尾巴也大啦,俗不云乎:"宰相的家奴七品官"——县长就是七品,靳祥自然威震天下。不知道他收了那位曾当过演员的平龄先生多少银子，反正是平龄先生考试及格，高中第七名举人。夫“演员”在现代社会，贵不可言，柏杨先生这一生最大的憾事，就是缺少一位演员朋友，自觉门楣无光。但在十九世纪，演员却是没有资格参加考试的。平龄先生这么往上一蹿，自然喊声雷动。

平龄先生是第一个关键人物，第二个关键人物是罗鸿绎先生，他阁下的程度比平龄先生的程度要高，但在成绩上仍差一大截，于是靳祥先生就跟考试官之一的浦安先生，合作无间，把另一位倒霉考生的试卷换到罗鸿绎先生名下。这本是高度的机密，天老爷也不会知道。可是，偏偏平龄的事一闹大，靳祥一被捕，这件事以及其他类似的五十余位有钱大爷的事，全抖了出来，其中竟然有副主考官程庭桂先生的儿子在焉。处理这件巨案的程序仍是老办法，清政府把那些考生（举人）集中到皇帝的“南书房”，作一次复试。作文题目《不亦悦乎》，作诗题目《鹦鹉前头不敢言》，结果丢盔撂甲。平龄先生拿起笔来就好像抱起一门重炮，战战兢兢，汗出如浆，怎么写也写不出几个字，这不能怪他，他本来就不认识几个字。罗鸿绎先生比较高级，倒写了几句，但也只是几句而已。

靳祥先生不过一个宰相的仆役，竟能把国家最隆重的考试大典搞得天昏地暗，当然不简单，盖他的主子当他的靠山支持他，谁都木法度也。靳祥先生认为“天塌啦有大个子顶住”，现在塌啦，大个子却顶不住。皇帝奕詝先生鼻孔冒烟，召开御前会议，要裁决怎么处理时，只有十七位高阶层参加，气氛紧张，以致身为部长（尚书）的麟魁先生竟吓得撒了一裤子青颜色的尿（据说是胆破了的缘故）。结果，宰相兼主考官柏葰、考试官浦安，有钱大爷考生罗鸿绎，穿针引线的媒婆李鹤龄，以及一位代替弟弟出面应讯的冤枉鬼程炳采，一律砍头。副主考官程庭桂（程炳采他爹），放逐边荒。至于巨案中两大主角平龄先生和靳祥先生，则早死在牢房之中。——他们的死也是一个谜，是杀人灭口，免得牵连更多软，抑或真的寿终正寝，我们不知道，也不必知道，反正是死啦。

这场考场弊案,是一场大贪污大贿赂巨案。当时盛行"条子"之风,条子者,便条纸也。有钱大爷在一张便条纸上写明他阁下试卷上的暗号,好比说,在试卷上某一个地方,一定用某一个字之类,然后看自己的经济力量,在便条纸上画几个圈圈,一个圈圈是银子一百两,用不着补习班恶补,只要圈多就行,有的能画五六个圈圈,那就是银子五六百两,然后请介绍人送给考试官。到了后来,大家都成了无耻之尤,连介绍人都不要啦,而由自己直接面交。考试官等到发榜,凭条收银,皆大欢喜。有钱大爷固然乐不可支,考试官也以接到的条子越多越光彩。盖五圈一张的能有十张,便是五千两,天下生意,哪一行有此庞大的利润哉。

清王朝考试制度经过一再整理,所以严肃的时候居多,成为清王朝的美政之一,直到那拉兰儿女士当了皇太后,为了表示她的宽大仁政,考试才一溃而不可收拾,大批牛头马面官员出笼,国事遂无法挽救。

26. 恶补的三大病源

恶补问题,每隔一些时候,都要猛烈地闹上一闹,于是乎大官训词、小官挥笔,倒霉分子乱倒其霉。等到闹过一阵,国泰民安,又恢复原状。大家心里固然有数,却谁也不敢去捅这个马蜂窝,一律闭口无言,恭候第二次发作。如此一热一冷,一冷一热,毛病不但如故,而且越来越糟。

这种发作的情形,跟走马灯一样,周而复始,循环不已。第一幅画是,表面风平浪静,恶补暗流汹涌。第二幅画是,阴沟里翻了船,出了大小纰漏。第三幅画是,大官怒发冲冠,誓言如不能消灭恶补,他就跳井。第四幅画是,小官叽叽喳喳,写办法的写办法,拟草案的拟草案,报纸登消息,记者撰报导。第五幅画是,几个走背运的恶补教习,记过的记过,调差的调差,卷铺盖的卷铺盖——今年(1978)更出现锒铛入狱的镜头。第六幅画是,噫,这时已不是第六幅画,而又转到第一幅画矣,大家精疲力竭,而又束手无策,只好渐渐鸦雀无声。如此这般,团团转兼转团团,转了三十年,结果仍是一盏老走马灯。

恶补对学生最大伤害,一是身体上的。台湾的后生小娃,几乎百分之九十都是近视眼,小小年纪,鼻梁上二饼在焉。吾友虞和芳女士曾从遥远的德国来信,喟然叹曰:"女孩子一戴眼镜,便千娇百媚一笔勾。"这一点我不完全同意,盖女孩子戴上眼镜,反而有一种书卷气和灵秀气。不过眼镜的度数不可太过于惊人,如果凹得像一个洗脸盆,就啥风光都没有啦。夫恶补大国是一种内容,诚于中而形于外,外在的表现则是眼镜大国,举目所及,到处都是眼镜,实是世界奇观。不过深度的近亲,除了破坏仪容外,最大的危险,似乎还可能瞎掉,有几位知名度甚高的朋友,若许世瑛先生焉,钱穆先生焉,都是榜样。不仅眼睛一端,嗟夫,孩子们从十岁恶补起(事实上现在读幼儿园都要考,六岁起都得恶补),要恶补到二十岁,有些还要补到三十岁。一个个面目焦黄,骨瘦如柴,饮食难进,大便难通。于是弯腰驼背,行肉走尸,青春年华,全付恶补。全国青年都被糟蹋到这种田地,而国家的重责大任,将来却要落到他们那些弱不禁风的双肩上,那怎么得了乎哉?柏杨先生常看到一些小小身躯,不过小学堂五六年级,三更半夜,背着世界上最大的书包,低着头,弯着腰,一面咳嗽,一面踽踽而归,连我老人家这副麻木不仁的心肠,都忍不住垂泪。

另一个对学生最大的伤害,是心灵上的。一个后生小娃,从他能够独立吸收新知识那一天开始,他吸收的几乎不是什么新知识,而只是敲门砖——敲中学堂,大学堂,以及敲美利坚洋学堂门的敲门砖。现行的教育制度,柏杨先生名之为"一条鞭",由小学堂而中学堂,而大学堂,而美利坚的洋学堂,每一学堂都有一考,每一考都是一场生死决斗,诚如唱本上说的:"走一山又一山,山山不断。过一水又一水,水水相连。"小学生千修百炼,炼出敲中学堂大门之砖,噼里啪啦，把中学堂之门敲而开之。中学生又千修百炼，炼出敲大学堂大门之砖，噼里啪啦，把大学堂之门敲而开之。大学生再千修百炼，炼出敲美利坚洋学堂大门之砖，噼里啪啦，再把美利坚洋学堂之门敲而开之。猢狲爬竹竿，节节高升，表面上前途无量，实际上一鞭到底。学生老爷奋斗的目标，不是获得真正知识，也不是获得性灵，更不是获得明辨是非的能力和发展创造性的能力，而只是一心一意企图获得下一个敲门砖，“万般皆下品，唯有砖头高”。

问题是，一块砖只能敲一个学堂，登堂入室之后，这块敲门砖摆在哪里都妨害交通兼有碍观瞻，只好用脚一踢，踢到阴山背后，此生此世，永不相见。千修百炼的结晶，竟弃之如破鞋，大好光阴，白白消磨。如此踢一个又一个，好容易等到踢掉最后一个（如得了马死脱，打狗脱，以后用不着敲啦，年华老去，已开始戴假牙矣），斯时也，脑筋僵硬，新的思想、新的观念和新的见解，简直越看越不顺眼，连接受都困难，更不要说开世奇葩也。

恶补的罪恶，擢发难数，说三天三夜也说不完，主要的不仅伤害了年轻的一代，也伤害了民族。但罪恶三十年，而仍在走马灯，硬是拿它没办法，是啥子原因乎哉。吾友孟轲先生曰：“挟泰山以超北海，非不为也，是不能也。”我们现在的情形恰恰相似，根绝恶补，非不为也，是不能也。不能的结果是，除了一提起恶补就骂大街外，别无他法。

现代医学发达，既有各种奇怪之药，又有各种奇怪之仪器。任何奇怪之病，只要查出病源，它就难逃药网——除非你故意捣乱，非害砍杀尔别别苗头不可。恶补亦然，弄到今天仍群医束手，只是没有发掘出病源罢啦，也可能已经发掘出病源而闭口不说。不管怎么吧，我们认为恶补的病源有三个焉，一是人口膨胀，一是科举精神的复活，一是殖民地意识的作祟。正因为病源盘根错节，坚硬得像一个原子炉，所以靠枝枝节节地干，如砸掉联考焉，免掉教习焉，颁布法令规章焉，大官叫焉，小官跳焉，都不过乱锯箭杆。

27. 新科举坑道

科举制度是一种在坑道里爬山的考试制度。自从八世纪隋王朝发明了这玩意儿,经过历代政府的修正再修正,到了十四世纪明王朝,终于被凝固成为一个毫无弹性的模式,是知识分子面前唯一的一条道路。爬到了"秀才",就有资格当教习,受地方父老重视。爬到了"举人",就成了乡绅,"乡绅"跟现代流行意义的"绅士"可不一样,乡绅的意义就是地主,就是一方之霸,上勾官府,下踩平民。更进一步是爬到山顶,成了"进士",那就背着佛爷过河——神透啦,横冲直撞,天下无敌,不管当啥官,都无往不利。

我们说科举这个坑道是知识分子前面"唯一"的道路,只是强调它的要命性,学问庞大之士千万别举出若干例证抬杠。不过我们也可借着这些若干例证,说明科举道的身价。吾友赵葵先生,宋王朝大将也,以辉煌的战功,被任命为宰相,政府全体官崽,立刻哗然,认为他不是进士,不具备宰相资格,"宰相须用读书人",读书人的定义就是从科举坑道爬出来的知识分子,赵葵先生只好一滚了之。这种资格的限制,越往后越趋严格,爬科举坑道就也越成为一种荣耀。人们所熟知的民族英雄左宗棠先生,如果不是他,新疆那块一百余万平方公里的国土,早没有啦。前方战争打得最激烈时,他忽然辞职不干,辞职不干的理由是,他要到北京爬坑道——参加进士考试,把那些中央政府的满汉大官,搞得又急又跳,只好由皇帝老爷下一道特旨,赐他一个进士,他才心满意足。然而这还是小小焉者,连皇帝老爷都羡慕坑道终站进士这个荣衔,唐王朝第十九任皇帝李忱,就自封"进士",在金銮宝殿的御柱上,亲笔题名曰"进士李忱"。

科举坑道虽然又窄又狭,黑漆漆兼坎坷坷,但它给知识分子的却是一种无法抵御的诱惑，为了往里面爬，谋求科举功名，一个个原形具现，丑态毕露。这种现象，《儒林外史》描写得最为淋漓尽致。《儒林外史》不是一部通俗的和消遣的书，而是一部需要高级心灵领悟的书。第一位出场的是周进先生，为了没有爬进科举坑道，考取秀才，竟昏倒贡院，醒来后触景生情，伏地大哭，哭了个天昏地暗，日月含悲，一听众人要凑银子为他报名入场，立刻爬到地上磕头，泣曰："若得如此，便是重生父母，俺周进变骡变马，也要报答。"科举坑道之劲大矣哉。而这股劲发作最厉害的，还是第二位出场的范进先生，他阁下要到省城考"举人"，向岳父大人胡屠户借钱，被胡屠户一口啐到脸上，骂了个一佛出世，二佛升天："你癞虾蟆想吃天鹅屁。……这些举人老爷，都是天上的文曲星，你不见城里张府上那些老爷，都有万贯家私，一个个方面大耳。像你这尖嘴猴腮，也该撒泡尿自己照照，不三不四，就想天鹅屁吃！趁早收了这个心。给我借盘缠，我一天杀一个猪，还赚不了钱把银子，都……你问你去丢到水里，叫我一家老小喝西北风？"可是等到范进先生考取了举人之后，又是一番景观。范进先生正饿着肚子在市场卖鸡，一听他考取了举人，立刻就发了疯——真的发了疯。大家认为请范进先生平生最怕的人揍他一顿，才能开窍，于是想到岳父大人胡屠户，而胡屠户大惊曰："他虽然是我女婿，如今却做了老爷，就是天上的星宿。天上的星宿是打不得的。"好容易打了一巴掌，范进先生明白过来，胡屠户又曰："我常说，我的这个女婿，才学又高，品貌又好，就城里张府那些老爷，也没有我女婿这样一个体面的相貌。"接着张老爷（张府那些老爷的头目）来拜访范老爷（范进这时已脱离平民，进入老爷阶层，成了乡绅矣），送上五十两银子（胡屠户杀五百头猪也赚不了这么多），又送"三进三间"的高级公寓一栋。自此之后，有送田的，有送店铺的，有投靠当奴婢的，在科举坑道中只爬了一半，就不但大贵，而且大富。

科举坑道真是动人心弦，范进先生不过考取了一个"举人"而已，已享尽人间荣华富贵。如果爬到尽头，考取了"进士"，更成了一条龙。如果再一跃而起，中了状元，简直是杠上开花，又加一番。宋王朝时,进士及第的朋友,晋见皇帝的排场,成为当时一大盛典,以至有人叹曰:“纵然是统军大将,万里之外,灭国开疆,百战荣归,所受的欢迎,也不过如此。”其实,中国传统文化不崇拜英雄,只崇拜圣人。英雄们活着的时候不可能有电影上那种外国英雄凯歌归来,万人夹道欢呼,落花如雨的大场面。盖功高一定震主,震主就要砍头。只有对科举制度下从坑道爬出来,手无寸铁而脑筋僵化的人物,才肯放心把荣耀颁给他们也。

知识分子了解,如欲荣耀与实利一举两得,非爬科举坑道莫属。范仲淹先生有《严子陵墓》诗曰:“君为功名隐,我为功名来,羞见先生面,乘夜过钓台。”没有人责备范仲淹,他除了爬科举坑道外,没有别的方法。清王朝统治中国后,立即了解科举坑道的功能——能把知识分子搞成糨糊罐,所以入关不久就恢复了科举,叫知识分子往里猛爬。那些满洲鞑子知道,对汉民族知识分子最毒辣的手段,莫过于把他们驱入科举坑道。这个效果可大啦,一则幽默故事说,有一个知识分子气急败坏,手执笔砚(现在则是手拿钢笔原子笔矣),往北京狂奔,别人问他干啥,他曰:“我去参加‘不求闻达科’考试呀。”

科举坑道是攫取荣耀、接触权力和谋取财富的最佳途径,要想过关斩将,在激烈的竞争中,只好拼命读书。呜呼,读书一旦拼命,就属于恶补矣。历史上这种拼命读书的镜头,如囊萤,如凿壁,如映雪,如随月,都成了佳话(古之恶补,成了佳话,今之恶补,却要犯法,异哉)。他们拼命恶补的书当然是儒家学派的“五经”、“四书”,除了五经四书外,其他任何书都不读,盖科举坑道中只靠五经四书开路,读别的书徒浪费宝贵光阴。知识分子除了五经四书知识外,其他任何知识都没有,因为其他任何知识都不能帮助他爬出名堂,也就瞧不起其他任何知识。到了后来,连五经四书也不读啦,只读那些已考取了进士的人,他们在考场所作,并赖以考取的八股文——术语称之为“墨卷”。于是,除墨卷外的其他任何知识,也就是除了作八股文知识外的其他任何知识,全都是鸭子屎,不屑一顾。

我们庆幸旧科举坑道已被时代淹没,但又不得不悲哀它现在又借尸还魂,出现了新的科举坑道。这只要列一个古今对照表就可一目了然。古曰“秀才”,今曰“学士”。古曰“举人”,今曰“硕士”。古曰“进士”,今曰“博士”。古曰“功名”,今曰“学位”。古曰“墨卷”,今曰“考试大全”。古坑道由秀才,而举人,而进士。今坑道由学士,而硕士,而博士。知识分子一个个咬定牙关,双眼冒火,你挤我,我挤你,跌跌撞撞,在坑道中气喘如牛,一旦失手或失脚,跌了下来,就有粉身碎骨,哎哟一辈子之虞。当其勇猛向前也,“凄凉灯火映灰脸,汗珠烛泪滴衣襟”,古今辉映,无一不惊天地而泣鬼神。但因有绝大的利益在焉,所以结局仍然是父以教子,师以教弟,互磋互励,互劝互勉。报上常刊出一些有头脸人物的谈话,要年轻人不要往坑道里爬,不要以学位为重,不要以文凭为重。我想说这些话的朋友,真应该得诺贝尔瞒天大谎奖。事实上,他们本身差不多都已弄到学位(不管用的是啥妙法)。而且谈话完毕,回到家里,一瞧他的子女被他的真知灼见所感动,真的视学位如浮云,恐怕他阁下能气得马上就四脚朝天。君不见纪政女士和杨传广先生乎,以他们的能力和成就,跟对体育事业的贡献,当教授加三级都绰绰有余,然而,却因为他们不是打狗脱、马死脱之故,只能当助教。最有趣的是,教育官还振振有词,你瞧,这个新科举坑道,不爬行不行乎哉。柏杨先生年老色衰,无处投靠,费了九牛二虎之力,在一个学术单位,谋了一个研究员位置,一位教育官立刻义愤填膺,告诉我的顶头老板曰:“研究员者,在洋大人之国,乃教授之尊,怎么能随便找个乱七八糟的老头来充数?你们以后要敦请几位打狗脱或马死脱,装装门面。”我老人家怕炒鱿鱼,当时一急,就撒了一裤子尿,以资纪念。噫,古之人也,不是进士,不能当宰相。今之人也,不是“二脱”,就只好尿裤子矣。

在这种借尸还魂的新科举坑道的威力之下,而想取消恶补,恐怕是瞎子点灯,白费。

28. 集天下之大鲜

在殖民地意识形态下，恶补理工，恶补英文，谁都挡不住。

殖民地的顶头上司是母国，殖民地意识是一种母国崇拜意识，和母国人崇拜意识，也就是洋奴意识。台湾虽然不是殖民地，但殖民地意识却似乎到处盎然。美利坚虽然不是母国，但对美国的崇拜，和对美国人的崇拜，却势不可当，成为世界上最新式的十大奇观之一。

殖民地意识下的教育，除了原有的科举坑道外，又出现洋科举坑道。在洋科举坑道中，台湾没有最高学府，只有"留美预备学堂"。傅斯年先生当年雄心万丈，要把"国立台湾大学堂"办成世界上第一流大学堂，该大学堂确实也曾一度誉满天下，即令现在，仍是台湾最最顶尖的大学堂之一，但它的功能，与其说为台湾培养人才，不如说为美国培养留学生。以致该大学堂的毕业生老爷，想找一个适当的工作，比拉痢疾都难。各家老板和各级衙门，一听说是台大毕业的，头就大啦。盖那些毕业生老爷，多则干一年两年，少则干三月五月，一旦奖学金到手，就拍拍屁股，远渡重洋。丢下干了半截的生活，谁受得了哉。于是，在美国就常常出现"全系大搬家""全班大搬家"的现象，不但自己惊奇，连洋大人也一并惊奇。

几乎所有的老爷老娘，只要自觉有点力量，都在为他们的儿女挖掘这种洋科举坑道，儿女也以被纳入这种洋科举坑道系统，为莫大荣耀。偶尔有些后生不愿出国的，老爹老娘就垂头丧气，认为儿女没出息呀没出息。即令出国，不能考取"二脱"，或仅弄了个马死脱，而没有弄到打狗脱，老爹老娘也要捶胸打跌，满面含羞，到处打听啥地方有水井，好往里跳。春秋时代，郑国君主姬寤生向他老娘发誓："不及黄泉，勿相见也。"如今则是老爹老娘向儿女发誓："不拿到二脱，勿相见也。”好容易辛苦奋斗，“二脱”并至，老爹老娘又有新的盼望，盼望儿女在美国生根落户，又是一番发誓：“如果回国，勿相见也。”然后，不管孩子在美国如何挣扎——打短工、洗盘子、大保艾、小职员，老爹老娘却在台湾，端起殖民地高等臣民嘴脸，傲视群伦。

洋科举坑道的魅力，能使人一辈子甘愿为它牺牲，永不悔悟。读者老爷一定还记得去年(1977)报上最热闹的一则新闻，一位年轻朋友万里迢迢，漂洋过海，前往美利之坚，追求“二脱”，一去十载，毫无音信。留在台湾的漂亮妻子，牵肠挂肚，终于精神失常，住进疯人院，两个无父无母的稚龄孤儿，也流落到收容所，而他阁下仍在美国苦读，不肯回来一顾。悲夫。

我们对这种现象，只是提醒一点，在如此强大的殖民地意识形态压力之下，恶补是洋科举坑道中唯一的法宝。尤其一切“文”“法”系统的学生老爷，到了西洋，英雄无用武之地，只好“苦海无边，回头是岸”，重新干起，改学理工，改学计算机。年龄大啦，记忆力颇不如前，又满肚子心事，除了凶猛恶补外，更无他法。有些学生老爷，未出国门，就先行下手，头悬梁，锥刺股，无一不触目惊心。君不见每年的留美托福考试乎，全世界考题都是一样的，时间也是一样的，只不过偶尔相差几天。好比香港是8月8日考，台北是8月10日考。然而，这就够啦，补习大国就有神通把香港的考题，空运来台，连夜恶补——千百人挤在一起，鬼影幢幢，臭汗漓漓，脸上面无人色，口中念念有词，那真是一个动人心魄的场面，于是一个个以高分当选。这时候，如果有人义正词严地加以取缔，恐怕有被揍掉假牙的危机。

殖民地意识下的社会，以母国的语文为最高级、最尊贵和最神圣的语文。留华学生白安理先生，意大利米兰人也，在台湾八年，他发现他去店里买东西，讲中国话时，店员爱理不理，可是一讲英文，店员马上就变成了马屁精。以致白安理先生虽然中文呱呱叫，当买东西时，仍是用英文。呜呼，白安理先生也属于少见多怪，固不仅店员如此，他如果到高阶层打打转，恐怕他会发现英文更威不可当。今年(1978)6月24日台北《联合报》上，有一段新闻，一字不改，恭抄于后。

新闻曰:

台湾邮政的服务良好是出了名的,但是也有服务不周的时候,纽约州立大学校长约翰·托尔最近到台湾访问时,曾希望透过台湾良好的邮政服务,去约晤一位学生家长,却令他失望了。(柏老按:把“寄一封信”写成“透过良好的邮政服务”,以加强压力,可谓神来之笔,真得递佩服书。)

约翰·托尔校长,到台湾访问时,住在台北圆山饭店,他用英文写了一封信给他学生罗玉珍的家长,希望见面谈叙,结果因这封信未附注中文地址,由于时间耽搁,待罗玉珍的父亲罗明鉴收到信时,已过了约定,托尔也已返国。罗明鉴认为邮局把此信退回很不合理。(柏老按:好一个不合理。)

托尔校长于4月24日,随美国大学校长访问抵华,在27日写信给就读纽约州立大学罗玉珍的家长,约定29日下午七时见面叙谈,结果这封信五月初才送达罗玉珍家里。

罗明鉴指出,他收到信时,信封上虽加注中文地址,但邮局已加盖“退回”的戳记,上面并注明“寄交国内之外国邮件封面,应附注中文地址”字样,显然是此信退回圆山饭店后,再由别人加注中文地址的。

罗明鉴说,外籍人士不一定会写中文,邮局上项国内函件应注中文地址的规定,应仅指国人相互间通信而言,对外籍人士投寄未附注中文地址的信件,照理仍应立即按照所写英文地址投送。

台北邮局人员表示,此信可能是被邮政人员误认为是国人投寄信函,以后决予改进。

这则新闻真是集天下之大鲜,罗公因未能及时晋见洋大人,失望后跳高之情,跃然纸上。邮局明明规定“寄交国内之外国邮件封面,应附注中文地址”,罗明鉴先生却解释为“应指国人相互间通信而言”,“对外籍人士投寄未附注中文地址的信件,照理……”呜呼,照理,真不知道照的是啥理。一封英文信寄出,邮局老爷是不是都要拆开瞧瞧,如是洋名就照寄,如是单音节就退回乎哉。有些华裔的美国人,如台湾原子科学家孙观汉先生,行不改名,坐不改姓,一直用的是K. H. Sun,根本没有洋名,邮局老爷又如何分辨乎哉。如果只看信封,又怎么知道他是“外籍人士”和“内籍假洋鬼子”乎哉。这还不说,中国人在美国用中文写信,行耶?不行耶?阿拉伯人在台湾用阿拉伯文写信,泰国人在台湾用泰文写信,又是行耶?不行耶?邮局老爷迫不及待地承认错误,真不知错在哪里,误在何方。又拍胸脯保证改进,更不知哪里可改,啥地方可进也。

我们对这种现象,没啥可说,只是提醒一点,在如此强大的殖民地意识洋奴意识压力下,对“母国”的语文,不努力恶补,不但受不到尊重,恐怕简直寸步难行。更明显的一件事是,大人先生讲话,无论是在讲台上、会议场上,或是朋友之间瞎聊,如果五分钟还没有夹一个英文字,柏杨先生就输你一块钱。这种汹涌的趋势,足使恶补的兴隆——恶补理工、恶补英文,不要说法令挡不住,纵是天上打雷,也挡不住。

29. 自我牺牲

专栏作家域外人先生,我对他是十分佩服的,可是最近却有点不太佩服,原因是今年(1978)9月3日,他在《中国时报》上一篇大作《孝道与色情》,拜读之后,不禁急曰:“夫子于此少商量矣。”

域外人先生曰:

我有一点怀疑,是否孝道的传统观念,可能导致某些社会问题。中国传统讲究孝道,如果家庭贫困,父母不能维持这个家庭,子女就有责任牺牲自己,来维持家计和延续家族的存在,这是农业社会的习惯。今天台湾色情泛滥的问题,未始不是孝道观念所产生的反面影响。根据我个人小小的调查,许多女孩子沦入风尘,原始动机都是为了帮助家用,或因父亲经商失败,或因母亲患病,或因家庭筹不出弟妹学费,总之,是为了孝道。她们离家出走,通常是留下一封信,先投奔亲戚,找事无着,一急之下就掉入色情陷阱。但因待遇不错,先还挣扎一阵,慢慢也就习惯了。后来越陷越深,帮助家用成为部分借口,虚荣心也越炽,就无法自拔,这是非常典型的规律。但如果在我们"二十四孝"的道德样板里不曾鼓励这种子女自我牺牲的精神,我怀疑有许多类似的事件,是否可以避免。

当然,这里面的问题很复杂,十七八岁少女,多半不愿从事待遇低微而刻板的工作。家道中落时,她们也多半不愿再住在家里,面对牛衣对泣的父母。为了逃避这种心理压力,离家出走成为解决的办法——至少这样,她们不必面对父母的愁容。而孝道的传统观念,又给予她们一个解释自己行为的借口。所以这不全是孝道的错,但孝道的传统观念至少助长了这种做法。

要扑灭色情,最积极有效的方法,显然是禁止商人出入色情场所。消极方面,也许我们必须重新检讨,孝道在现代社会的意义,至少自我牺牲式的孝道是不值得鼓励的。圆山饭店和其他各地不少民众活动中心,仍画着"二十四孝"故事,这些模式在今天已无多大意义,似乎可以取消。在教科书里,我们也不宜再强调牺牲式的孝道。

抄到这里,几乎把全文抄了一半,所以绝不是断章取义。

域外人先生认为:"台湾色情泛滥,未始不是孝道观念所产生的反面影响。"把"色情"跟"孝道"结合成为因果关系,似乎是搭错了线。色情泛滥的原因很多,但怎么拉也不可能拉上孝道。洋大人之国没有孝道这个名词,色情泛滥却比台湾厉害。夫孝道就是厚道,厚道就是自我牺牲,这是一种最高贵的情操。当我们的朋友倒了大霉,出了车祸,压断双腿,需要输血时,我们应该抱自我牺牲的精神,卷起袖子,输血相救乎;或是在旁拍拍巴掌,假装没看见,一走了之乎。柏杨先生相信这两种人都有,不知域外人先生认为应该鼓励那一种人。

我想域外人先生铁定地会卷袖而上，不会一走了之也。

对朋友尚肯自我牺牲，连血都送出大门。那么，眼看着老爹陷于绝境，眼看着老娘在病榻上呻吟呼喊，眼看着弟弟妹妹缴不出学费，瑟缩地躲在墙角，做女儿的又该如何才好？当她不得不放弃学业，远离膝下，战战兢兢，出外谋职时，这不是农业社会的习惯，而是爱心，而是天性。我们对这种女孩充满了怜悯和尊敬，嘲笑她这样做不应该，她又怎么做才应该耶。这时如果一位歌厅老板愿出十万元巨金雇她，而这十万元足可救娘亲一命，她应该穿上歌衫耶乎，抑或仍坚决地非上学到底不可，任凭娘亲呻吟喊到死耶乎。孝女的眼泪滴滴都是珍珠，孝女沦落后的眼泪，更滴滴都是血，不容我们轻视，更不容我们诬蔑也。

任何做坏事的家伙，都有他的借口。吾友汪精卫先生当了天下最大的汉奸，他的借口却是"救国"，我们不能因之认为救国助长了卖国，而把救国当作汉奸的根源。风尘女郎即令用孝道作为借口，我们同样不能因之就把孝道斩草除根。台湾风尘圈老奶，包括欢场、娱乐场，以及歌星、影星、舞星等等各种之星，她们诚如域外人先生所说，大多数都是因为家庭贫困，才走上那条看起来光芒四射，实际上却步步坎坷的道路，我们还没有听说正在念打狗脱的千金小姐，把书本一扔，登台大扭其杨柳细腰的。风尘圈是社会各行业中最黑暗的一种行业，如果不是家庭贫困的可怕压力，很少人——尤其是女孩子，能忍受下去。然而，据柏杨先生的观察，风尘圈也是孝女最多的行业。绝大多数女郎，在泪尽尊枯之后（尊枯者，自尊心枯竭也，这是一个悲惨的屈服），手里稍为有点血泪银子，第一件事差不多都是给爸爸妈妈买一栋或几栋楼房，第二件事就是供弟弟妹妹上小中大各种学堂，甚至外洋学堂。她们不是用孝道做借口，而是对孝道的实践。这比有些高等知识分子，为了自己一个人的功名前途，榨干全家，远走美利之坚，留下老爹老娘在台湾贫病交迫，哀哀无告，是哪种人可敬，哪种人可耻乎。是哪种行为值得鼓励，哪种行为值得谴责乎。

域外人先生责备："十七八岁少女，多半不愿从事待遇低微而刻板的工作。"呜呼，不愿干待遇低而刻板工作的，又岂止十七八岁的少女哉，又岂止家庭贫困的少女哉。恐怕天下所有的人——包括域外人先生和柏杨先生在内，都不愿从事待遇低而又刻板的工作也。只用来强调少女的特性，有欠公平。不过这些都是枝节，主要的是，任何崇高的道德行为，都含有自我牺牲的因素，删除了自我牺牲，固没有了孝道，也没有了厚道，而且没有了爱，道德就成了一句空话。如果做父母的拒绝自我牺牲，幼婴势必死光。如果做朋友的拒绝自我牺牲，人际之间势必像沙粒一样冷漠。如果做夫妻的拒绝自我牺牲，世界上将没家庭。如果做国民的拒绝自我牺牲，恐怕根本没有国家。《哥林多前书》曰："没有爱，什么都毫无价值。"而自我牺牲，即爱的能源。中国人最缺乏的正是这种自我牺牲精神，即令不鼓励，也不宜打击。对自我牺牲的任何人，尤其对自我牺牲的孝女，我们只有崇敬，何至忍心嘲弄也。

然而，柏杨先生却同意域外人先生取消"二十四孝"的卓见。

提起"二十四孝"，我去年(1977)就嚷嚷过，那种连白痴都骗不了的玩意儿——域外人先生高估了它的力量，一直到今天竟然还有人以为可以骗二十世纪的后生小子，脑筋不是糨糊是啥。其中最奇异的莫过于被称为虞舜帝的姚重华先生，儒家大亨为了捧他是第一等顶尖大孝，不惜狗血喷头(可不是狗头喷血)，硬把他爹姚老头形容成一个狼心狗肺，整天想害死亲生儿子的凶手，把他老弟姚象先生形容成一个弑兄奸嫂的畜生，这太超过现代人感情的和知识的领域。王祥先生更是一绝，老娘冬天想吃鲤鱼，偏偏河水结冰，他阁下就来一个三脱，光屁股躺到冰上，打算把冰融化，好下手捉鱼。如果冰薄，他还没躺下哩，咯吱咯吱而后忽冬一声——咯吱咯吱者，冰裂开也；忽冬一声者，掉下去也，他就活不了命。如果冰厚，承受得住七八十公斤，他阁下以三十七度的体温，去融化零下十度二十度三十度的厚冰，恐怕需要三千年。柏老建议不服气的读者老爷不妨去买个冰块握在手里试试，看你融化的进度如何，那简直比握一块火炭还要严重,如果你握了五分钟还能咬住银牙不哎哟,我就输你一块钱。柏杨先生就曾经隆重地坐过冰块,那不是刺骨的冷,而是刺骨的痛——眼泪都流不出来的痛,宁愿被绞死被剥皮,浑身抖成一团的痛。可是王祥先生却卧冰卧得十分舒服,不但舒服,而且真的把冰卧出一个窟窿,跳出一条倒霉的鲤鱼。至于郭巨先生,更是禽兽不如,嗟夫,虎毒尚不食子,而他阁下夫妇,却忍得下心肠,把怀中的亲生幼儿活埋,不但他妈的,简直狗娘养的,叫大家都去效法他,这世界将成个啥。

“二十四孝”是酱缸文化的产物。僵化了的孝道,阻碍真正孝道的发展,那是历史上的污点,不是历史上的光荣。

大男人沙文主义

提　要

柏杨说，男女之间的爱情是永远讨论不完的，所以他持续这个话题，谈同居、婚姻制度、旧社会及现代社会中丈夫对妻子所采的“孤立主义”、女人唯夫史观的建立，以及离婚。他说，女权是人权的一部分。

旧瓶新酿的还有医生这个话题，柏杨除了再写恶医、良医之外，对中医的现代化亦提出看法。

此外，《中国人史纲》出版后所引发的批评和种种疑问，柏杨亦做了一些解释和答复，对平民治史的动机和目的重新申述。

序

又要写序啦，对一个出了五十几本书，写了五十几篇序的爬格纸动物而言，实在望序生畏。无他，好话已经说尽，阳肚枯竭，已没啥可再锦上添花的矣。但似乎仍不能不写，盖一本书如果没有序，就跟一个人没有头一样，简直既别扭又不像话。

本集收集的是1978年11月至1979年10月，一年间在台北《中国时报》上发表的大作（只有《我的生活》一篇，刊于高雄《民众日报》）。想当年五六十年代，柏杨先生气吞山河兼聋子不怕雷，每三个月，顶多四个月，就出一个集子，以致朋友们讶曰："老哥，你在办定期杂志呀。"现在整整一年，才只有这么一点，自顾形惭，未免有不堪回首之感。有人说我太老啦，呜呼，太老倒不太老，不过一点点老罢啦。

这一年间，风调雨顺，国泰民安，柏杨先生的财富，也有突破性的发展——昨天去百货公司买袜子，一买就是两双，雄风固不减当年。特此宣告于世，门缝瞧人的朋友，再瞧我老人家时，可要仔细。

千言万语，只不过请贵阁下掏腰包。天之降多大任于贵阁下，完全看你买敝大作多少为定，勉之勉之，有厚望焉。

是为序。

1979年11月于台北柏杨居

1. 是会变的

天下只有一件事，虽经过沧海桑田，天翻地覆，千讨论万讨论，讨论到世界末日也讨论不完的，那就是男女之间的爱情。随着经济演进和社会结构的不同，以及当事人的文化内涵和生活背景的不同，问题也越层出不穷。

《时报周刊》国内版记者元玑女士，曾在今年（1978）8 月间，访问我老人家，叫我就它们的"听名人谈爱情"专栏，发表发表高论。我一听我竟然被封为"名人"，不禁大喜若狂，当时就硬拉她到豆浆店吃了一顿烧饼油条，隆重地报答她提携栽培之恩。那篇访问记于 9 月 17 日出版的该刊第二十九期刊出，题目豪华，曰：《听听柏杨的名言：爱情的诺言不是支票，是便条》、《爱情——糊涂的代名词》。立刻我就飘飘然兼然然飘，不过她阁下竟然直称我的御名，而没有加上"先生"二字，使我生了一肚子闷气，看样子那顿丰富的筵席算是白请啦。

这且按下不表，表的是我对爱情的看法，事过境迁，对于该访问所写的（当然是我自己哇啦哇啦讲的），我想对某一部分作一点修正——例如对"结婚"和"同居"，不仅作一点修正，简直作二三四点修正。吾友梁启超先生曰："我不惜以今日之我，向昨日之我宣战。"柏杨先生觉得死不认错固是一种美德（现在有这种美德的人，车载斗量，多如驴毛），但偶尔效法梁先生，口吐真言，也不能算严重缺点，不知道贵阁下然否乎也。

男女同居而不结婚的风气盛行，是柏杨先生去年（1977）回到台北后，所面临的新生事物之一。最初是吓了一跳，继之是见怪不怪，其怪自败，但心里总有一个疙瘩。这种事情，如果发生在五十年前，没有结婚的男女住在一起,同床共枕,勾肩搭背,俨然以夫妻自居,恐怕早被活活打杀。即令发生在十年之前,大家也会侧目而视,舆论沸腾,出门时说不定被顽童照后脑勺就是一石头。可是现在人心大变,大变人心,大家对他们连一眼都不肯多看矣。有一天,我问一位跟她男朋友同居已三年之久的老奶为啥不结婚,她曰:“结婚干啥?”这一问使我一愣,她看柏老的学问并不像她想象中那么伟大,就急忙解释曰:“别食古不化,结婚跟同居固一样的也。”我反攻曰:“结婚跟同居既然是一样的,为啥不结婚?”她曰:“结婚跟同居既然是一样的,为啥要结婚?”我想了半天,虽然满腹经纶,一时也无法抵挡,但心里总不服气。盖还是老话,既然是一样,结婚至少不比同居坏,同居也至少不比结婚好,而结婚却可以增加安全感,结婚后的家,才是生命的根。不结婚而同居,在传统上称之为“轧姘头”,形容它既不易稳定,而又不易持久也。所以柏老赞成结婚,那是人类进化的一个里程碑兼人类文化的一个结晶。

然而,这几个月来,一连串碰到了七八个奇怪的婚姻——说它奇怪,是我老人家嘴下留情,事实上是一连串碰到了七八个恐怖的婚姻,使人毛骨悚然。终于发现同居而不结婚,也有它的实际价值。前面那位老奶一口咬定“同居跟结婚是一样的”,反而淹没了真相,自己摧毁了自己的理论基础。假如结婚跟同居果是一样的话,拒绝结婚只不过强词夺理,用以掩饰内心的某种彷徨和恐惧。问题是,结婚跟同居不一样——不一样就是不一样,“同居”才有资格向“结婚”挑战。

结婚固然带给当事人安全感,但也带给当事人束缚。——实质上,安全感的意义就是束缚,没有束缚,哪里来的安全感哉。反正咱俩已经拜过花堂,按过脚模手印啦,你要想甩掉老娘,可没有那么简单,法律和舆论都是站在奴家这一边的。这是对老奶而言,对臭男人,则话的内容改两个字就行,反正咱俩拜过花堂,按过脚模手印啦,你要想甩掉老子,可没有那么简单,法律和舆论都是站在俺这一边的。

我们当然希望世界上每一对夫妇都恩恩爱爱，都白头偕老，谁也别甩掉谁。但人类是唯一会变的动物，这可不是指形态上会变，小蝌蚪游来游去，有一天忽然生出四条腿来，变成一只乱跳乱叫的青蛙。一条使女人娇声尖叫的小毛虫，爬来爬去，有一天忽然长出翅膀，变成了满天飞，人见人爱的蝴蝶。这些形态上的变，人类可没有这种本领。人类自吹是万物之灵，在这方面只好自顾形惭。从娘胎呱呱坠地，生出来两条尊腿，到死都是两条尊腿（除非出了可观的车祸，被干掉了一条）。生出来两只胳膊，到死都是两只胳膊，我敢跟你赌一块钱，任凭你法术无边，绝不会再长出一条胳膊来。所以我们说的变，不是架构上的变，而是心理上的变，意识形态上的变。

心理上的和意识形态上的变，是人类所独占的特质，其他动物就没有这么复杂。从小猫成长到老猫，习性一贯（老猫不过比较懒得再抓老鼠罢啦）。从小狗成长到老狗，习性也一贯（老狗只是很少再有兴趣闻声而吠，偷咬穷朋友的小腿）。但人类不然，不但女孩子在变，男孩子也在变，不但中年人在变，老家伙也在变。这些变研究起来，都有脉络可以追寻，也都有连锁过程可以分析。但那都是事后有先见之明的人干的勾当，实践时很少派上用场。贵阁下在一个恰当的场合中，遇到一个千娇百媚，腰缠万贯，学富五车，对你倾心兼崇拜，百依兼百顺，你晕头转向之余，忽冬一声就掉到爱情的深井里，抓还恐怕抓不牢哩，研究分析个屁。

吾友汪精卫先生，想当年刺摄政王，“引刀成一快，不负少年头”，何等英雄！后来却当了大大的汉奸，这一变变得太厉害，叫人招架不住。吾友寒雾女士，她在学堂念书的时候，跟另外两位女同学感情至笃，柏杨先生曾称之为三剑客。三剑客之一的一位老奶，一提基督教就火冒三丈，有一次几个同学乘车郊游，在车上抬起基督教的杠来，话不投机，她阁下在中途就坚持下车，当车不停时，她就要往下跳，吓得一群老奶哭爹叫娘才把她抱住。可是五年前她去了美国之后，忽然间信了吾友耶稣，这一信就惊天动地，如疯如狂，以致寒雾女士连封信都无法跟她交通，该老奶满纸都是“哈利路亚”，简直插不上嘴。

柏杨先生另一位朋友的儿子老爷,在大学堂之时,英姿焕发,办杂志,组社团,读训导主任瞪眼的"邪门"之书,好友如云,豪气千秋,天塌啦都敢顶住。十年不见,前几天一见,竟然是另外一个人。他阁下一出校门就做生意,发了大财,三句话就有一个"钱"字,而且以"钱"作为衡量价值的唯一标准。他本来叫我"伯伯"的,因我的银子太少,现在的称呼已改为"老头"矣(我想,我如果想恢复"伯伯"的身份,恐怕得跟洛克菲勒先生结点亲)。最精彩的是,他深有"悟以往之不谏,知来者之可追。实迷途其未远,觉今是而昨非"的沉痛觉醒,认为过去都是年轻不懂事时的瞎胡闹,钱才是唯一的生命内容。又斜着眼教训我曰:"老头,你辛辛苦苦写稿,能赚几文?我往证券交易所一个电话,抵你写一辈子。"我洗耳恭听,连嗝都不敢打。

我们现在讨论的不是"是""非"问题,而是"变"的现象问题。总而言之一句话,人的思想和意识形态是会变的,至于如何变,啥时候变,变向何方,不但局外人不知道,连自己都不知道。诋之为"随波逐流"也好,颂之为"适应时代"也好。反正是,人是会变的动物。

把两个会变的动物——一男一女,用结婚的形式拴在一起,而且一拴就是十年二十年,甚至五十年六十年,那简直是世界上最大的冒险。如果男女同时都朝一个目标变——这种情形并不罕见,所谓"一条被盖不住两样人",夫妻间是互相影响的,不仅影响思想,影响意识形态,有时候甚至还影响长相,那当然甚妙。可是,如果一个变一个不变,或一个往东变,一个往西变,那麻烦可就大啦。当思想的和意识形态的层次越来越有距离时,爱情就会越来越消失。如果两个人只是同居关系,那就比较好办。如果是结了正式之婚,恐怕要脱层皮。

2. 爱情效用递减律

我们上次讨论人类的思想形态是会变的。陈韪先生曰:“小时了了,大未必佳。”同样的,“小时混蛋,大未必不佳”。吾友爱因斯坦先生在读小学堂时,算术就不及格,以致教习肯定他将来能有碗饭吃就三生有幸啦。吾另一友文天祥先生年轻时就花天酒地,除了美女醇酒外,对啥都没有兴趣,可是一旦国家有难,他却起兵勤王,而且在兵败被俘之后,又从容就义。

人类的理智系统固然会变,人类的感情系统更会变,而且比理智系统变得更厉害百倍,盖感情的特质就是不稳定和不一贯,如果它可以始终稳定和可以始终一贯,那就不是感情人,而是木头人矣。贵阁下看过电视剧《根》乎,两个小女孩从小在一块玩,亲密得像一对同胞姐妹。可是一旦白女孩成长到能够分辨她的玩伴是一个黑女奴时,她立刻就端起来奴隶主的架子。四十年后,当她们再度相遇,黑女孩仍怀念儿时的纯真,白女孩却早忘了个净光。黑女孩(当然,现在她们都是老太婆矣)把唾沫吐到白女孩的水瓢里,这唾沫代表她的愤怒,也代表她的悲哀,我想她内心会向上苍呐喊:“友情,友情!”

友情是感情的一种,爱情是感情的另一种。呜呼,哪一对离婚的夫妻,想当年喜气洋洋、大宴宾客、相对三鞠躬时,不是爱得要疯要狂哉。柏杨先生从前接到朋友寄来的喜帖,记下酒席的时间地点之后,就一扔了之。现在我却把它保存起来,保存起来不是准备五千年后当古董卖个好价钱,而是我要慢慢地观察这个婚姻,看它能维持多久。等他们有一天闹到公堂,互相把对方骂得一文不值时,我就把该喜帖原封寄上,发发他们思古的幽情。

——柏老这些时忽有奇想,我打算办一个“离婚展览会”,把一些离婚夫妇想当年的结婚喜帖,一一亮相。一份喜帖一个专柜,附带陈列想当年笑逐颜开的一些结婚照片,如果有想当年恩爱的文章和恩爱的谈话(像作家和电影明星之类,这类文章和这类谈话,浩如烟海),当能引起不少人的深思。

爱情是会变的,谁要是不相信这句话,谁就得付出不相信这句话的代价。正因为它是会变的,所以热恋中的男女,谁都不敢肯定对方不变,最恐惧的也是对方忽然冒出孙悟空先生的武功。所有海誓山盟和海枯石烂的誓言,千句话、万句话,再加上一百万封情书上的话,不过两句话:“俺到死也不会变,你到死可也不要变。”有些情侣既没有自己不变的自信,也没有信心相信对方会老实到底,彷徨之余,甚至乞灵于耶稣基督和观世音菩萨。曾有一对年轻男女,特地跑到庙院里,在地上铺满烂砖碎瓦,光着双膝跪在那里,血流如注,对神明立下血海大誓。结果还算不坏,结婚结了十年,生了一个女儿,然后离婚如仪。唯一爱情不变的证据,是膝盖上的两个疤。

感情是情绪的累积物,一个人的情绪一天就不断地横冲直撞。早上起来,对镜自照,容光焕发,一副前途不可限量的模样,不由得心花怒放。一进办公室,老板板着晚娘脸正在找碴,懊恼起来,不由得心里骂曰:“干你老母。”下班之前,接到如花似玉电话(对老奶而言,则是接到青年才俊电话),约会“老地方”相见,立刻哼起流行洋歌,觉得这世界真是可爱。可是第二个电话却是大嗓门讨债精的,逾期不还,拳头出笼(柏老就常有这种艳遇),于是一肚子气,深感人心不古,世道陵夷。如果再有严重节目,好比说,警察局通知“约谈”之类,那就更如丧考妣,想一想,地球还是马上崩掉算啦。

爱情旺盛时炽热如火,低潮时若隐若现,消失时像幽灵一样无影无踪。爱的时候,连体臭也是香的,不爱的时候,就是跳到香水缸里泡三天,仍要掩鼻。有一位老奶每天睡觉时都要握住丈夫的手,否则就睡不着觉。另一位男人,每次看见他妻子穿高跟鞋走路的姿态,就情不自禁。可是到了后来,四口同声地懊悔不迭曰:“我当时怎么瞎了眼呀。”前些时电视长片演出《亲爱的》,女主角是一位强哉骄型老奶,在一个穷作家跟一个意大利伯爵之间,努力选择,结果意料中地选择了伯爵,因为伯爵拥有她所追求的一切,当然除了爱情,盖有钱的男人很难甘愿被一个女人缠住一辈子的也。有一天,她大气之下,跑到英国,去跟穷作家幽会,颠鸾倒凤一夜之后,穷作家坚持送她回罗马,女主角哭得一枝梨花春带雨,发誓曰:“我对你每一刻都是真的。”穷作家叹曰:“我相信你每一刻都是真的。”那就是说,每一刻的前一刻,和每一刻的后一刻,却都不是真的也。嗟夫,在爱情的领域中,真的难以持久,假的也难以持久。

因为人类思想的、意识形态的,以及感情的会变,影响男女结合的稳定性。所以产生了结婚制度,希望这个制度像孙悟空先生的金箍一样,套到一男一女头上,使他们不能变、不敢变,至少使他们的变减少到最低限度。这个制度几千年来果然大发神威,为夫妻们带来了相当的安全感。但它也有猛烈的副作用——为夫妻们带来了说不尽的悲剧。

吾祖柏拉图先生大著《理想国》,主张共妻制度(另一个角度来看,也就是共夫制度)。这可说明在公元前五世纪时,结婚制度已出了非同小可的毛病,这毛病促使一位伟大的哲学家,为男女的结合,另起炉灶——反对结婚而赞成同居。当爱情存在时,爱情的力量是世界上最强大的力量之一,它可以使人死,也可以使人活,它可以使人承担起他平常承担不起的压力,也可以使人做出平常做不出来的怪事——偷、抢、骂大街、亮凶器(不一定杀别人,大多的时候是自己抹脖子)。可是一旦爱情插翅飞走,连看一眼都恨入骨髓,而两个人却被结婚制度硬生生地绑在一起,结局只有两个,一是含恨终身,郁郁以殁。一是白刀子进,红刀子出——老奶比较文明,可能只在丈夫茶杯里放点巴拉松。

主要的变,是内在的变,一种先天性身不由主的变。上帝赋给人类的特质中,有“日久生厌”和“喜新厌旧”两项元素,这正是人类进化的主要动力,但适应在爱情上,却像一个每隔一段时间就要爆炸一次的核子弹。一个貌如天仙的老奶,能使天下所有男人为她发癫,也能使她的丈夫在前十年为她如醉如痴，但不敢肯定她能使她的丈夫十年后仍保持原来热度。经济学上有效用递减律，爱情学上同样地也有效用递减律。一位年轻妻子抱怨她的丈夫："我穿再漂亮的新衣服，你连一眼也不看。"丈夫曰："当一个人知道包裹里是什么时，看那包装纸干啥？"这话叫人伤心，但这还属于轻一层的。游泳皇后埃斯特·威廉斯的丈夫，拥有既美又富的娇妻，局外人想来，他真是祖宗有德，应该整天晕陶陶才对，可是他阁下仍然常去酒吧找野食，往往打得头破血出，发上报纸。中国皇帝刘彻跟英国国王亨利二世，后宫美女如云，他们却跑到外面乱搞。于是老奶遂破口大骂天下臭男人没有一个是好东西。不过这件事只有在传统社会中，才由臭男人片面出丑，到了近代，老奶们气吞山河，心怀大志，视臭男人蔑如也，当丈夫的恐怕越来越走下坡。从前"老婆是人家的好"，现在似乎正向"老公是人家的好"道路上发展。

问题到今天所以严重的是，随着工商业的发展，社会的节奏加快，贵阁下如果看一些老电影，或电视长片之类，会发现十年前影片的情节和剪接，简直温吞水，受不了，受不了。社会的节奏加快，爱情的变化也跟着加快，不但老家伙们吹胡子瞪眼，不能适应，就是年轻的一代，首当其冲，也眼花缭乱，手足失措。

3. 从一部电影说起

最近台北上演了几部电影，都在探讨"结婚"、"同居"问题，其中的一部是《不结婚的女人》。

——用不着打听，它是外国片。台湾拍的电影也好，电视也好，大多数都在风花雪月和神怪中打滚（严格地说，中国没有武侠小说，只有神怪小说，电影电视更等而下之），虽然也有几部探讨社会问题的名片,可是又堆满了教条口号,把观众看成一大群呆瓜,如果不耳提面命,就看不懂。看外国探讨社会问题电影,就不必担心有这种起鸡皮疙瘩的镜头。它用情节显示一切,因之,柏杨先生推荐读者老爷,如果买得起门票,理应前往一观。

《不结婚的女人》,事实上是一个结过婚的女人。女主角在一家画廊担任打字员,大概四十岁左右,有一个十五岁的女儿,夫妻恩爱逾恒,安全、温暖、生活优裕。直到有一天,当她兴高采烈地跟丈夫商量如何如何度假时,丈夫却正色告诉她,他已另外有了女朋友,是一位比女主角年轻,只有二十五岁的女教习,而且决定先行同居。女主角一霎时天崩地裂,但她仍镇静地离开,走到她丈夫看不见的墙角,才大口呕吐。

这是一个转变,离婚像一把巨斧,把人生砍成两段,她要从砍断的地方重新学步。这事说起来写起来,稀松平常,做起来就千辛万苦,任何刚强的人都挡不住突然间呈现到面前的寂寞,以及迟暮之年,青春老去的恐惧。对爱情甜蜜的回忆只有更增加对爱情的厌恶;还有性欲的困扰,使她举目茫然,焦灼悲哀。她向心理医生诉苦曰:“我已七个星期没有 Sex 啦。”心理医生了解,那并不仅仅是 Sex,而是孤独的情意结,告诉她放弃内咎,去另外找男朋友。她吃了一惊,但心理医生曰:“人,总是人。”

于是女主角突然醒悟,不是醒悟她可以乱七八糟,而是醒悟到她的独立自我。当天晚上,她就去酒吧,找到一位过去曾经打过她主意,而她又瞧不起的家伙,直截了当地曰:“带我到你的地方。”之后,当该家伙邀请她明晚再来时,她平淡地曰:“我对你没有任何承诺。”不久,她跟另一位画家恋爱,情同夫妇,但她拒绝结婚——她不再相信结婚可以保障安全。她跟以前判若两人,一个时代的新女性诞生,她不再是贴到男人身上的狗皮膏药,更不是丈夫专用的“高级妓女”——受过高等教育,有高贵身世,丈夫喜欢时宠爱有加,丈夫变心时弃若破鞋的高等妓女。她心理上完全独立,跟臭男人一样的完全独立。

这部电影给我们最大的启示之一是,所有在电影上出现的女配角和男配角,都遭遇过婚变。只有一位老奶保持她的婚姻,但她付出的代价是,她必须含垢忍辱,用种种方法,对丈夫的外遇,假装不知道。夫工商业越发达,离婚的比率越高。不要说顶尖的美国资本主义社会,离婚率已达百分之五十。纵是后起之秀的台湾,也不得了。

离婚是一个古已有之的老问题,远在公元前二世纪,朱买臣先生因为太穷,贤妻大人就要求离婚。那时还没有"离婚"这个含意平等的名词,所以朱夫人要求朱先生把她"休"掉。以致演出京戏上《马前泼水》的故事,对不肯安于贫贱的老奶,倍加讽刺,并教育一些有反抗心的老奶,忍受到底,万勿蠢动。问题是,一个不能使妻子温饱的丈夫,却大言不惭地猛吹他将来一定会飞黄腾达,实在叫人生气。朱买臣先生幸而以后发达起来,但这种人却不一定非发达起来不可。我们无意讨论这件事的是非,而只是说,即令在古时那种非常不浮华不奢侈的社会,离婚照样出现。不但古之时也,连具有严厉反离婚的英国王室,最近也向时代屈膝。想当初,英王爱德华先生因坚持跟离过婚的辛普森夫人结婚,而被逐下金銮宝殿,成为人们最崇拜的"不爱江山爱美人"的一代情圣。可是到了今年(1978),女王伊莉萨白二世的妹妹玛格丽特公主,和女王的堂弟梅克尔亲王,却先后起义,把这个严厉的绝不容忍离婚的传统踢了个倒栽,把老公老婆,赶出大门。

反对离婚最激烈的莫过于天主教,教皇保罗六世在世时,躺在病床上,还发出正义之声,指摘离婚是"致命的道德堕落的指标"。然而就在他阁下御驾所驻之地,人口百分之九十是天主教徒的意大利共和国国会,却通过了离婚法案。使"意大利式离婚"——谋杀,成为历史名词。嗟夫,结婚的基础是爱情,爱情一旦乌有,基础已溃,而偏不能离婚,用法律和古老的道德来维持婚姻的虚架子,真是危险万状。丈夫也好,妻子也好,本来亲亲密密,如漆投胶,一旦成了摆不脱、甩不掉、打不烂的吸血蚂蟥,不仅是不必要的,也是后果堪虞的也。吾友王尔德先生曰:"男女因误会而结合,因了解而分开。"事实上有些人一直到离婚,对配偶都不了解,所以我们认为是这样的:男女由爱情上升而结合,因爱情消失而分开。当爱情上升时,谁都挡不住他们的结合,如果贵阁下跟一位如花似玉或青年才俊,爱得天昏地暗,要举行结婚大典时,柏杨先生拍马而上,嚎曰:"结不得呀!"我想准被揍扁,而且没有一个人同情我老人家的苦口婆心。可是,如果贵阁下跟对方的爱情消失,恨得咬牙切齿,非离婚不可,柏杨先生经过上次教训,觉得还是顺着贵阁下的心意为妙,帮腔曰:"对啦,对啦,离了好,离了好。"遇到卫道之士,砰的一声,把一项"破坏家庭"的帽子,扣到我尊头上,我这把老骨头,就有拆散的危机。

去年(1977)3 月,华盛顿两位美国佬利瓦伊兹先生,跟梅耶先生,互相交换杀妻。利瓦伊兹杀妻的目的是想跟另一位老奶同居,梅耶杀妻的目的是想得到美金十万元的保险费。这真是一件骇人听闻的手段,凶案于一个月后破获,两个恶棍自有他们的下场。然而,我们想到的问题是,用结婚制度来保护的那两位可怜的妻子,最后却反而因结婚制度得到惨死的结局(利瓦伊兹的小女儿也一并丧生),站在她们的立场,如果在离婚或被杀间选择,恐怕宁愿卷铺盖,也不愿挨刀。在这种情形下,竟然有保罗六世之流的卫道之士,英勇地攻击离婚是不道德的,心肠未免过度毒辣。只顾板着嘴脸出售自己认为的道德,不管别人的痛苦和生命,他自己不但是不道德的,而且简直是丧尽天良的也。

4. 大男人沙文主义

结婚制度主要的目的之一,是保护弱者(在过去,弱者当然指的是老奶),和保护下一代的儿女。但实行的结果,有时候似乎不但保护不了弱者,反而保护了蹂躏弱者的强者。阿拉伯世界,只要男人对女人说三声“滚”,女人就得“滚”。女人可不能对男人说三声“滚”,男人不但不会“滚”,恐怕还会拳脚交加。中国更不用说啦,首先是职业道德家一口咬定“女人是祸水”(这句话不知道是谁发明的,真应该推荐他得金脚奖)。有了这个坚强的哲学基础,儒家“大哼”遂颁布了“七出之条”,凡犯了七出之条中的任何一条,一律“休掉”。一曰:没有生儿子。二曰:淫荡。三曰:不能讨公婆的欢喜。四曰:搬弄是非。五曰:偷东西。六曰:嫉妒。七曰:得了恶疾。

所谓“休掉”,就是“离婚”。不过离婚是现代言语,含有平等意识,为“大哼”所不取。“大哼”取的是片面的“休掉”手段,可是,只准丈夫“休掉”妻子,却不准妻子“休掉”丈夫。朱买臣的太太只好逼着丈夫写休书,不能逼着丈夫离婚也。

从这七出之条可以看出,酱缸文化中,男人真是舒服舒服,老奶们不过是供老爷发泄性欲的工具,一不高兴,就扔到荒山野外,不但没有女权,更没有人权。所谓没有儿子,那就是说,仅只生了女儿也不行,盖“女人不是人”也。夫不生育的责任,男女两方,各占一半。有一则黄色小幽默可说明老奶对这条的反抗,丈夫抱怨妻子不生孩子,妻子曰:“这你就要检讨啦,俺在娘家就生过两个。”盖生不生孩子,女人不能独当一面,男人也应看看医生。尤其是只生女,不生男,跟妻子更风马牛不相干,而职业道德家却下得狠心,一推六二五,全推到女人头上。至于淫荡,言语模糊,如果是指通奸而言,还有话说。但看语气似乎并不如此简单,妻子跟丈夫的亲热镜头,都可能列入淫荡范围,女人就更死无葬身之地矣。

不能讨公婆欢喜,是传统孝道的一环,而传统孝道,如泰山压顶,能把人压得粉身碎骨。这一条在七条中,看起来最稀松平常,其实却是最残忍的一条。年轻老奶所受的是丈夫跟公婆的夹击,丈夫还有松懈的时候,一则他多少总有一点夫妻之情,一则一个正常的男人,白天总要出去工作,妻子还可以喘口气。而公婆也者,却像两个把熟了的老鹌鹑,不分昼夜地卧在巢里,专找陌生媳妇的碴——一想起她夺走了儿子,就牙齿痒痒。尤其是婆婆,把当初自己当媳妇时所受的活罪，原封不动，甚至花样翻新地回报给别人家女儿。谚曰："三十年的媳妇熬成婆。"很少人当了"婆"之后，能回想往事，为下一代解除那种当媳妇的痛苦。然而，这一条最可怕的不在这些，而在它能使臭男人可以随时借口"孝道"，横逞凶暴。圣人之一的曾参先生，就靠这一条，干掉了老婆。有一天，他的妻子为他的晚娘煮饭，没有把梨蒸熟，他就立刻露出"孝"的嘴脸，把妻子赶走。表面的理由是嫌她"不孝"，真正的理由是啥，我们就不知道啦。

在一般人印象中，搬弄是非似乎是女人的特技，驱逐出境也罢。不过搬弄是非并不是女人的专利，尤其不是妻子的专利。公婆二老闷得发慌，也会张家长李家短闲磕牙。臭男人的本领也不弱于老奶，坐在办公室，挤在咖啡店，咬耳朵、搭肩膀，泄泄甲先生的隐私，掀掀乙先生的底牌，造造丙先生的谣言。说的人口沫四飞，听的人又惊又喜。这种风景固举目皆是，却可安然无恙。偷东西是七出之条中最具体的一条，不必细表。但嫉妒就问题丛生，从前男人黄金时代，妻妾跟骡马一样，成队成群；而传统的道德规范却硬性规定她们不准吃醋，吃醋就挂牌开除，真是管闲事管到床单上啦。柏杨先生建议，最好把自称或被称为正人君子之类的职业道德家，七八个人编为一个小组，共娶一位千娇百媚，看看他们的表演如何，敢打包票，那一定大大的可观。

至于说得了恶疾便得走路，更显示出臭男人恶毒的一面。恶疾的定义是啥，也是言语模糊。如果指的梅毒，古之老奶也，除了跟自己丈夫外，很少有可能跟别的男人睡觉，一旦有斯疾也，一定来自丈夫，可是凶手无事，被害人却得吃上官司。如果指的砍杀尔，那么，在骨瘦如柴中，被赶出大门，恩爱情义，一笔勾销，纵是臭男人养了一条癞皮狗，也不忍心，对一夜夫妻百日恩的老奶，却认为可下此毒手，天理良心安在，悲哉。

——写到这里，柏杨先生内急，等到从茅坑凯旋归来，柏杨夫人一手提水桶，一手拿抹布，正在清理我的书桌。夫柏杨先生书桌的脏乱，名闻远近，她阁下突然觉得这样下去，有辱门楣，乃乘虚而入。但问题是，书桌虽然脏乱，却多少有脉络可寻，被她那么一搞，看起来明窗净几，心旷神怡，可是却打乱了原有的脉络，像扭了筋的大腿一样，寸步难行。这也找不到，那也找不到，气得我放声悲号，本来要揍她一顿，以儆效尤的，可是根据过去宝贵的经验，似乎以不动手为宜。因之，我想上个条陈给有立法权的朋友，最好在“六法全输”上加上一条——可称之为“一出之条”，凡老奶不经丈夫同意，胆敢擅自整理丈夫书桌的，不必经过告状手续，做丈夫的，有权把她阁下一脚踢出（如果老奶学过空手道，另当别论）。

一出之条是抗议文学的产物，七出之条是典型的大男人沙文主义的产物，职业道德家英勇地为中国人的道德，订下了双重标准。女人输卵管不通，不能生育，是犯罪的；男人输精管不通，不能生育，不但不是犯罪的，反而说那是女人的错。女人淫荡通奸是犯罪的，男人淫荡通奸不但不犯罪，反而是一项风流韵事，傲视群伦。女人不能讨公婆欢喜是犯罪的，男人不能讨岳父母的欢喜，不但不是犯罪的，反而被称赞为有骨气。女人搬弄是非是犯罪的，男人搬弄是非不但不是犯罪的，反而是见多识广。女人偷东西是犯罪的，男人如果偷啦，当然也是犯罪的，但处罚起来，轻重相差天壤。女人嫉妒吃醋是犯罪的，男人嫉妒吃醋不但不是犯罪的，一旦捉奸捉双，就可一刀二命。女人得了恶疾、不治之症是犯罪的，男人得了恶疾、不治之症，不但不是犯罪的，反而向女人倒打一耙。

呜呼，五千年之久，中国女人就在这种愁云惨雾中，求生不得，求死不能。不特此也，女人还要在历史上担任灭人家、亡人国的主要角色。被丑化了的夏桀帝姒履癸，跟商纣帝子受辛，他们明明是自己砸了锅的，却偏偏怪罪施妹喜、苏妲己。吴王国的国王吴夫差先生，是一个半截英雄，前半截英明盖世，后半截昏了尊头，兴起诬杀伍子胥先生的冤狱，结果兵败自杀。如此明显的兴衰轨迹，职业道德家却硬说都是他太太西施女士搞的。几乎无论是啥，凡是糟了糕的事件，都要由女人分担一部责任或全部责任。

在七出之条时代，臭男人有无限的权威，这权威建立在两大支柱上，一是“学识”，一是“经济”，结合成为生存的独立能力。女人缺少这些，只好在男人的铁蹄之下，用尽心机，乞灵于男人的肉欲。男人喜欢细腰，女人就活活饿死；男人喜欢大胸脯，女人就打针吃药，开膛破乳；男人喜欢纤纤小足，女人就拼命地缠——以致骨折肉烂，构成一半中国人是残废的世界奇观。

然而，前已言之，到了二十世纪，老奶接受了教育，有了经济独立能力，一个个生龙活虎，强而且骄，臭男人开始觉得有点罩不住，只好随波逐流，扬言他本来就是主张男女平等的，但心窝里残存着的大男人沙文主义，仍阴魂不散，不时地蠢蠢欲动。总觉得口号归口号，实践归实践，家里总不能两头马车呀。于是，人格分裂，一方面认为老奶要现代化，学问庞大，仪态万方，既猛赚银子，又光芒四射。一方面又认为丈夫仍是一家之主，仍要老奶保持七出之条时代侍奉丈夫的传统美德。丈夫回到家里，高喊累啦，跷起二郎腿，天塌啦也不理。妻子回到家里，一样累啦，却不能喊累，仍要给丈夫端香茶，拿拖鞋，递纸烟，赶蚊子（假设有蚊子的话），然后下厨房，举案齐眉，喂饱之后，又要洗碗洗筷，打扫清洁，给丈夫放洗澡水，铺床叠被。否则的话，臭男人轻则怨声载道，重则暴跳如雷。经济独立后的老奶，表面上看起来解除了一道枷锁，实际上却换上了两道枷锁。丈夫表面上失去了七出之条，实际上却仍高踞山头，称王称霸。

这种大男人沙文主义的残余幽灵，制造出来的社会问题，正与日俱增。

5. 三靠牌

大男人沙文主义，跟一十年代哈尔滨的白俄一样，在街上他是马车夫，回到家里他是爵爷，恢复宫廷礼节，仍摆出他那日落西山的贵族架子。现代社会结构,使除了少数富豪之家外,绝大多数的家庭,男人已无法一个人负担家庭生计,不得不由妻子出外工作,赚银子回来;如果稍微有点浩然之气,自命为一家之主,而今上不足以奉父母,下不足以养妻子,早就该跳井才对。可是臭男人残余的顽劣根性,不是短期可以治好的,却跟白俄朋友一样,不但不跳井,反而在沦落成今天这个样子之后,仍要关门摆谱,过过爵爷的瘾。

我们最常听到的是爵爷们挂在口头上的话是:"我给你带孩子带一天啦。"呜呼,这真是新鲜,孩子是两个人生的,父母的责任当然一半一半,但在爵爷尊脑里,妻子带孩子天经地义,他阁下偶尔插手抱一抱,就皇恩浩荡,妻子必须杀身以报。前些时,一对夫妇吵架,把柏杨先生召去评理,该爵爷慷慨激昂曰:"我在外面,从不玩女人,真是守身如玉,这种丈夫怎么样?"老奶也慷慨激昂曰:"我在外面,也从不玩男人,真是守身如玉,这种妻子怎么样?"该爵爷从没想到老奶会冒出这种针锋相对的话,瞪了一会儿眼,吼曰:"柏老,你看这算啥话。"我曰:"这算啥话?这算人话。你说的话,才是狗龇牙话。"臭男人认为他只要不玩女人,就是恩重如山,可进圣人庙吃冷猪肉啦(其实,谁晓得他背后干啥,有些只是没有钱玩,有些只是没有老奶爱他,急得乱跳)。而妻子不玩男人却理所当然,不值一提。盖大男人沙文主义在肚子里作怪,便身不由主地露出嘴脸。这是一种自私根性,一种不把女人当人的酱缸根性。

今年(1978)7月30日,台北《联合报》载有花莲县一则新闻,恭抄于后:

不久之前,防癌协会曾为一位妇人作切片检查,发现有可疑的病变细胞,于是通知她到医院再作检查,但没有结果。这次阳明医学院学生找到她,才知道她没有再接受检查的原因。访问的学生当着她和她丈夫的面说,很可能癌细胞已扩散到乳部,应该立刻治疗。妇人怯怯地问:"开刀大概要花多少钱?"访问的学生说:"早期的话,约三四万元。如果已经扩散,可能要十几万元。"一直闷不吭声的丈夫却大声说:"十几万元开刀费?我宁可再娶一个!"

下文如何,我们不知道,社会没有反应,政府也相应不理,恐怕那妻子只有辗转哀号,死在丈夫之手。如果这件事的男女主角调换一下位置,千娇百媚在旁大声曰:“十几万元开刀费?我宁可再嫁一个。”恐怕全国臭男人会一哄而上,活剥她的皮。这位丈夫的恶毒心肠,不是突发的,大男人沙文主义都具有这种心肠,不过有些修养好,有些运气好,没有露骨地这么脱口而出罢啦。

不仅中国如此,洋大人之国也如此,美国女权运动,似乎是全世界崇拜的对象,可是就在他们国度,据参议院的调查,结婚后的老奶,遭受虐待的人数,竟高达五百万人,占美国人口四十分之一,占美国女性二十分之一,占已婚女性十分之一——那就是说,十个美国的洋太太,就有一位洋太太在经常挨揍中过日子。据参议院统计,在执行任务时殉职的警察,其中有五分之一,都是因为干涉老爷揍老奶时,断送老命的。以致参议院特地于今年(1978)8 月 1 日,通过一项为期五年的一亿五千元美金的授权法案,用以防止妻子们在遭受毒打或其他家庭中的暴力事件。

——嗟夫,女人,你的名字是:可怜虫。无论生在中土,或生在番邦,都同样倒霉。不过柏杨先生朋友中,还没有这种开揍镜头,可能是我所见不广,也可能是诸朋友比较精神文明。不管怎么吧,这是好现象。柏老就常提醒我所认识的一些老奶,如果臭男人动粗,你就离婚,我老人家替你打这场官司,头破血流,在所不惜,硬是跟他豁上啦。

大男人沙文主义的心理背景是,他始终把妻子当作是他一个人专用的高等妓女——这是《不结婚的女人》女主角,于结婚十六年后,沉痛的发现。爵爷只要有银子,就一以当百,自以为可以把妻子从身体到灵魂,从娱乐到奴役,从白天到夜晚,统统包啦。即令害着“钱无能”恶疾,自己收入有限,养活不了家口,必须仰仗妻子做工(“钱无能”跟“性无能”遥遥呼应),这种“包啦”的心理,仍痒痒难熬,一直抛不掉又拨不开。于是自己为自己竖起一个一面倒的极端自私的标杆:男人在外面乱搞是逢场作戏,不但是可以原谅的,简直是必需的。可是女人如果在外面也逢场作戏,“哎哟一声帽子绿”,就天都塌啦。男人不进厨房是一种展示高贵的手段,偶尔做一次饭,立刻就宣传得联合国都知道。女人却必须天天钻到灶火里,香汗淋漓,偶尔有一天罢工,“她不给丈夫烧饭啦”！罪状大得真能使天下男人群起擂鼓而攻之。

然而,大男人沙文主义的成因,也不能全怪男人,老奶们事实上要负一半责任——那就是女人依赖男人的心理,仍很浓烈。谚不云乎:“嫁汉嫁汉,穿衣吃饭。”古时候老奶都是三从牌:“在家从父,出嫁从夫,夫死从子。”盖古之老奶,既没有受教育,更没有经济独立能力,在儒家学派礼教的压迫下,不跟社会接触,只好一切听男人摆布,不管他是老男人或小男人,反正女人不是人,只是男人的附属品。于是老爹可以卖女儿,丈夫不但可以卖妻子,还可以宰妻子。幸亏历代政府都厉行孝道,儿子还没有把老娘卖之宰之的;但即令刑法森森,虐老娘饿老娘的节目,固层出不穷。二十世纪后,女人已受教育,已有经济独立能力,有些老奶一个月赚的,比爵爷多三四倍。但她们的心理状态,多多少少,仍停滞在古老的传统之中,只不过从三从牌进化到三靠牌:“幼年靠父母,中年靠丈夫,老年靠银子。”三靠牌比三从牌要向前迈了一大步,老奶也好,老公也好,终于发现儿女不可靠,而忍痛牺牲,只要有银子,晚景照样快乐。靠父母是不变的,它无法变,再伟大的人物,幼年都要靠爹娘抚养。问题在于“靠丈夫”也不变,而这正是促使大男人沙文主义烈火熊熊的能源。贵阁下听说有几个男人心怀大志靠妻子的乎,靠妻子的男人,无论是靠妻子本身或靠裙带关系,总觉一百个不是味(至少,他在外面乱搞时,心情沉重)。只有老奶的靠劲不衰,几乎所有老奶,都在虎视眈眈,搜索腰缠万贯的大亨,以便嫁而吃之。柏杨先生说这话,有一篙打落一船人之嫌,但即令是爱情第一,也是追求“终身有靠”。臭男人就利用这种弱点,翻云覆雨。你不是要靠我乎,那么,你既然享受“靠”的权力,就要为“靠”而尽被丈夫管制的义务。即令你学问冲天,日进斗金,也得听我的。否则的话,我就叫你吃不了兜着走,哼。

柏杨先生认识一位如花似玉,芳龄三十,美利坚某大学堂英国文学博士。结婚之后,爱情递减,丈夫是个商人,有钱得要命,另行金屋藏娇。但仍供给她台北最高级的住宅,最高级的汽车,以及够她挥霍的银两。盖爵爷有许多高级宴会场合,需要她亮相并翻译也。这位老奶有高度的经济独立能力,但她却心甘情愿接受这种“包啦”的待遇,她的一些酒肉朋友也认为这样未必不是上策。盖一旦离婚,刹那间她就要承担逼面而来的现实,酒肉朋友首先会逃跑一空。左思右想,还是靠到底吧。

所以,女人仅只经济上有独立能力,似乎还不够。如果心理上不能独立,那只有更苦——社会家庭两头忙。必须心理上有独立能力,才算是真正的人格独立,才有资格完成自我。《不结婚的女人》的女主角,她是一直到后来才有心理上独立的,她对胡子脸的态度,可作为说明。她不靠他,当胡子脸邀她去看他,去他那里度假时,她困惑地问曰:“你为啥不能来看我,来我这里度假?”大男人沙文主义最恐惧、最痛恨的,正是女人这种心理上的独立能力,那将剥夺他当爵爷的情趣。所以胡子脸把一幅一人高的巨画交给女主角,自己扬长而去。这至少有两个意义,一个是,大男人沙文主义要给心理上独立的老奶,一个结实的教训:你不是认为你不“靠”男人哉,好吧,你试试看那是多么困难(其实,把那巨画交给一个臭男人,臭男人也得焦头烂额)。另一个意义是,心理独立并不轻松,但女主角拿着那巨画在街头狼狈地横冲直撞时,心情是平静的,脸上并没有懦弱惶恐的表情。她知道跟“靠男人”的传统挑战,她就要自己处理自己的困难。

心理独立固然要付出独拿巨画的代价。心理不能独立,依靠男人,她付出的是依靠男人更高的代价。

6. 奋斗的目标

台北文昌街读者老奶汤明昭女士来了一信,讨论离婚问题,原文恭抄如左——

11月26日,你在《从一部电影说起》之中,赞成离婚,但许多无辜的孩子受破碎婚姻的影响而自卑,而自暴自弃,不曾领受"爱"的孩子,又怎能去关心、信任,对他人负责?在人格上的发展不健全,带给社会的又是怎样的结局?充其量也是另一桩不幸婚姻的开端。

正由于社会上离开地毯的那一端的怨偶日渐增加,更应倡导中国固有的家庭伦理。为响应文化复兴节,教育当局刚刚发动学生做"夫唱妇随""相夫教子"墙报,我所教班上的学艺股长,在制作墙报时,不禁暗暗饮泣,原来她就是父母离异下的牺牲品,不曾领略到母爱的温馨,却要配合此一主题,岂不是她自己的一大讽刺。

禁止离婚有其积极意义,如果某人只有一件衣服或一支笔,一把梳子,一定加倍珍惜,绝不会轻易丢弃,婚姻何尝不是如此。如果心存"合则留,不合则去"的观念,又怎会细心培养爱情的花朵?我只是一个普通的天主教教友,我所见到的教会朋友,都是恩爱夫妇,享受家庭的温暖。也许因为God is Love,或秉持"基督是我家之主",即使有争论,也坦诚交谈,化除误解隔阂,岂不比劳燕分飞下场要来得幸福?

无论社会如何变迁,人们总还是向往圆满的婚姻生活,人生才有奋斗下去的意义(见《读者文摘》上一篇专文,曾有调查可证)。台北家事法庭上常可见到一些草率成婚者分手的现象,到底是什么原因呢?也有可能是把离婚看得太随便了。

汤明昭女士这封信，充满了平静祥和，说明她有一个温暖的家庭，但同时也代表一部分人对越来越“多元”的社会，抱着天真可爱的“单一”看法。而且又因为我没把话说清楚的缘故，多少有点误解我的本意。事实是，我跟汤明昭女士一样的认为：“人们总是向往圆满的婚姻生活。”因此，在原则上，我并不赞成离婚；但在个案上，有些已破裂到不能复合的婚姻，我们没有权力反对他们离婚；甚至在某种情形下，我们还要鼓励他们离婚，帮助他们离婚。

——柏老说了一大串，只用了一个句点，为的表明那是一个完整的句子，千万不能分开。如果断章取义，像抓住小辫子似的猛喊：“你鼓励离婚呀。”那就是存心一棒子打死人。

另一个我跟汤明昭女士观点一样的是，离婚的受害人往往是孩子，一个家庭破碎下的孩子，是天下最可怜的幼苗。汤女士所举的那个学艺股长，就是一个例证，令人酸鼻。问题是，离婚固然伤害了孩子，难道不离婚的怨偶就不伤害孩子乎？一个白天云游四方，晚上酒醉醺醺的丈夫，甚至把女朋友带回家，叫妻子服侍，稍不如意，就拳脚交加，这种魔窟式的家庭，就不伤害孩子哉？一个日夜都在外面交际应酬，男朋友如云——男朋友如果只固定一个，那就更糟，然后鲜衣香车，把丈夫当成冤大头的妻子，这种妓院式的家庭，就不伤害孩子哉？一个整天沉湎在牌桌上、赌场里、舞厅里，或酒家中，在外笑容可掬，回家怒目相视，一骂就祖宗三代出了笼，茶杯横飞，菜刀乱舞，这种火坑式的家庭，就不伤害孩子哉？一个夫妻间已搞得毫无感情，二十四小时不交谈一句话，唯有大眼瞪小眼，这种冷战式的家庭，就不伤害孩子哉？

有些婚姻上的争论，固然可以“坦诚交谈，化除误解隔阂”。但这种争论必须不涉及婚姻的基石，一旦超过某一种限度——好比，有另外一个爱情介入，这种方法恐怕不灵光。《不结婚的女人》女主角，她能靠坦诚交谈使她丈夫化除误解隔阂耶。盖其中根本没有误解隔阂，只是臭男人想找一个更年轻更漂亮的而已。汤明昭女士所称赞的“我所见到教会朋友，皆是恩爱夫妇，享受家庭的温暖”。汤女士的话是真实的,但不是必然的、定律的也。教会朋友家庭闹得一塌糊涂的固多得很,意大利是天主教的大本营,在离婚法案通过前,因国法严禁离婚之故,以致逼得对方只好诉诸谋杀。而汤明昭女士所崇拜的于斌先生,他阁下的弟弟,就硬是把贤慧的妻子遗弃,另结新欢,远走美利之坚,那位贤慧的妻子恐怕是无法靠坦诚交谈,使丈夫回心转意。——写到这里,顺便一问:这位贤慧妻子应该怎么办?她应该从一而终,硬守到底?或她应该提出离婚之诉,另组幸福家庭?汤明昭女士如果坚持前者,柏老不得不效法吾友耶稣先生的口吻赞曰:"当男人的有福啦,当女人的有祸啦。"如果认为后者可行,那么,我们的意见一致。在敝大作的结尾,柏杨先生曾举出美国两桩杀妻凶案,现在我要逼着汤明昭女士跟教会朋友们回答:你认为应该连同孩子一块挨刀子也不离婚耶?或是你认为应该离婚而保全自己的性命,甚至丈夫的性命耶?答案如果是认为应该选择挨刀子,对这种慷他人之慨的道德观念,柏老就望风而逃,竖起降旗。如果认为离婚比命丧黄泉好,我们就没啥杠可抬的。

关于孩子问题,《不结婚的女人》给我们提供了一个高贵的榜样。女主角被遗弃后,女儿十分恨她的老爹。但女主角抱之泣曰:"他没有离开你,乖儿,他还是你的父亲,他离开的是我。"她把女儿当成"人",没有要求女儿为自己牺牲,没有利用女儿去打击抛掉她的丈夫,没有利用女儿转嫁自己愤怒的情绪。如果换了我们的社会,我敢打包票,恐怕做妈妈会使出浑身解数,教女儿把老爹恨入骨髓。柏杨先生不知道那位学艺股长家庭变化的情形,但可以推测的,父母一定互相把对方攻击得体无完肤,使女儿心上的创伤更为惨重。

汤明昭女士要我们"更应倡导中国固有的家庭伦理",呜呼,柏杨先生想这件事可不能囫囵吞枣。父母夫妻儿女相亲相爱,是任何一个国家都有的伦理,非中国所独有。中国独具只眼的家庭伦理,如柏杨先生上次介绍的"七出之条",我想还是不倡导的好,不但不宜倡导,简直应该斩草除根。如果真要倡导,恐怕台湾半数以上的老奶,都要被"休掉",台湾早成了世界上的野蛮之区矣。至于发动女学生“夫唱妇随”“相夫教子”，因为是教育官颁布的，柏杨先生不敢有啥异议，过去因为跟官异议太多，几乎断送了脑瓜皮。不过看样子，翻来覆去，仍是大男人沙文主义，仍是把女人当成附件，即令大获全胜，也不过制造出来一大堆三从牌或三靠牌。在可敬的教育官英明的领导之下，丈夫如果偷鸡摸狗，妻子就得墙角把风，如果她不肯，她就得滚。

汤明昭女士曰：“禁止离婚有其积极的意义。”柏老的意见恰恰相反：“不禁止离婚有其积极的意义。”配偶是“人”，不是“物”，即令是物，一双太窄的漂亮鞋子，穿起来磨得血流如注，燎泡密布，寸步难行，天下就是只有这一双，人们也宁可光脚丫。爱情不能用功利培养出花朵，一旦“除了我你找不到别的女人”、“除了我你找不到别的男人”，那是做生意的商业态度。

最后一句话，我们奋斗的目标是：女人跟男人一样的也是人，也是独立的人。女人有拒绝大男人沙文主义的权利，有拒绝当男人附件的权利，有拒绝被男人骑到头上吆五喝六的权利，有主动提出离婚的权利。

7. “跑不掉”泥沼

人就是人，不是物。人的特质是有灵性，有感情，有智慧，有选择爱情的能力。物就不然啦，它啥也没有，砍它一刀它不会叫，踢它一脚它不会跳。所以围棋第一等高手，看他在棋盘上妙计百出、左包右抄、前埋后伏，把对手杀得双膝下跪。可是，如果叫他真的去指挥作战，恐怕准成为“带汁诸葛亮”，除了泪流满面，就是泪流满面。盖棋子是“物”，往那里一放，虽然陷入重围，仍笃定泰山。贵阁下阅棋多矣，有没有见过紧急之时，棋子忽然生脚，溜之乎耶？有没有见过全军覆没之际,棋子忽然号啕大哭,声震四野乎耶?一局棋罢,各归原位,仍是棋子。而战士们一旦被砰的一声,就永远消灭。下局棋用的仍是上局棋死掉了的棋子,而第二次战役用的却不再是第一次战役死掉了的战士也。

人跟物的差异,十万八千里。汤明昭女士把夫妻的一方,用"物"来比喻,心理上先已不把人当人,只当可供用的东西。丈夫也好,妻子也好,绝对不是一件衣服、一支笔、一把梳子。贵阁下嫌衣服太宽,可剪之使窄;但贵阁下如果嫌丈夫或妻子太胖,恐怕无法挥动大斧,削下几片人肉。贵阁下刚写罢一篇盖世名著,把原子笔往桌上一摔,摔成两截,没人说话;但贵阁下如果把丈夫或妻子一摔,不要说摔成两截啦,就是头上摔出一个大包,恐怕后患就够无穷的也。贵阁下懒惰成性(或勤快成性,天天去理发店马杀鸡),三个月不用梳子,关在铁匣里,毫无怨言;但贵阁下如果把丈夫或妻子关起来,恐怕三天都会成为报上头条新闻。

汤明昭女士认为婚姻关系只要"定于一",对方就"一定更加珍惜",呜呼,这只是"人"和"物"的关系,不能闭着尊眼推理,认为"人"和"人"的关系也是如此这般。柏杨先生小时候,曾有一项奇遇,柏府附近,有条深可没顶的小河,一位青年才俊把两个大葫芦绑到腋窝,往水里一跳,竟然浮了起来,游到对岸,观众掌声雷动。他想,如果把大葫芦绑到腰窝,岂不是上半身全部露出水面,更优哉游哉耶,于是果如所料,观众再度掌声雷动。他就又想,如果把大葫芦绑到脚底板,岂不是简直可以踏水而行,在水面上健步如飞耶,于是,只听扑通一声,这次没有果如所料啦,观众也没有掌声雷动,而是一阵惊叫,七手八脚地救人。盖该青年才俊跳到水里之后,头重脚轻,大葫芦上浮,尊头下降,来了个倒栽节目。水面上只见两个拼命挣扎的大葫芦,不见人踪。等到好容易把他阁下救出,已淹了个半死。

汤明昭女士用的似乎是这种大葫芦逻辑,把"人"与"物"之间的关系,认为也可以应用到"人"与"人"之间的关系上——尤其是夫妻之间的关系上。一个人拥有世界上唯一的一块宝石,当然百般爱惜,不是至亲好友,连瞧一眼都棉花店失火——免谈。可是在婚姻上,如果某一个女人,铁定地属于某一个男人,或某一个男人,铁定地属于某一个女人,不但不见得发生“一定加倍珍惜”,恐怕反而更不珍惜。原因很简单,在传统的男性中心社会中,臭男人力大无穷(包括体力和财力),一旦发狠曰:“我珍惜你是你的福,我折磨你是你的命。”结果老奶得到的不是加倍的珍惜,而是大葫芦朝上,加倍的倒栽。

吾友丹扉女士曾画龙点睛说过:在有些女人眼中,丈夫会跑掉,而老爹跑不掉,所以对丈夫百依百顺,对老爹就五雷轰顶。在有些男人眼中,娇妻会跑掉,老娘比老爹更跑不掉,所以娇妻的重要性也同样地后来居上。丹扉女士是为探讨孝道而写的,柏杨先生借来说明我们的论点,夫父母子女间是天伦的爱,父母揍子女而仍爱子女,子女忤逆,也不能使父母改变心肠,亲情似海,十指连心,怎么跑都跑不掉焉。而夫妻之间是人伦的爱——“跑不掉”的爱,本质上绝不可能;因为绝不可能,所以危险万状。父母子女之间“跑不掉”,有先天的无尽爱心在支持,夫妻间一旦陷入“跑不掉”泥沼,那只有哀哀一生。

今年(1978)12 月 15 日台北《联合报》,有一则新闻,照抄于后——

彰化市一位苦命女,家庭贫困,国民初级中学毕业后,到一家纺织厂工作,工厂小开看她容貌不错,千方百计追求,对方父母也在旁协助,使她与小开发生关系,当她知道已怀孕时,对方同意结婚,保证全心全意爱她。但是,结婚之后,立刻就变了。丈夫开始对工厂中其他女子动脑筋,丑闻时传,为了面子,她都忍了。而丈夫好吃懒做,不出数年,工厂倒闭,丈夫就在家睡觉吃饭,一点不为孩子着想。她只好背着孩子,住到娘家,每天到一家工厂去做工,维持家用。谁知她的丈夫趁她外出工作之际,偷偷把一儿一女带走,晚上并派一名打手威胁,要她继续工作,否则不准她与儿女见面(柏老按:这是中国社会恶传统的一部分,用儿女作为夫妻间斗争的工具——有些恶棍,还扬言要杀儿女来迫使对方屈膝,比起《不结婚的女人》的女主角,你以为如何?)。苦命女为了生活,只好继续工作。前天,她偷偷找到丈夫的住所,发现一双儿女蹲在楼梯口,饥寒交迫,满身脏兮兮,母子三人相拥痛哭,儿女震于父亲的淫威,不敢随母亲走,苦命女写信给辅仁大学同舟社法律服务部求助,她希望能跟丈夫离婚,并愿抚养一双儿女。

同舟社毫无办法,只抖出来几条"六法全输"给她,唯一的办法,只有盼望那位鸭子屎丈夫振作。问题是,该鸭子屎丈夫振作起来,固然称心如意,可是振作也者,并不那么简单,看情形他一竿到底,硬是蛮干啦,"反正你跑不掉",谁都救不了她。

去年(1977)11月25日台北《新生报》,也有一则新闻:二十一岁的另一位苦命女,于1974年嫁给台东县的詹顶顺先生,就不断遭受丈夫的毒打。1975年,詹顶顺外出服役。公公婆婆继续努力,把她赶出大门。苦命女只好带着四个月大的孩子去当店员,可是两个无耻的公婆,却反过来伸手向她要钱。到1977年,苦命女又怀了孕,恶公恶婆知道后,恐怕影响她的店员工作,失去财源,就强迫她堕胎,然后像押解人犯一样,把她押解到高雄市瑞呈旅社,交给老板娘黄甘草女士,胁迫苦命女卖淫。还由保镖郑发先生充当监狱官,不准她行动自由。

这件事的结局,比同舟社有劲。苦命女终于逃走,一串狗男女,全部入狱。呜呼,幸亏她跑掉啦,如果她"跑不掉",谁也救不了她。

人际之间的关系,跟"人""物"之间的关系不同,婚姻要靠爱情维持,不能靠"定于一""跑不掉"维持。一旦只靠"跑不掉",这姻缘就不是好姻缘,而是恶姻缘矣。夫妻间没有了爱情,代之而起的,小焉者互不关心,大焉者恐惧、厌恶、轻视。于是轻的红杏出墙或蓝杏出墙,重的天天铁公鸡、大打大骂。更重的,不是自己牺牲终身,就是兴起杀机。尤其"物"可能仅只有一个,而男人女人却到处都是,除了丈夫,还有别的男人;除了妻子,还有别的女人。所以对方有随时"跑掉"的可能,而正因为有这一种可能,婚姻才有幸福,盖要想使对方不跑掉,不能乞灵于"定于一"思想,只有靠不断地培养爱情。正因为不是"定于一",才能更加珍惜,否则的话,你不珍惜丈夫——或你不珍惜妻子,自有人珍惜也。

好啦,我们再请教卫道之士,对上述的那两位苦命女,认为她们是离婚好耶?或认为被糟蹋到死好?我们一定要听听答案,这答案可显示一个人的道德水平,可显示一个人是充满了人性,或充满了兽性。

8. 唯夫史观

最近接到的读者老爷来信中,大半是反对离婚的,有一位住在彰化的读者老爷,理直气壮曰:"老头,你竟然鼓励离婚呀,人家美满的好姻缘,硬被你活生生地拆散。"义正词严,威不可当。柏杨先生特别再声明一次,白纸印黑字,我可从没有鼓励人家离婚,而只是认为女人有离婚的权利,希望人们不要瞎着眼一味反对离婚。犹如我可从没有鼓励人家吃辣椒,而只是认为人们有吃辣椒的权利,希望不要瞎着眼一味反对别人猛吃。这个论点必须弄清楚,问题一旦被搅和成人工漩涡,不分青红皂白地一股脑往里卷,那是糨糊脑筋的蛮缠,我可缠不过你,就算你赢。至于说好姻缘被我活生生拆散,我已声明过我没有这么大的力量,这种云天雾地的话,用以整人时吹胡子瞪眼,以壮声势,其效如神。用以讨论问题,恐怕是越讨论越糊涂。

凡好姻缘都固如金汤,谁都拆不散,如果凭我老人家写几个字就能棒打鸳鸯两离分,那恐怕准不是啥好姻缘。嗟夫,有些好姻缘,固然表里如一,真是好姻缘。但也有些好姻缘,却只表面上看起来像好姻缘,实际上却是恶姻缘,我们可以把它分为两类,一曰欧洲中古贵族型的恶姻缘。一对夫妇,在客人面前,或大庭广众之中,勾肩搭背,温言软语,简直天生璧人,爱河永浴,可是等到大家作鸟兽散,他们也就将军不下马，各自奔前程，或分头投奔情夫情妇，或关门闷坐，来一个张飞穿针，大眼瞪小眼。一曰中国传统受气包型的恶姻缘。老奶空有一肚子学问和一肚子灵性，却被丈夫踩在脚底下，专供他阁下一人淫乐奴役之用，百般辛苦，永无出头之日。

不管哪一种形态，一旦老奶顿开茅塞，挺起脊梁要跟臭男人一样做一个真正的人，丈夫就立刻大跳其高。促使贵阁下跳高的责任好像并不在我，而在贵阁下的尊蹄，如果把尊蹄稍微挪开一点，甚至只要踩得轻一点，就会天下太平。不检讨自己的尊蹄，而只迁怒别人的嘴巴，无以名之，名之曰恶夫。孔丘先生曰："苛政猛于虎。"在男女婚姻中，恶夫比苛政更为残忍。

恶姻缘中，恶夫对妻子采取的是孤立手段，孤立手段的理论基础是孤立主义，孤立主义的哲学是唯夫史观——称它为唯夫主义也行。唯夫史观者，丈夫第一，其他人类都是第三第四（根本没有第二），此乃"夫为妻天"的传统史观也。古书上的教训比比皆是，"丈夫"是妻子的"所天"，丈夫一旦抬到太平间，妻子的天就塌啦，试想一个人头上没有了"天"，那景象是何等的可怖，于是寡妇就成了"未亡人"，亡者，死翘翘也，意思是说，天已塌啦，小奴家只有坐以待毙一条路。

——臭男人死了妻子，可没有坐以待毙的念头，而是胸怀大志，急着要再娶一个如花似玉。噫，当男人真是妙不可言。

大男人沙文主义不一定产生恶姻缘，但恶姻缘往往由于大男人沙文主义。在上篇敝大作中，我们曾嚷嚷夫妻两方，一旦有了"跑不掉"的信心，结果将是哀哀一生，话说得似乎不够周延。中国古老的社会中，事实上"跑不掉"的只限于女人，男人却随时都可以跑掉，老奶死啦，丈夫固然可以顺理成章地跑掉，即令老奶仍然活着，丈夫也照样可以跑掉——如娶一大堆姨太太之类。女人如果想追随男人之后，也那么一跑，那简直是捅了马蜂窝。朱买臣先生的太太，饿得两眼昏花，要另找饭碗，就挨了两千年的骂——不但臭男人骂，唯夫主义者的老奶也骂，几乎没有一个人同情她阁下饥寒难当，也没有一个人承认她有拒绝被丈夫活活饿死的权利。理学系统开山老祖之一的程颐先生,他曾为唯夫史观下了一个明确的界说,那就是:妻子死啦,丈夫可以再娶。丈夫死啦,妻子却不能再嫁,胆敢再嫁,不但嗤之以鼻,还要踩之以脚。有人问程颐先生曰:“寡妇贫苦无依,能不能再嫁乎哉?”他阁下端起嘴脸,断然答曰:“绝对不能,有些人怕冻死饿死,才用饥寒作为借口,要知道,饿死事小,失节事大。”好一个“饿死事小,失节事大”,这个“节”,就是大男人沙文主义为女人唯夫史观定下的标杆,女人必须坚守这个专门为她们下的标杆,逾此一步,便死啦骨头都是臭的。程颐先生真是一个典型,对慷他人之慨,和流别人之血的事情,特别大方。眼睁睁看着一个穷苦的寡妇,搂着骨瘦如柴,奄奄一息的儿女,辗转破席之上,哀哀求告,活活饿死的惨状,不但没有一丝恻隐之心,反而圣心大乐,群起为唯夫史观的光荣胜利干杯。想起来孟轲先生说的:“无恻隐之心,非人也。”真不知道大男人沙文主义“非人也”之后,会是个啥(柏老可没说大男人沙文主义会成为禽兽,恶棍丈夫可别乱罩)。

——注意“借口”两个字,用的真是结棍,轻轻一笔,就一手遮天。夫借口也者,必须是真理由说不出口,只好顺手拈来另一个可以出口的假理由,这假理由不能单独存在,而是附丽在真理由之上。如果根本就是真理由,那就不能说它是借口矣。好像我老人家在贵阁下尊肚上捅了七八九十刀,又在贵阁下心窝里再补捅七八九十刀,然后捶胸打跌曰:“你竟然借口死啦,不爬起来跟我打四圈麻将呀。”我想贵阁下可能气得真的爬起来,照我老人家屁股就是一脚。把真实的理由,诬之为“借口”的,似乎也应该得此金脚之奖。

唯夫史观是三从牌和三靠牌史观,大男人沙文主义肯定唯夫史观的目的,是使老奶们有志一同,心甘情愿地认为连亲爹亲娘都不可靠,只有丈夫才是第一级金饭碗。柏杨先生小时候听鼓儿词,每逢亲爹跟丈夫发生冲突的时候,女儿一定反对父亲,全力全心向丈夫一面倒,理论很简单,那就是“穿衣见父,脱衣见夫”。在老爹面前必须衣冠楚楚,所以隔了一层,滚他的也罢。而在丈夫面前,却可脱个净光,肌肤之亲,远胜过父女之情,所以对丈夫老爷,不但要献出老命,还要出卖爹娘。柏杨先生当时也觉得这道理天衣无缝,可是后来越想越不对劲。当女娃儿幼时,固也是赤条条卧在老爹怀中的也。可是在唯夫史观中,女娃儿幼时这一段不算,嫁了后才算。这种半截逻辑,我老人家怎么都不懂。不过我老人家不懂没有关系,只要大男人沙文主义懂,就行啦。

不仅古老的社会如此,就是现代社会,已到了二十世纪末期,唯夫史观仍被一些恶棍丈夫认为是幸福婚姻的哲学基础。柏杨先生有一个年轻的朋友,他就对他那大学堂毕业的漂亮妻子,每天耳提面命,千言万语一句话,天下人都不重要,只有丈夫重要——而且是最最重要和唯一的最最重要。父母已不重要啦,朋友更不值一个屁,仪态万方只是装丈夫门面之物,学问冲天只可用来帮助丈夫走上成功之路。呜呼,芸芸众生,世道险恶,只有丈夫才是唯一爱她的人,她纵然不必杀身以报,却必须献身以报,不但要献肉体,还要献灵魂、献人性、献时间、献自尊。如果不献,他阁下就痛心疾首兼双脚乱跳,指着她的玉鼻吼曰:“你就完啦。”老奶一听“完啦”,魂飞天外,于是虽然被踩得龇牙咧嘴,却连哼都不敢哼。

其实也不一定哼都不敢哼,而是她哼啦等于白哼,徒招来更重的一踩。恶棍丈夫就是用唯夫史观的哲学,建立起来孤立主义,妻子一旦被孤立,没有父母,没有朋友,恶棍丈夫就可随心所欲,偶尔皇恩浩荡,准许她哼,可是她的人际关系已被斩断,哼也没处哼矣。盖两眼漆黑,求告无门,只好眼泪往肚子里流,任凭恶夫千刀万剐,片片宰割;一旦恶夫变心,要卖她的时候,她还懵懵懂懂,帮他讲价钱哩。

9. 孤立主义

对妻子的孤立主义,不是现代化的最新产品,而是最最古老传统中,大男人沙文主义的具体实行方案。夫皇帝老爷一个臭男人,拥有那么多如花似玉的小老婆,实在是其乐无比,历史上嫔妃最多的莫过于西汉王朝第十一任皇帝刘骜先生——他以美艳绝伦的太太赵飞燕而闻名于世,可是他的嫔妃就有四万余人。吾友杨广先生当隋王朝第二任皇帝时,更属于特别节目,他阁下拥有的如花似玉,竟达六万余人,不要说睡觉啦,就是每天向每个如花似玉瞄上一眼,就能累得得角膜炎。把这么多美女关在一个大集中营,即所谓皇宫之中,而又要她们除了对皇帝老爷一个人热情如火之外,对其他臭男人一律冷若冰霜,只有使用孤立主义,才能达到目的。那就是,内在地灌输她们唯夫史观,使她们自动自发地守身如玉,认为丈夫是唯一的真理,而把其他男人都视如寇仇。外在地用深宅大院和宦官制度,严加戒备,根本不让她们跟除了皇帝老爷外的任何有危险性的男人接触。使她们既不想跑,也跑不掉(还是老话,男女之间,一旦被认为跑不掉,那就是吃定啦,结果是啥,前已言之矣)。

——有些被称为仁君的好心肠皇帝,每隔十年八载,就放一批宫女出笼。柏杨先生想,这总是善意的(他阁下硬是不放,关你一辈子,像“白头宫女在,闲话说玄宗”那位阿巴桑,谁也木法度)。但这些被放出来的宫女,刚跳出皇帝老爷的皇宫地狱,差不多立刻就再陷进贵族豪门的世家地狱。她们跟外界隔绝太久,东西南北都摸不清,连自己是啥地方的人也模模糊糊。即令摸得清,记得明,贫苦之家,亲人早已星散,面对着陌生的茫茫人海,连一步都难迈,只好任凭人肉贩子牵到哪里算哪里矣。

二十世纪初,清王朝剃头的拍巴掌,完了蛋,民主政体建立,皇帝虽然消灭,可是皇帝老爷宫廷和贵族豪门世家那种奴隶主的阴魂,仍凝聚不散,在大男人沙文主义的肚子里阵阵作怪。丈夫是唯一的真理那一套已行不通,于是唯夫史观的内容,遂摇身一变,变成“爱情”,于是,只有丈夫的爱才是真爱,其他的爱都是骗局。臭男人日夜都在灌输这种思想,妻子在伟大的感召之下,不得不心服口服,一百个情愿地嫁鸡随鸡,嫁狗随狗——认命啦。至于深宅大院和宦官制度,同样的也无法使之重现(对大男人沙文主义而言,真是遗憾),因之,所采取的孤立手段,另有一种新的景观。

一曰斩手断脚式的孤立。柏杨先生说斩手断足,可不是恶棍丈夫大发雄威,拿起钢刀,把老奶的玉手玉足,干掉一条。而是恶棍丈夫用的是精密的或粗糙的设计,断绝妻子五伦之一的朋友一伦。使妻子跟她的朋友,包括同学、同乡、同事,全部冻结,或全部毁弃。恶棍丈夫以唯夫史观为哲学基础,理直兼气壮,义正兼词严,妻子不得不跟社会,最初是疏远,最后是隔离。就在柏杨先生左邻,住着一对夫妇,经常吵闹得锣鼓喧天——其实只是男人一个人在那里锣鼓喧天,每次都劳动我老人家御驾前往劝解。有一次,男人吼老奶曰:"我告诉你,你每小时都要给我打一个电话,我要知道你在干啥。你那些狗皮倒灶朋友,若某某,若某某,从今天起,都不准来往。"老奶曰:"我跟柏老来往总可以吧?"男人曰:"到目前为止可以。"老奶曰:"以后如何?"男人曰:"以后看他的表现,由我决定。"当下老奶流泪,柏老流汗。男人又吼曰:"朋友第一,我占第二,你心目中还有我们这个家乎?还有我这个丈夫乎?朋友的事,你很热心,丈夫却可丢在一旁。"我老人家一听,此乃恶姻缘之家,非我老汉久留之地,就给他来了一个一溜烟。盖该男人不但是臭男人,而且是混男人,弄不懂妻子的人际关系跟丈夫的夫妻关系,有本质上的不同,妻子的人际关系代替不了丈夫,丈夫也代替不了妻子的人际关系。在友情的角度看,每个老奶都有丈夫,却不见得每个老奶都有祸福与共的朋友。在婚姻的角度看,每个老奶纵然朋友满天下,而决定终身幸福不幸福的,却只有丈夫一人。友情和婚姻相辅相成,是并存的,不是冲突的也。男女之间是良姻缘抑或恶姻缘,看他们是不是尊重对方的人际关系,就八九不离十矣。而该男人认为朋友在挤丈夫,所以丈夫必须以牙还牙,死搅蛮缠,我搞不过他。

主要的,这不是丈夫对妻子的态度,而是奴隶总管对女奴的态度。幸而我老人家总算得天独厚,迄今为止,仍是该男人尊府的上宾或下宾,使我得以继续观察。噫,该男人所以死搅蛮缠,并不是真糊涂虫，而是故意地把妻子的人际关系跟丈夫放在同一位格，然后借题发挥，目的只在斩断妻子跟外界的联系而已罢啦。

斩断妻子跟外界的联系，最大的好处是妻子成了瓮中之鳖。瓮中之鳖最大的好处是“杀人如草不闻声”。从前时代，妻子可以向娘家搬救兵，现在娘家往往远在千里万里之外，有些甚至还没有娘家，或娘家太弱，假如再没有朋友，恶丈夫一旦胆大包天，就无人可制之矣。尤其现在社会结构大变，老奶拥有属于自己名下的私人财产，和一旦父母驾崩后的财产继承权，这一点固老奶的福，但也未必不是老奶的祸，恶丈夫如果天生异禀，具有艾克斯光巨眼，穿过老奶美妙胴体，只看见银子，事情就有点麻烦。贵阁下不是常看电视乎，恶姻缘中的谋财害命，第一要布置的，就是先使妻子陷于孤立。对妻子关心的心越少，恶丈夫兽性得逞的机会也越高。

我们强调谋财害命，未免太严重，固有许多只谋财不害命的，也有许多只害命不谋财的，更有许多只图折磨折磨，关着门过过爵爷瘾的。但不管哪一种，他第一件要做的事，就是先把妻子的人际关系切断。我们可在这里提出一个定律：丈夫一旦对妻子采取孤立主义，那可是一个恶兆，小心，小心。

二曰洗脑交心式的孤立。上述的外在孤立是身体上的孤立，洗脑交心则是内在的心灵上的孤立，也就是愚民政策的，也就是使妻子知识和智能，日益贫乏。这倒有一个尖锐的例证可端到桌面上。柏杨夫人的老哥张强仁先生，某大学堂的教习也，嫂嫂想当年也曾学富五车。有一次柏杨夫人返里省亲，正碰上该老哥要铁公鸡。盖嫂嫂不知道从哪个垃圾箱里捡了一本《读者文摘》来看，该老哥就立刻觉得危机四伏，必须暴力镇压。盖在他可敬的观念中，女人只限于阅读“烹饪大全”“编织入门”之类。偶尔夫恩浩荡，网开一面，看看言情小说，也勉强可以容忍——有些恶棍丈夫连这也都防范于未然，严加禁止。至于看《读者文摘》，甚至阅读一些能够产生独立思考，和判断是非的书，简直是罪证确凿，叛迹已彰，岂可任其逍遥法外，动摇家本乎哉。

柏杨先生两个月来，一直在跟读者老爷共同探讨婚姻问题。于是有人说我在提倡女权，呜呼，女权不过人权的一部分。只因人权的政治意味太重，我们就把范围缩小到家庭，仅可怜兮兮地要求把人当人，要求男人把女人当人，认为女人跟男人一样的也是人，如此而已。一位读者老奶来信曰："凡有你专栏的那天《中国时报》，我先生就收起来。每逢看不到报，就知道有你的大作，我就到巷口买一份，柏老，你说的有哪些地方不对？"我想当然有很多地方不对，盖恶棍丈夫不但要孤立妻子的人际关系，也要孤立妻子的知识和智能，使她的心灵僵固。噫，凡有思想的奴隶都是危险的，一旦妻智大开，就可能产生被压迫的感觉，假如她确实被压迫的话，他的龙墩就坐不稳啦。我们可在这里再提出一个定律，凡是反对女权——认为女人天生低一等，不准她追求知识智能的男人，准是恶棍丈夫，小心，小心。

为了保护孤立主义，恶棍丈夫有他们的秘密武器，那就是动不动就轰出"挑拨""离间"大炮，怎么，我们夫妻本来"和睦"得很呀，都是你们这些三姑六婆，邪门外道挑拨离间的呀。这秘密武器如泰山压顶，有时候也真是灵光，能把乡愿之士，砸得脑浆迸裂，一哄而散。但柏杨先生可是老毛驴，砸到头上，连包也不起一个。

10. 天下奇观的判例

清王朝时候，一个大官，想娶小老婆，不敢开口。非他不好意思也，而是他的官来自裙带，太太偏偏又是一位女权运动委员会，啥都行，再找一个女人不行。佬倌儿急得团团转，他的摇尾系统看到眼里，痒在心头，乃向他太太据理力争曰："这是周公定的法条，男人都要娶三妻四妾。"官太太曰："要是周婆定的法条，准不一样，滚。"摇尾系统只好滚。

在《三靠牌》那篇敝大作中，柏老曾夸下海口曰："如果臭男人动粗，你就离婚，我老人家替你打这场官司。"不久就被吾友田松先生，泼了一头冷水。他阁下在台北当律师，整天在男女婚姻纠纷中打转。那天狭路相逢，训我曰："好老头，就凭你那两下子，胆敢包揽词讼。算你运气，柏府门前仍可罗雀，一旦真有遍体鳞伤的老奶投靠，我看你就闯下了滔天大祸也。"我不服曰："我一点也不怕，先请医生验伤，出个伤单，然后我就御驾亲征，陪同老奶到衙门按铃申告，看不把那小子搞得奄奄一息。"田松先生见我执迷不悟，掉头而去，临走时教我回家仔细地看过《六法全输》之后，再开簧腔。

看《六法全输》就看《六法全输》，我岂是不识字之人，不但看《六法全输》上的《民法》，还看《亲属篇》的判例。谁知道不看尚可，一看之下，魂不附体，特此严重声明，诸老奶如果挨打受气，千万别找我求救。盖现行民法的婚姻观念，仍是十八世纪以前的观念，虽然扭扭捏捏，好像也有周婆的外貌，骨髓里却仍保持着"周公不死"的精神，其程度比干屎橛还硬，我可咽不下去。际此明哲保身时代，再好的朋友，有福同享，有祸自受，谁也别打我老汉的主意。

现行离婚的方式，有两种焉，一曰协议离婚，一曰判决离婚。协议离婚比较简单，只要一张离婚协议书，经过两个人证明，就你走你的阳关道，我走我的独木桥。可是，如果一方非离婚不可，而另一方又硬是不肯，问题就出来啦，那就要仰仗判决离婚，也就是告到衙门，请法官老爷做主。可是，只要告到衙门请法官老爷做主，就等于一头栽到周公阴魂的网罗里。首先是不分青红皂白，一律"调解"一番，好像天下男女都是白痴，只有法官老爷聪明，能洞察问题的症结。这一"调解"，从传讯到开庭，从第一次开庭到第几次几十次开庭，就把人搞得精疲力竭，下气不接上气，受不了调解折磨的人，只好打消离意，在法官老爷庆幸又做了一件好事之余，回家继续承受恶姻缘的成果。受得了调解折磨的人，那就是"调解不成"，还要再受正式诉讼程序的折磨。

民法规定，离婚的原因有十大条，表面上看起来男女平等呀平等,但在男性中心社会,法官老爷又有“自由心症”的特权,吃瘪的往往仍是老奶。以十大条之一的“虐待”而言,法条曰:夫妻的一方受他方不堪同居虐待,可以离婚。基于体力的优势和经济的优势,以及大男人沙文主义意识形态的顽强,女人虐待男人的少,男人虐待女人的多,事实上是一面倒的形势。

所谓虐待,包括精神的虐待和身体的虐待,臭男人每天板着恶棍嘴脸,或者动不动就把老奶祖宗三代搬出来念念有词,妻子被糟蹋得连娼妓都不如,告到衙门,准败下阵来。盖精神上的虐待,因女人不是人的缘故,算不了啥。好吧,即令算啥,法官老爷对此可是采取证据主义的。关门闭户,床第之间,恶毒言语倾盆而出,谁能拿出证据哉。有人说,可弄个录音机呀,这比老鼠往猫老爷脖子上挂铜铃还困难。而且,录音在法律上是不能作为证据的,事情就到了绝途。一旦臭男人进一步动了粗,法官老爷摇身一变,自由心症发作,一切都是周公的“人情之常”,老奶就更别想跳出苦海。这得举几条天下奇观的判例说明:

一曰:“夫妻间偶尔失和,殴打他方,致令受有微伤,如按其情形,尚难认为不堪同居虐待者,不能认为离婚的正当理由。”(二十年上字第二三四一号)

——这是四十五年前老掉了牙的判例啦,时代已到核子中子,周公的那一套仍然有效,夫“按其情形”者,是法官老爷按其情形,不是挨打受气当事人按其情形。所以抓抓头发,打打耳光,抽抽皮鞭,再来一个黑虎偷心,照酥胸上比画两拳,即令“受了微伤”(好一个“微伤”),在古老的法官脑筋中,都属于“偶尔失和殴打”,活该活该,要想申冤,恐怕只有告到联合国人权委员会一途。

二曰:“因对方行为不检而他方一时忿激,致有过当的行为,不能谓不堪同居。”(二十三年上字第四五五四号)

——这又是四十年的老古董。呜呼,在法律上,任何“过当”的行为,都要受到惩罚。如果法官老爷照柏杨先生尊脸上打一巴掌,我掏出洋枪洋炮,砰的一声,法官老爷伸了腿兼瞪了眼,我就准得吃上官司,无他,防卫过当,必然坐牢。可是丈夫殴打妻子,法官老爷却宽宏大量,认为“过当”也没关系,这一个判例似乎不是文明国家的产物,应属于电视上《动物奇观》影集上的产物。

三曰:“所谓不堪同居的虐待,系指予以身体上或精神上不可忍受的痛苦,致不堪同居者而言,如非客观的已达于此程度,不容夫妻之一方,以主观的见解,任意请求与他方离婚。”(三十四年上字第三九六八号)。

——这个判例的时代较近,只不过三十年,但其作怪则一。夫妻间的感情,乃纯主观的感情。患青光眼的朋友,“客观”地看起来,简直跟好眼一模一样,无奈“主观”的当事人却看不见。夫妻是否恩爱,是当事人主观的事,法官老爷却要用“客观”去判断,而所谓“客观”的判断,事实上是法官老爷“主观”的判断,这就离谱太远。爱情已经消失,不知道法官老爷根据啥学问判断爱情仍然存在。谋财害命的婚姻,不知道法官老爷又根据啥学问,判断根本没有杀机。有灵性法官老爷的判断,显然跟酱萝卜法官的判断不同,又应该由谁再加判断乎耶。恶狠狠地“不容”青光眼说他视力不佳,真是一条好汉。

十大条之另一条的“恶意遗弃”,也有奇特判例:

一曰:“丈夫依其后母牧牛生活,茅屋容膝,确有衣食难周情形。亦不过因家贫生活艰苦,自难指为恶意遗弃。”(三十九年台上字第四一五号)

——这又是专门慷他人之慨的幽灵,看别人被火烧死,毫不心疼。女人只是男人的附件,“嫁鸡随鸡,嫁狗随狗”。现在虽是二十世纪,没有独立谋生能力,非靠丈夫吃饭不可的可怜女人,仍没有“拒绝饿死”的权利。

二曰:“丈夫因犯杀人未遂罪逃亡在外,尚无其他情形可认具有拒绝同居的主观要件,不能离婚。”(四十九年台上字第一二五一号)

——这更是一条拿别人终身幸福为代价的文字魔术,如果那位可敬的逃犯一逃就是二十年,法律规定妻子就得守二十年。明明已有拒绝同居的主观条件,却反过来硬说没有这条件,翻手成云,覆手成雨,心肠固狠得很也。

十大条中还有两大条,“重婚”和“通奸”,也构成申请判决离婚的原因。现在社会,男人干这活的多,女人干这活的少——至低目前比较少,所以民法对这条规定,也就越发恐怖。恶丈夫重婚也好,通奸也好,只要瞒天过海,能把老奶瞒过两年,非法就自动成为合法,看起来堂堂法条,不是保护受害人,而是保护欺骗天才,臭男人只要手段高强,法律就站在他这一边。这种官司,你说谁能吃得消吧。

然而,使判决离婚变成水深火热的主要原因,还在于固执的“劝合不劝离”的酱缸观念,认为劝合是道德的,劝离是不道德的。所以有些自称为道德的律师,不肯接受离婚案件。自称为道德的法官,认为判决离婚有伤阴骘。受苦受难的老奶(有时偶尔也有可怜的老公),只好为他们的糨糊脑筋,继续受苦受难,轻者断送幸福,重者断送残生。使社会平空产生无数的悲剧惨剧,这些悲剧惨剧,受到法律坚强支持,更威不可当。

听说立法机关正在修改《民法》,柏老建议,除了请周公参加会议外,似乎也应请周婆光临,听听她的意见。

11. 我的生活

高雄《民众日报》主编钟肇政先生寄来一封油印信,要我老人家写一篇《我的生活》,信上有“敬叩”二字,灼然触目。呜呼,自从盘古开天辟地,只有听说写稿朋友向编辑老爷婢膝奴颜、巴结备至的——不巴结虽不至于立刻翻脸,也得逐渐地扫地出门。还没有听说过编辑老爷向写稿朋友稍假辞色的,而今竟被“敬叩”了一下,不禁受宠若惊,奔走相告。

很多读者老爷,都以为柏老尾大不掉,生活一定多彩多姿。这种推测,虽不中,不远矣。盖我的生活,即令不多采多姿,但热热闹闹,倒是不假,这个热闹的能源来自门铃。每天我在御书房写稿,写着写着,门铃大震,我阁下老谋深算,绝不会像一些年轻人一样,以为情人驾到,连“谁呀”都不问,稀里哗啦大开辕门。我总是屏声静气,从门缝里往外先觑,如果是讨债精(九成是讨债精),我就闷不吭声,他把门铃按爆也不管。看该讨债精掉转尊头,大骂而去,不禁摇头叹息,这种只重金钱不重友情的朋友,如果不对之来一个机会教育,使他猛醒,他将来总有一天要吃大亏。

门缝觑人的节目,每天都有数次之多,搞得我心烦意乱,盖教育天下英才之事,我岂有力独自负担?于是我就重估我的严正立场,索性把门铃拆掉,一以减省国家电力负荷,一以减轻我的二作负荷。可是道高一尺,魔高一丈,不久就有一个尖酸刻薄的家伙,最初用拳头猛擂,接着露出无赖嘴脸,弄个大石头“吓”的一声,几乎把御门砸出一个大洞。最后虽然诡计仍未得逞,狼狈逃走,但是我对他已留下一个恶劣印象。

古人云:“闭门思过。”由以上报导,柏杨先生这个门,可是闭得够国际标准。因之除了写稿和门缝觑人外,我每天最重要的工作,就是检讨自己。吾友曾参先生曰:“吾日三省吾身。”柏杨先生虚怀若谷,岂止“三省”而已,简直“百省”“千省”,无时无刻不在严格地质问自己:“为人谋而不忠乎,与朋友交而不信乎,老生常谈的道理而没有去学习乎?”检讨的结果是,我从来都没有错,错都是别人的。夫柏老道德学问,掷地都有金石之声,对朋友一向铁肩担道义,赤胆忠心,却连连遭受伤害,说来伤心欲绝。现在把最亲密的三位朋友所做的怪事,当作例证,摘要报告出来,请读者老爷英明判断,就可明白我老人家所受的打击,是如何沉重,能不感慨世道陵夷,人心不古也乎哉。

最使我失望的一位朋友,是一位闻名世界的物理学家,也是对登陆月球贡献最大的四位科学家中唯一的一位中国人。我一向对他崇拜有加,但他却首先对我打击。我于 1977 年回到台北之后,他不但没有寄给我十亿美元,以安慰我破碎的芳心,反而万里来信,千嘱咐,万嘱咐,要我走路时不要乱看女人,免得一头撞到电线杆上。呜呼,这算什么话,吾友卡特先生,贵为美国总统,走路时都乱看女人,我老人家正力争上游,岂敢不为国争光。而且乱看女人,是我唯一的高尚嗜好。食色性也,又是圣人之训,属于传统文化。他阁下不但企图剥夺我人生乐趣,不但要我毁灭人性,还咒我撞到电线杆上,用心不良,有目共睹。但我仍保持君子风度,不予揭穿。可是1978年他来了台湾两趟之后,就露了原形。有一次朋友聚会,我庄严地宣布,要活到五百岁。试想一个国家一旦拥有一位五百岁的人瑞,岂不轰动全世界,然后派我出国访问,也是最有效的国民外交,而我也可顺便在美国弄张绿卡,光宗耀祖。即令到学堂当教习讲历史,连草稿都不用起。公私两利,家国同荣,这是何等的美事。可是他竟在众目睽睽之下,首先反对,劝我活一百岁算啦。柏老这个人,一向待人谦和,有口皆碑,但事关国家荣誉和个人生命,我就据理力争,严加驳斥,坚持头可断,血可流,五百岁却是非活不可。他阁下结结巴巴问曰:"你凭啥活五百岁乎?"我曰:"啥也不凭,只凭信心。"义正词严,全场动容。他仍执迷不悟,劝我活二百岁如何。嗟夫,这岂是讨价还价的,我们这种深厚的友情,他竟下得了毒手,一下子就砍掉我三百岁,真使人寒心。

再次是一位大学堂教习女士,一向对我敬重,我对她也视同子女,万万料不到,她竟然挑拨我和朋友之间的感情,颠覆柏老家本。就在去年(1978),也是有一次,我隆重地宣布我的各种精彩本领——真正的文武全才,我一点都没有夸大,只是根据事实,告诉大家我会开汽车、开摩托车、开坦克车;又会驾耕耘机、驾飞机、驾洗衣机;又会下围棋、下象棋、下西洋棋;又会弹风琴、弹钢琴、弹七弦琴;又会打篮球、打足球、打橄榄球、打棒球、打网球;又会爬山、溜冰、游泳、花式跳水……还没说完哩,偏偏她阁下耳朵尖,竟然认为我睁着眼说瞎话。尤其使我捶胸脯的是,她一声吆喝,大家一拥而上,把我拖到游泳池,硬要我表演一番。我公然不惧,换上新式泳装(那是他们带来的,足证其中有很大阴谋),高立在跳板之上,仰天长啸,英姿焕发。这种事到此本应适可而止,但那批居心不良的朋友(包括该死的柏杨夫人在内),一定要我跳。好吧,跳就跳,扑通一声,下一个回合是哎哟哎哟抬到医院。据医生调查,除了被水面张力干掉了一根可怜的肋骨外(我是平铺而下的),又被淹了个半死。这时她才天良发现,跟那些猫哭耗子的朋友,围着泣曰:"老头,早知道你连游泳都不会,我们不该逼你,都是我的错。"好啦,她已坦承不讳是她的错矣。我真不明白,她竟千方百计,害我身受重伤,躺了三个月的床,整天哼哼。交友如此,夫复何言。

最后说一桩更可怕的事件,是我的一个女学生,十余年来,对我毕恭毕敬,情同骨肉。去年(1978)夏天,她发起了一个五百元的"互助会",我虽然穷困万状,但经不住她一再哀求,念在师生之情,仍慷慨激昂,奋勇参加。参加后第三个月,我就标了下来,吃了一顿油大,买了一双洋式皮鞋,走路时咯吱咯吱作响,引得女人反过来乱看我,好不得意。事情到此,一切都该结束,才是正理。想不到每个月初,她阁下或玉驾亲临,或打电话,曰:"老头呀,缴会的日子到啦,怕您忘记,特地提醒您。"甜言蜜语,说了一大串,骨子里只是向我要钱。柏杨先生穷得天天想偷银行,她却忍心相逼,好像我欠她似的。读者老爷诸君,你是知道的,柏杨先生高风亮节,从没有欠过别人的钱,如今为了一念之慈,竟跳进圈套,有腿难拔,有口难言。也曾向朋友倾诉,虽然大多数朋友都主持正义,认为我不应该再继续缴会,但仍有一小撮朋友被她巧言花语欺骗,上了她的当而不自知,竟然认为我仍应该每月缴出,直到满期。嗟夫,是非曲直竟被如此混淆,使我对人生都失掉原来的信心。

依此类推,其他朋友的友情,更可想而知。不过前面已声明过,我是虚怀若谷的人,所以我仍严格地检讨自己,凭良心说,我也不是没有缺点的,我的最大缺点是心肠太善良,对朋友总是推心置腹,从不知道人间充满了机诈诡谲,我只知道以"诚"待人,古不云乎:"不诚无物。"我也常曰:"宁愿天下人负我,我绝不负天下人。"我就是这么实心眼,只知道一个“诚”字,成败利钝,一概置之度外,即令所有朋友都伤害我,我还是以诚相报,因为我问心无愧,宁死也不说朋友一句坏话。

文归正题,所以我老人家的生活,一直如坐春风。

——读者老爷如果对柏杨先生起敬起畏,不必下跪,原地脱帽即可。如有写传记癖的朋友,自应根据我的言论(这是史学家所称的“第一手数据”或“原始数据”,威不可当),把我说得天花乱坠,记之勉之,有厚望焉。

12. 投奔中医记

高雄《民众日报》通令给一些爬格纸动物,要每人写一篇《我的生活》,写的话银子从丰,不写的话提头来见。柏杨先生停笔数月之久,仍挡不住威迫利诱,写了一篇交卷,从副题上可看出内容之精彩,曰:“闭门思过,平心检讨。”初一瞧好像是学生老爷在课堂上写给教习看的作文,再一瞧又好像是大亨秘书在有冷气的房间里写给小民看的训话训词,不过事实上我说的全是肺腑之言,盖我“思”的结果,是别人有“过”,“检”的结果,也是别人应“讨”也。我老人家集字典上所有美德名词于一身,却沦落到今天这种“为人所不牙”的地步,都是因为我这个人太好,而所有朋友都太坏之故。言之痛心,不说也罢,但各位读者老爷不可不知。

除了上面这个闭门思过,平心检讨的严正理由,柏老所以停笔数月之久,有些紧张大师还以为我忽然销声匿迹,准是被人干了一帽,前往绿岛旧地重游。其实非也,而是御体有点违和。贵阁下读过《论语》乎,吾友孔丘先生泪汪汪曰:“斯人也,而有斯疾也。”那就是对柏杨先生说的。从圣人的痛哭流涕,可知敝御体违和的隆重程度。

呜呼，柏老年纪虽迈，却一向健壮如牛，去年被摩托车撞了个仰面朝天，如换了个没啥学问的人，早就脑震荡兼见阎罗，我却悠悠还魂，顾盼自雄。正说明天生异禀，不同凡品。可是天祸中华，敝阁下眼睛却出了毛病，这毛病应追溯到五年之前，最初有点模糊，读书读报，一片鸦鸦乌。到了前年，更进一步，看字只看一半，要想看全，就得歪脖斜眼，丑态毕露。我就天天骂眼镜店无商不奸，如今欺负到俺糟老头身上来啦。可是，无论怎么配眼镜，换了一副又一副，总是如昔。柏杨夫人劝我到医院求治，一听要去医院，我就呼天抢地，抵死不从。盖目前的风俗习惯，流行死不认错，我的尊眼仍是七十年前的尊眼，想当年明察秋毫，五里外连一块钱都看得一清二楚，有啥可挑剔的，显然的错处全在眼镜店，应该依法严办，才是正确真理，怎能吃里扒外，私通番邦，疑心我有毛病也。折腾了一阵，又加上老妻力大无穷，仍不得不被押解前往。先去长庚医院，一位冷若冰霜的女医师左照右照；继去空军医院，一位热情如火的男医师把我的尊头放在架子上前敲后敲；又去找门庭若市，却脏兮兮兼乱糟糟的一位名医。结果是查了出来，异口同声宣布，我的尊眼血管破裂，淤血堆积在眼球下半部，无法消失。这种贵恙，到了“第四级”就要举行全盲大典，我老人家已到了“第二级”，指日高升，快啦。

主要的现象是，用眼稍久，眼球就英勇地发胀，胀得简直要爆出来，而且痛，而且涩。医生老爷说，视神经已有若干细胞死亡。而视神经细胞，乃人体上最高贵的细胞（脚跟上的细胞算老几），死一个少一个。于是“斯人也，而有斯疾也”，乃到了百药罔效之境，医生老爷除了面谕多服维他命 ABCDE 之外，别无他法。在德国的虞和芳女士，得到消息，她曾由德赴美，学过针灸（她虽是一个博士，却也是一个神童，十八般武艺，样样精通），求她美国的老师，介绍台北中医张齐贤大夫。看在老友分上，这次是自动自发前往求治的。一直到今天，我每天都在拼命猛吃张大夫散丸交加的中药，眼睛有点稳定得住的趋势，胀痛的情形稍轻，又给我煮之熏之的药，每天熏上一次两次，干涩的情形也稍轻。——不过两种稍轻，距政躬康泰，还有十万八千里。现在仍然是只看半个字,但歪脖斜目之后,也能支持十数分钟。看书看报虽然困难,写稿已无大碍,因稿纸上的格子较大,冒冒失失,总可填得进去。不过中药似乎太贵,动辄数千元,每次都心如刀割,与其破财,真不如瞎掉算啦。

吾友傅斯年先生在世时,一提起中医就七窍生烟,一些新派洋派,对中医更是摇头摆尾。一位朋友,被我借钱看病借急啦,有一次抓住我领口——武林高手的锁喉战术,吼曰:"老头,你下跪也没有用,一文不给。要看病,我陪你去找西医,费用我包。"于是立刻又被押解秦重华大夫处,秦大夫亲自把我送到他的一位眼科朋友,检查的结果,学名是"黄斑部变性",据说只有何仙姑下凡,才有希望。该朋友悻悻地掏出银子,摔到地上,我就捡起来仍去继续投奔中医。敬告读者老爷,我现在的尊眼除了看书看报有点差劲外,对于其他,看啥都行。看电影,看电视,尤其是看女人,无不得心应手,而且开起汽车来,更为灵光(如有仁人君子送我汽车,只管送好啦,不要客气)。

自从盘古先生开天辟地,中国是世界上硕果仅存,唯一屹立迄今,文化最悠久的国度。传统文化中,一部分是僵固了的酱缸文化,另一部分则是优秀的活泼文化。总不能一竿子打落一船人,中医有它的至理在也,它唯一的缺点,是知其然,不知其所以然。中医只知道"麻黄"治咳嗽,但问到"麻黄"为啥能治咳嗽,就一律瞪眼。三十年代,医学堂终于分析出来其中成分,提炼制成"麻黄素",新派洋派才闭口结舌。

其实洋药在本质上也是知其然而不知其所以然的。"盘尼西林"可以消炎,问到为啥能消炎,回答是,甲菌干掉了乙菌焉。但问到为啥甲菌能干掉乙菌?为啥甲菌具有这种特质而丙菌却没有?同样的一律瞪眼。柏杨先生说这话,可不是报名参加了义和团、"四人帮",横眉怒目发高烧。而是说中医中药是中国传统文化中最优秀的弃儿,被丢在阴暗的角落,一面任它自生自灭,一面嫌恶它为啥不去上学堂呀。中医之所以没有经过科学的整理,大概是学医的中国同胞,都立竿见影地要挂招牌,马上赚钱,很少肯在不能马上赚钱的药理上下工夫。遂使弃儿一天比一天骨瘦如柴,再熬个几十年,如果仍没人伸出援手,中国这一支优秀的文化结晶,恐怕要从地球上扫地出门。这不仅是中国的损失,也是人类文明的损失。

因为科学的落后,无论药理上或手术上,中医给西医提鞋都不配,再崇拜中医的朋友,恐怕不会请中医为他割盲肠。但如果是吞到尊肚的玩意儿,至少中西医药并驾齐驱。尤其西药多半是矿物质的,凡矿物质的都容易引起副作用。中药大多数是植物质的,就安全得多。至于古代圣贤豪杰,帝王将相,猛吃硫磺,以求长生不老,那属于贵族特权,跟我们升斗小民无关。

不科学是中医最严重的致命伤,有时候看见有些中医老爷,口中念念有词,不像是治病,倒像是一位巫师在做法场,真能使人跃跃然想动脚踢其屁股。但事实上中药有其潜在的科学结构和科学原理,只在我们还没有弄明白那结构和原理的真相。傅斯年先生因为家人被中医治死,以致恨中医入骨。可是被西医治死的人更多,呜呼,凡是反对中医的朋友,包括傅斯年先生在内,几乎全都死在西医之手(除非天保佑你,掉到河里淹死,或被汽车撞个魂归离恨天),却没有人反对西医。柏老就知道至少有一位洋大人对中医佩服得五体投地。提起此人,家喻户晓,乃美国前副总统洛克菲勒之父,第一任石油大王洛克菲勒之子,老洛克菲勒是也。老洛想当年害了眼疾,以他的银子,自不必像柏老一样发愁进当铺,可是再多的银子也治不好尊眼,走遍了英法德奥,最后垂头丧气到了中国,中国朋友就用一种不值几文钱的草药灌之,本抱着死马当作活马医的心理,料不到竟灌得他重见天日,使他对这个古老国度的医药,吓了一跳。就在北平建了一个迄今仍闻名世界的协和医院,专门研究中国医药。可惜的是,那时的协和医院每天忙着看病,看病可以赚钱,而研究却是肉包子打狗。中国人何等聪明,岂肯把银子往无底洞里扔。看样子要想中国医药科学化,靠中国同胞恐怕不行,势必得靠洋大人。盖洋大人都呆而且傻,容易上当,才肯花钱干这种没有急功近利的勾当也。

13. 资格埋没天才

谈到中医,谁都说不出道理。其实对于西医,大家同样也说不出道理。不过说不出道理并不是其中没有道理。西医的道理在洋大人英明的领导之下,一日千里,几乎除了砍杀尔,啥都能治。而中医因无洋大人插一脚之故,一直到现在,还浑浑沌沌,朦胧不清。不过浑浑沌沌虽浑浑沌沌,朦胧不清虽朦胧不清,谈治病却照样治病。俗不云乎:"秘方气死名医。"幼年时候,就在我们村庄,有一贫苦人家,门上挂着招牌:"祖传秘方,专治孕妇疟疾。"盖大肚子老奶,一旦被疟蚊叮了一口,打起摆子,大祸临头,诸如"奎宁丸"之类,连嘴唇都不敢沾,轻啦无济于事,重啦伤及胎儿。可是该秘方制出的药,三剂即痊,简直是神仙手段。其实说穿啦屁也不值(凡是秘方,说穿啦差不多都屁也不值),用一个鸡蛋,在尖端敲破一个小洞,到中药房买一小撮"黄丹"(粉末),从小洞注入,把它跟蛋黄蛋白那么一搅和,再把它蒸熟,就能药到病除。

——写到这里,柏杨先生不禁悲从中来。前些时报上载一噩耗,似乎是宣布疟疾已经绝迹。呜呼,如果不是洋大人在那里乱发明洋药,疟疾仍然与人类同在,柏老靠这个秘方,就可吃一辈子,还写杂文干啥。生不逢辰,可哀也夫。

中国传统医药创造出来的奇迹,老洛克菲勒的尊眼,就是一例。而吾友冀蕙生女士所遇到的奇迹,更能使西医抹脖子。冀女士今年七十五矣,国立河南大学堂医学院的高材生,在三十年代,不要说女医生,纵是男医生,都是凤毛麟角,国之瑰宝。她是妇产科,来台湾后,在台中水湳开设诊所,医术兼医德,使她成为中部一带家庭和妇女界的福星。可是不知道怎么搞的,1955与1956年间,忽然得了一种“肌肉萎缩症”,先从右手开始,肌肉渐枯,功能渐失,走遍了台湾,看遍了各式各样名医,结果跟柏杨先生的尊眼一样,百药罔效。而萎缩却日趋严重,不但不能再为病人注射,连筷子都不能拿。名医宣布说,这样发展下去,右臂将全部瘫痪,即令耶稣先生伸手,治愈的可能性也只有百分之十。

然而,好人终有好报。这话就要回溯到当时的七八年之前的往事。在冀蕙生女士诊所的隔壁,一家理发店在焉,一个从大陆来台只不过十六岁的小伙子史兆海先生,在那里当理发师的助手,打打洗脸水扫扫地,既穷又病,眼看要上望乡台。冀蕙生女士把他视如子弟,关顾备至,这样到了1952年,史兆海先生忽然失踪,失踪也者,即“不见啦”之意。一去四载,没有音信,可是,正当冀蕙生女士陷于绝望之际,他阁下却翩然而归。身体结实,满面红光,已不复当年骨瘦如柴矣。柏杨先生猜想,一定是上帝教他回来报恩的。他看了冀女士症状,保证他可以治疗,这一保证使冀蕙生女士吓了一跳。史兆海先生乃说出他的遭遇,原来他被一位道士收为门徒,带他到深山修炼。这话听起来像一本玄而又玄的武侠小说,可是事实硬是如此。

史兆海先生当下跑到台东,进入大山,去采了只有天晓得的各种草药。熬药内服,又泡药酒,冀蕙生女士那些孝顺的儿女全部出动,轮流为妈妈用捣出的药汁按摩。而最莫名其妙的是,规定病人每天晚上要吃一大堆花生——就是普通从店里买来的花生,仅只稍稍焙干。

大多数病人都没头没脑地听医生摆布,医生叫吃啥就吃啥,叫喝啥就喝啥,至于吃的是啥,喝的是啥,不但不敢问,也不想问,盖问啦也是白问。但冀蕙生女士自己是一位大夫,叫一位西医服中药,又是服的乱七八糟的中药,当然一百个不相信再加一千个不相信。她把所有的草药拿去化验,化验的结果是,每一种草药都平淡无奇,但有一点是明显的,也绝对无害,多少还有点营养。在万般无奈中,只好姑妄服之。

事情就如此这般急转直下,三个月后,萎缩停止,恢复了弹性,手指手臂已感觉出来力量。半年之后,已能够给病人打针矣。不到一年,全部正常,不但筷子运用自如,连开肠破肚,都胜过往昔。然而史兆海先生仍有遗憾,那就是冀蕙生女士的大拇指和食指之间的肌肉(就是我们称为"虎口"的地方),仍有点下凹,除此之外,没有留下任何痕迹。

——史兆海先生身怀如此绝技,可是他既没有上过学堂,又不识字,当然弄不到医师执照。听说他阁下现在南投县集集镇峦大山林区管理处当工友,这又是一个"资格"埋没的奇才。不过读者老爷可千万别找他,一看病他就成了"密医",好了你的病,可能要了他的命,我想你还是驾崩为宜。

西医束手无策的绝症,痊愈于中医——而且是中医里的密医之手。其中道理,似乎应该研究研究。前曾言之,中国同胞当然不肯下这种功夫,那么,好心肠的朋友,不妨介绍给洋大人一听,以便他们搞出点名堂,中国同胞再安享成果。

中医看病,主要的工夫是"望""闻""问""切",先是看看病人的气色,再是听听病人的倾诉,然后跟病人讨论讨论病情,最后才按按脉搏。西医在学堂里学的是不是这一套,我们不知道,但我们却知道有些西医,虽然没有史兆海先生的本领,却是有史兆海先生所没有的嘴脸。《笑林广记》上有则故事,某一小官晋见大官,提出辞职,大官讶曰:"你干得正在有劲,为啥半途而废?"小官禀曰:"大人有所不知,只因有'三大难看',实在受不住。"大官问他三大难看是啥,小官曰:"公堂之上,责打犯人大板,那屁股实在难看。荒郊野外,检验奸杀女尸,那下体实在难看。"说到这里,蓦然停嘴,大官促之,小官结结巴巴曰:"晋见上司,你阁下那副嘴脸,实在难看。"

呜呼,天下难看的不仅此也,可以和屁股、下体媲美的,还有若干西医的嘴脸,而位居台北忠孝东路的啥心诊所,似乎专产这种嘴脸。前些时柏杨先生陪一位高血压的朋友前往投奔心脏科,就栽到一位李不吭先生之手,李公以"不吭一声"闻名于世——不过根据考查,他只是对穷苦小民不吭,如果"此马来头大",也会和颜悦色,话如泉涌。他阁下最可敬的特征，是任凭病人千言万语，哀恳悲求，他不但不吭，而且不哼。敝友在三天前便挂了号(这说明该李不吭医术大概没问题)，好容易等到传唤，进去之后，千篇一律地先量血压，然后开药，然后挥其御手，赶出大门。病人任何婉转陈诉，都如春风吹驴耳。敝友不知厉害，提议曰："大夫呀，要不要做一个心电图?"李不吭先生大怒曰："我认为要做时自然会做，用不着你开口。"在旁帮凶的护士小姐，更勇不可当，把我们二老，连推带赶。走到街头，敝友对于自己到底害的是啥病，血压几度，心脏是否正常，仍然一概不知。一位病人曾鼓起吃奶的勇气问曰："打狗脱，我吃的药，是不是有副作用? 怎么全身发痒，两手都出了红斑?"李不吭先生既以"不吭"名震宇寰，岂肯理会这种无理取闹。病人又曰："可是我停了一停药，身上就不痒，红斑也消失啦。"李不吭先生忽然吼曰："我开的药，从来没有副作用，哼。"一哼好像信号，帮凶护士在旁又要动手，这次该病人倒是自己夺门而逃的，一面逃一面呼冤，声闻候诊室，无不落泪。

呜呼，此所以有些病老爷，宁愿去找中医望闻问切，以期万一遇到史兆海先生同样救星，也不肯花银子去看李不吭先生之类的阴阳怪气也。

14. 两大奇医

生而逢辰，就在今年(1979)，只一个月工夫，就遇到两大奇医。实在憋不住，公告读者老爷之前。第一大奇医是洪点痣先生。

柏杨先生有一女学生，年轻貌美，闭月羞花，偏偏上帝捣乱，在她阁下面颊上，生了一痣，天天为它烦恼。我见多识广，列举历史名媛，差不多都是有痣的，有些玉貌光滑如猪油——"凝脂"是也，还特别请学者专家，硬那么弄上一颗，以示销魂，劝她不宜轻举妄动。可是她阁下却不听老人之言,前去啥心诊所,一头撞进整形美容外科,又一头撞进打狗脱洪点痣先生之手。

该女生是三月五日那一天,早早驾临啥心诊所的,挂了个第三号。该所招牌上写得明明白白,诊断时间是九时半到十一时半,可是等到十时,还不见人踪,女生少不更事,问一位护士女人怎么啦。护士女人瞪眼曰:“本来就是这样嘛,十时以后才来。”该女生埋怨说,既然“本来”如此,招牌上为啥写九时半,而不写十时半,护士女人立刻吼曰:“九点半就是十点,哼。”此哼与李不吭先生之哼不同,乃哼病人不开眼也。在这里,啥心诊所除了发明三等医生治三等病人的伟大学说外,又发明了九点半就是十点的伟大理论,使台湾在世界,又放异彩(顺便向诺贝尔先生推荐,无论如何,总不能不颁给一个啥奖吧)。该女生到此仍不死心,又问说,怎么内科医生却准时来啦,护士女人怒目而视;女生又问,到底来不来呀,护士女人脸上立刻透出杀机,狠狠曰:“当然来。”

是不是因为这种原因,种下被报复的种子,我们不敢确定,反正是洪点痣先生终于亮相。可是护士女人在叫到二号之后,却跳到四号。该女生又去质询,护士女人曰:“你的病历表没来,怎么能叫你?”女生曰:“病历表为啥没来?”护士女人曰:“我怎么知道它为啥没来。”女生曰:“那该怎么办?”护士女人曰:“怎么办,你去挂号处问。”女生这时火冒三丈,提起嗓门号曰:“这是诊所的内部作业,你不去问,倒叫病人去问。”我想她幸亏不是男生,如果是男生,恐怕三字经出笼。护士女人一瞧病人不像善良之辈,可能闹出花样,只好忍气吞声。呜呼,该女生虽然是我的学生,却显然不曾饱读诗书,俗不云乎:“阎王好见,小鬼难缠。”何况阎王更凶乎哉。

后来,该女生勉强被传唤进去,大概刚吵了一架,有点心虚,一坐下就赔笑曰:“翁华明大夫介绍俺来看您的。”翁大夫者,啥心诊所皮肤科医生也,盖女生之意,希望拉出同事之情,不看僧面看佛面,至少可增加一点亲切之感,谁晓得人参果塞到狗肚子里,洪点痣先生眼中根本没有病人,只有仇人,当下喝曰:“你别把翁华明的话当作圣经,你来干啥?”女生挨了闷棍,胆怯起来,结结巴巴曰:“俺点痣,点痣来的。”洪点痣先生曰:“你点痣我就给你点痣,你能一个星期不洗脸、不晒太阳?”女生在学堂当教习,当然不能,于是洪点痣先生曰:“既然不能,还不快走。”女生曰:“等我有时间时再来,可乎?”洪点痣先生曰:“你有时间,我可没时间。”该女生只好抱头鼠窜,容没美成,气倒一肚。

另一位奇医杜开刀女士,更精彩绝伦。不提起此马,倒还罢了,提起此马,来头可大啦,不但是某一个公立医院的妇产科主任,而且是某两个私立医院的妇产科医师,大概仍嫌银子太少,就又在台北市衡阳街一家名叫啥康药局里,当坐山虎。吾友刘太太,就在该药局,当堂被宰。其实刘太太根本没有被宰的可能,偏是她阁下耳朵奇软,左邻右舍的一些老奶,天天在说子宫癌,把她说得意乱情迷。而她从前生娃儿时,都是杜开刀女士接的生,人不亲钱亲,姑妄前去检查。三月三十一日,黑道日也,刘太太单枪匹马,深入虎穴。于是一番检查,杜女士花容失色曰:“大事不好,马上开刀。”——这就有点苗头不对,夫禽有禽言,兽有兽语,江湖有江湖的黑话,医生们只有说“动手术”的,“开刀”乃贩夫走卒之流说的,竟出自行家之口,此所以柏杨先生用之以作为她的尊号也。

刘太太那一天既没带银子,又没有心理准备,而且又形单影只,一听“开刀”,六神无主。推拖说要回家拿钱,又要叫丈夫来陪伴,但杜开刀女士精明绝伦,岂肯煮熟的鸭子飞掉,当时板下面孔,责之曰:“你们病人,就是这么不肯听话,不肯跟医生合作。迟一秒钟就会送老命,我完全是为了你好。”刘太太曰:“可是我身上没钱呀。”杜开刀女士曰:“做医生的以仁义为本,谈钱干啥,救人一命,胜造七级浮屠,现在不马上动手,到时候悔之晚矣,而且我写都写好啦,岂可更改,来人呀!”

来人呀的结果,在意料之中。“开刀”已毕,也不让病人休息,立刻赶走。刘太太回到家里,跟丈夫谈起,才发现她到底害的是啥病、挨的是啥刀、割掉的是啥,统统不知道,而且痛苦加剧,流血不止。躺在床上哼了三天,再也忍不住,到了四月三日,再去投奔,一见面,杜开刀女士第一句话就问:“钱带来啦?”当然带来啦,银货两讫之后,刘太太告诉她病况,杜开刀女士曰:“这是正常现象,大概是天气变化的关系,有啥好担心的。”于是又晕晕乎乎回去。可是回去后更糟,头皮痛得简直要裂开,越想越不对劲,就在丈夫老爷和另一位孙太太陪同之下,再度往访,下定决心,要弄明白到底是害的啥病。杜开刀女士想了半天,才恍然大悟曰:“你害的是贫血,而且子宫有点发炎。”噫,杜开刀女士大概天生的妖眼怪睛,不经过检查,就看出贫血。所以胸有成竹,叫曰:“来人呀。”这一次“来人”,不是动刀,而是验血,护士小姐到楼下验血的结果,竟他妈的没有贫血。按理说杜开刀女士应该当场打自己两个嘴巴,可是她阁下除了手有两下子,嘴也有两下子,口中念念有词曰:“好呀,好呀,一切正常,一切正常。”把三个傻瓜又赶将出来。

刘太太走投无路,只好去投奔另一位位于台北仁爱路的李枝盈大夫,李枝盈大夫检查过后,大吃一惊,子宫不但没有发炎,而且十分健康。杜开刀女士所宣称的“开刀”也者,大概是“刮子宫”而已焉,就问曰:“刮也好,割也好,拿下来的东西理应前去化验,等化验结果出来,便知分晓。”可是事实上拿下来的东西不但没有化验,杜开刀女士为了斩草除根,早扔到阴山背后,连六丁六甲都找不到矣。李枝盈大夫除了把这桩公案列为二十世纪十大奇观之外,只好苦笑曰:“那我真不便再说啥。”只有替她开处方,为她止痛止血。

现在刘太太要去衙门告杜开刀女士,又写了一封信要杜开刀女士回答。柏杨先生老奸巨猾,洞察入微,劝她万不可轻举妄动。盖杜开刀女士财势双全,又有学理上的根据,医医相护,更像一个金钟罩。李大夫不是说子宫正常乎,那正是俺“开刀”的结果呀。用“开刀”去治疗贫血,无论如何,是她阁下的最大发明,最可敬的是,说干就干,干了之后连在现场休息一下都不肯,可谓干净利落。而在一个小小药局诊所,竟大动“开刀”干戈,胆大皮厚,怎敢乱碰。

现在刘太太躺在家里哎哟哎哟,杜女士口袋里银子哗啦哗啦。

两相辉映,无不赞叹。呜呼,狗咬刺猬,无法下口。医生的医德问题,千难万难,我们也无法下口,只好远远的吠上两声,免得这社会太过于寂寞。

15. 孟宪杰大夫论医德

谈起恶医,柏杨先生又有奇闻,大概霉运正在兴旺,怎么挡都挡不住。

吾友赵太太,右边乳房,有点异状。现代人们被"砍杀尔"砍得心惊肉跳,精神分裂,一觉不舒服,就跟刚扔到热锅里的龙虾一样,勇猛地乱跳。我劝她少安毋躁,她说我头脑不清。于是,四月初的某一天——大概是四月七日吧,由她的媳妇陪同,一头撞进了台北建国北路的啥生综合医院之内,再一头撞进了打狗脱林嚎糠先生之手。夫林嚎糠先生,年约四十余岁,留着两撇东洋胡。东洋胡者,八字胡也。挂号传话已毕,宰人的和被宰的,分宾主坐下,赵太太遵谕褪下右边袖子,露出右乳。林嚎糠先生曰:"全脱,全脱,两个乳房都要摸。"赵太太急忙再脱,大概动作较慢,林嚎糠先生曰:"怎么,舍不得脱呀,你这么老啦,还怕人看呀。"意思是他阁下有点失望,如果面前坐的是一位如花似玉,再没有人陪着,那该多好。

赵太太双乳既露,林嚎糠先生倒是诊断如仪,然后拍拍巴掌:"大概没啥,下次再来,多摸摸就好啦!"然后吩咐,"你太胖啦,四只脚的不能吃,只能吃两只脚的。"耶稣老爷为证,赵太太胖倒是有点胖,但平常却一向吃得很少,现在又要节食,她担心会营养不良,林嚎糠先生声色俱厉曰:"我是医生,教你吃啥你吃啥,难道会教你吃大便呀。"赵太太含垢忍辱,仍厚颜问曰:"牛奶可以不可以喝?"林嚎糠先生勃然色变,媳妇发觉情形不对,急忙在旁接嘴曰:"可以喝,可以喝。"跟跄逃出,别人上前探询究竟,赵太太这时候已气得天旋地转。

但引人入胜的景观,还在后面。这时已十时许矣,一位求诊的老太太躺在长凳上痛得直哼,林嚎糠先生御手在她阁下肚子上按了两下,大喜若狂,喊曰:"嚎糠,嚎糠,钱上门啦,要开刀啦。"——嚎糠者,闽南语"妙极"之意,钞票麦克麦克,当然嚎糠嚎糠。可是他阁下要到下午二时,才能动手。上午十时至下午二时,当中尚有四时之久,老太太疼痛难支,林嚎糠先生倒是满仁慈的,下令护士给她注射一针止痛剂。当注射时,老太太勉强翻转身躯,已气喘如牛,四肢无力,再往下拉裤带,就怎么都拉不下来,林嚎糠先生忍不住失声大笑,谓护士曰:"你瞧,她那老屁股,还怕人看哩。"

呜呼,这真是嗑瓜子嗑出臭虫来,什么人(仁)都有。一个医生竟明目张胆,公然戏弄女病人。病人只敢背后咳声叹气,社会上却没有一句抗议提出,中国人的道德勇气大概都输出到爪哇国啦。

就在上个星期,正在街上憋气——想起来这一段可就憋气。遇到孟宪杰大夫,他刚出诊归来,筋疲力尽,但仍被我缠住不放,找了一个面摊坐下,告诉他这件奇遇,请他评论评论。他的回答使我大梦初醒。他曰:"老头,你认为这是医德问题乎?"当然,这还用问。孟大夫曰:"你过去写的文章,我都看啦。"我大惊曰:"老爷容禀,我可没说过你。"他曰:"当然没说过,所以才饶你不死。"我连忙道谢,他曰:"可是,你写了那么多,却始终没弄清医德是啥,只在医生的情绪上夹缠。情绪不好并不一定是医德不好;情绪恶劣,也不一定就是医德恶劣。你懂不懂?"

当然不懂,但孟大夫一解释,我老人家便开了窍。文化人往往蹲在象牙塔里,商人往往蹲在算盘里,而医生老爷,则几乎全都蹲在钱眼里。柏杨先生所遇到的医生多矣,几乎个个面如从冰箱里刚拿出来的冷锅贴,除了"嚎糠"之时,啥都不能动他阁下的心弦。能够谈谈问题的,稀如凤毛麟角。

孟宪杰大夫有他的见解,柏杨先生得把他的话,转告给读者老爷。盖多少日子来,我们所报导的,都是病人的一面之词,还没有机会报导医生的一面之词。

孟大夫曰:医生情绪的变化,只是情绪不好,拉不到医德上去,这一点必须弄清楚。他向柏老曰:"医生也是人,犹如作家也是人一样。你说你是不是人？说呀。"这是废话,我当然是人,难道是头公猪不成。孟大夫曰:"这就好啦,人都有七情六欲,喜怒哀乐,你阁下能不能一年三百六十天,每天二十四小时,都笑口常开?"这又是废话,当然不能。一个学堂教习,晚上孩子吵了一夜,或被太太腰窝里干上一脚,第二天头昏脑涨,上得课来,学生一发问,他就火爆,没有谁说他是恶教习,可是一轮到医生,立刻上尊号曰恶医,太不公平。

一个人脾气不好没有关系,只要心好,有些病人好像不是自己害病,而是仇人害病似的,不听医生良言,医生老爷凶他一顿,正是出于爱心。孟大夫曰:"看你老头写来写去,大概专喜欢笑面虎。"我努力抗辩,他曰:"你曾说过,只要医生态度可亲,医死啦也干。"我又发誓,不过好像似乎是有过这种言论,那也属于情绪发泄,没有人喜欢笑面虎,都宁可投靠铁面观音。孟大夫曰:"不要钻牛角尖,只在医生脸上判断医德,要在行为上判断医德。有些医生只会说不会练,医术不行;有些医生在甜言蜜语下,暗下毒手。老头,你挑哪一个?"我哪个都不挑,只挑能把病治好的,挨打受气都行。

医生态度不好,很多都是职业上的疲倦。记得一则故事,一个死了婴儿的年轻母亲泣不成声,神父做过弥撒后安慰她不要伤心,少妇曰:"你常遇到这种事,是乎?"神父点点头,少妇曰:"可是,我这一生却是第一次。"常遇到和第一次,在感情上的反应,当然不同。病人心里总以为自己是天下第一等痛苦,其他病人不过第二第三等痛苦,所以希望得到天下第一等照顾。而医生老爷天天看到的,都是从一块锌版印出来的,一模一样的愁眉苦脸,逃又逃不掉,摆也摆不脱,有些病人还发出一些稀奇古怪兼不照路的问题,医生要想永远展览他的白牙,那真得有点本领。

孟大夫特别重复一句,要在医生的行为上判断医德。本来一剂药就可以治好的,却叫人跑了十趟,吃了十剂,这才有关医德。本来应割掉一寸大肠的,却割掉三寸;本来应割掉三寸大肠的,却只割掉一寸,留着剩下的二寸,等再发病时再开刀,这才有关医德。子宫出了毛病,割与不割之间,关系着病人的生命和子嗣,如何决定,这才也是医德。严厉公正的病理检查制度,固可以使医德提高,恶医减少,但不能绝迹,而只有靠医生的心地忠厚。嗟乎,当开肠破肚,血流成河,多一分则绝后,少一分则丧生之际,只有忠厚的心田才能上无愧于天,下无愧于人。孟大夫问曰:"老头,如果你是医生,遇到一位产妇,迟一分钟动手术,就可能有难产之危,你是立刻动手术,或是怕批评,任她碰运气乎?"我想,我如果是医生,便是天下人都暴跳如雷,还是要剖腹取婴。

孟大夫最后告诫曰:要评估医生的良知,不要评估医生的情绪。割子宫或刮子宫而把它们扔掉以免后患,那才是恶医。至于我们开场时推荐的林嚎糠先生,做人的质量和基本道德都不够,距医德还十万八千里。犹如一个人只识几个字,还谈啥他的文章够不够料哉。

孟宪杰大夫一番话,给了不少启示。当下我就奋不顾身,四处掏钱要付面条账,结果因为掏了半天仍没掏出来之故,还是他请了客(早知如此,应该找一家小馆)。等他去后,想起孙观汉先生。今年(1979)春天,孙先生在台北时,谈到医生的爱心和嘴脸,孙先生曰:"医生笑口常开,理论上是对的,说起来也很容易,做起来却很难很难。你如果是医生,恐怕不出三天,就得打架。"我想三天的时间未免太长,准第一天就干上啦。

16. 上查三代·下查己身

柏杨先生有一位医生朋友,一向过往甚密,可惜他有两项严重的缺点,使我对他的敬仰之心,与日俱减。一是他很吝啬给病人吃药,现在流行性的手段是，病人一进大门，不管三七二十一，就是一针葡萄糖加维他命B，或是一针退烧针——假设病人似乎有点发烧的话。而该医生朋友总是寻求病因，妄图根治，既劝病人少打针，又劝病人少吃药。于是乎，有口皆碑，怨声载道。另一是，他对于大哼之类，并不特别买账，一视同仁的把他们也当作小民来医，而且有时候嗓门跟来势汹汹的嗓门一样大，于是乎，有口皆碑的怨声载道，又加一番。

柏先生尊眼有疾，人人都说是血压太高，所以血管才隆重破裂。今年(1979)春天，我抱定日本神风队飞蛾扑火的决心，千里迢迢，到他阁下那里诊治，量血压的结果，果然太高，我立刻御容失色，要他给点药吃，他支支吾吾，硬是不肯。呜呼，天下真有这种怪事，柏杨先生当下就亮出招牌，告诉他别门缝瞧人，已有某公司重金礼聘我当董事长啦，岂仍是吃不起贵药的穷苦之辈。该医生朋友曰："老头，少安毋躁，血压高当然应服治血压的药。可是你现在既没有觉得不舒服，就不能以一量为准。或许你刚才走路走得太急，或许你刚才跟人吵了一架，或许你刚才借钱碰了钉子，血压都会上升。必须每天早晚固定的时间去量，一星期下来，看它的平均数，才能确定是不是真的高血压。"我嚎曰："啊呀！我明白啦，你叫我天天来量，是想多赚几文呀。"他曰："凡是自封为董事长的家伙，来我这里量血压，一律不收费用。"

该医生朋友的态度使我证实听到的一些关于他的谣言，他阁下在公教人员保险医院门诊，有些大哼一进门就下令曰："上次吃的那种药不错，照单开来。"多数医生遇到这种情形，你既有胆量以身试药，俺就有胆量见死不救，照单就照单，只有傻子才拒绝合作。他曰："我得先看看你害的是啥病，才能处方呀。"对方面子下不来，胡子立刻乱翘，然而既不能罩他一帽，绳之以法，只好跳高而去，到处宣传他阁下有眼不识泰山。柏杨先生以董事长之尊，他竟敢不当场给药，也就有这种被瞧不起的深刻印象。——不过，到了后来，遵古炮制，终于发现，我老人家血压正常得要命。那位医生朋友告柏老曰："医生不是要讨病人喜欢的，是要为病人治病的。"但这话必须有严格的界说,不讨病人喜欢并不是对病人横眉怒目,仇深似海,或者对病人冷漠得像一块刚从冰河里捞出来的琉璃蛋。外表也影响内心,把握这种分际,就是医德。有一次一个洋病人自以为船坚炮利,对他的扁桃腺发炎置之不理,"俺现在觉得没啥呀"。没啥也不行,该医生朋友仍恶煞神似的把他抓将过来灌药。

医德就是医生的品格,医生的品格就是人的品格。有件事使我们触目心惊的,从前很多医生之所以干上这一行,往往都有一种悲天悯人的情怀,中外历史上这种例子多如牛毛,晋王朝的殷仲堪先生,唐王朝的李元忠先生,前者因父亲多病,后者因母亲多病,不忍亲人痛苦,发愤研究医药,而有杰出的成就。而狂犬疫苗的发明人巴斯德先生,就是在年轻时看见狂犬病人发作时的惨状,下定决心,要救世人免除此危,从此他献身这件工作,直到老死。这种至高的情操:"不为良相,便为良医。"良相救国,良医救人,而今已风消云散矣。现在立志学医的朋友,好像只有一个目标——钱。台湾虽光复三十年,这种狗屎观念不但没有降低,反而更如火燎原,几乎所有的家庭,都盼望自己的子女学医,不是为了救人济世,而是为了发财。一个穷小子一旦考取了医学堂,那简直跟从前科举时代中了状元一样,至少跟《儒林外史》上范进先生中了举人一样,刹那间天门开啦,就有财主蜂拥而上,争先恐后地把女儿许配终身,嫁妆之丰,使人神魂颠倒,除了汽车洋房,黄金美钞外,还负担读书期间一切费用。于是一个醉心文学、哲学、艺术,甚至醉心理工的学生,胆敢拒绝学医,那简直是犯了天条。

财主们所以看准医生,认为是一项最佳投资,主要的是医生财源滚滚,其次是医生比较安全(现在已经没有朱元璋先生那种看不好病就得脑袋搬家的伟大凶手矣),任何政体,任何社会结构,任何天翻地覆,医生都屹立如山,处于不败之地。女作家韩韩今年(1979)春天由美国回台北,谈起来前程,满面春风,盖她的丈夫老爷专攻物理治疗,某大医院出价月薪五万元,另加诊断费二万元,邀他回国。我口瞪目呆地恭喜她嫁对了丈夫,她谦虚曰:"不,我嫁对了职业。"

坐在一旁的柏杨夫人听啦，悲从中来，老泪纵横，害得我恨不得当场就抹脖子。嗟夫，如果我老人家也是医生，何至沦落到今天这种地步，见了编辑老爷就摇尾乞怜，使得老妻羞愧难当哉。

出发点不同，产生追求目标的不同。追求目标不同，人生价值标准也跟着不同。一个人奋斗的动机只是为了钱，他当然随时随地都会把钱放到第一位。本来可以割掉一个肾脏的，正好买的那块地皮缺十万元，看钱的分上，两个肾脏就得同时落地。

医生的普遍兼差，使他们无法敬业。于是医生跟歌女一样。歌女小姐七时至八时在夜巴黎，八时至九时赶到百乐门，九时至十时赶到奥斯卡，十时至十一时赶到喜相逢，十一时至十二时赶到黑森林。医生老爷亦然，真是忙忙如丧家之犬、急急如漏网之鱼。见了病人，又爱又恨。爱的是“嚎糠嚎糠”，银子上门；恨的是这种永远做不完，单调而又枯燥的工作。他不但没有时间想到进德修业，事实上他连跟病人多说一句话的时间都没有——一个病人一句话，十个病人十句话，那就又可多看一个病人矣。不得不查病房的时候，就只好像一条丢到水沟里的鳝鱼，溜得飞快，还没查一半哩，一看御表（那表就值二十万，可买一辆普通牌子的崭新汽车），哎呀不好，转台子的时间已到，立刻就拔尊腿，任凭病人在病床上辗转哀号，统统没有听见。盖这不是有没有爱心问题，而是有没有时间问题。人都是有爱心的，医生的爱心不比牧师的爱心少，只是时间不允许他表达爱心罢啦。

兼差的副产品是，若干所谓名医，织成了一个天罗地网，不但阻止了后进医生升迁的机会，也使病人丧失了“另请高明”的机会。有一位倒霉的朋友，在甲医院被整了个惨兮兮，改为投奔乙医院，进得房门，仍是甲医院的那位主治大夫。于是再投奔丙医院，抬头一看，几乎昏倒，喘曰：“又是你呀。”原来该打狗脱一气化三清，病人碰来碰去，总逃不出他的手心，怎不苦也。

唯一的办法是专业，可这又是说来容易做来难，一个医生每月八万元十万元的待遇，能把普通公教人员活活吓死。可是有些医生，仍不见得满足。而且即令满足，私立医院可以这么做，公立医院就不可能,那将置其他公教人员于何地乎哉。——到此为止,说来说去,仍是一个死结。我就请我那位医生朋友,姑妄出点主意,结论是,首先要广设医学堂,大量增加医生,使人口跟医生的数目,保持一个合理的比例。其次是,医学堂招生时,应该仿效英吉利办法,不能只看学业,应该上查他祖宗三代,有没有犯过罪的、杀过人的、强奸过妇女的、偷过的、抢过的、诬陷过人的、做过暴虐事情的,注意质量的遗传。然后下查学生老爷自身,有没有动过刀子扁钻,有没有揍过教习,孝顺不孝顺父母,爱护不爱护兄弟姐妹,有没有欺凌过弱小同学,有没有残忍凶恶的行为,有没有视钱如命的倾向,有没有虐待过小动物,有没有恻隐之心,——有的话,无论当法官或当医生,千万谢绝。

然而,这些治本之法,即令现在下手,收效也在二十年之后,何况还距下手早得很哩。目前唯一的途径,只有诉诸医生老爷的良心自觉矣。一味追求物质享受,能使人心力交瘁,死在追求道上。一定要纽约、芝加哥、旧金山各有房子一栋,良田千顷,一定要房间里都用德国、瑞士的地毯家具,一定要身揣绿卡,银行存款五百亿。那就只有拼命割子宫、割盲肠、割胃、割肾。在这种医生身上,只能找到银子,恐怕找不到医德。

呜呼,千言万语一句话,必须减少物质欲望,才能有爱心的一席之地。

17. 荒芜了的处女地

接到李学曾大夫一函,讨论中医西医问题,恭录于后——

你的文章,我大多喜欢看。但四月七日《投奔中医记》,却是外行人说内行话。

我是荣民医院的主治大夫,受过多年医学专业训练,也看到很多病人因误信中医,而延误就医致死的事。这种不幸,几乎每天都有,他们危急时不会去找中医,一定是找西医,所以你所说的:“西医治死的人更多。”这是中医不敢收危急病人之故,西医有勇气有道德设立急诊处和病危室,以抢救病人,当然成了西医治死的人更多,请问中医,有学问有能力,去设急诊处、病危室吗?

中药唯有经现代医学处理,才能使其药理大白于世,若只在中医之手,永远只有落伍一途,因其没有现代科学知识,没有武器去研究也。“麻黄素”乃协和陈克恢之分析,陈氏为“西医”。所以能发挥中药的只有“西医”,中医没有这种本领。

解决之道,只有把中药送到研究所,让受过现代科学训练的“西医”来整理,不能任由中医在街头借此民族遗产敛财,如此,中医才有前途。某某中医师,经常在报上登广告自我吹嘘,大概也没有真学问,有真学问的人,“桃李不言,下自成蹊”,不宣传也是医生的一种医德。

而且,“中医”、“西医”这两个名词,本身就有问题。我是中国人,学的是现代医学,我老师也都是中国人,为什么我会成为“西医”?其实我才是道地道地的“中医”——中国现代医生。为了正名起见,中医应如从前一样,称之为“旧医”、“古医”,或“传统医”;西医应称为“新医”、“现代医”才是。免得人们因有“西”字而反感。好像我们的工程师,现在也都是西式的,因他们是中国人,不应称为“西工”一样。

受过现代科学训练的才是工程师,才可以建造高速公路。受过现代科学训练的才是医生,才可以医病。中医没有经过现代科学训练而竟准他们医病,简直是儿戏。我们到高雄去,都知道高速公路方便,为什么不知道现代医学准确和实用?高速公路、飞机、计算机跟现代医学,都是同一思想的产物。而牛车、缠小脚、帝王封建、阴阳五行、五运六气、算命、中医,也都是同一思想的产物。

外行人说内行话,乃现在台湾写文章人的一大弊病,阁下亦不能免,是为一大遗憾。没有专业知识及专业精神,信口雌黄,是十分阻碍社会现代化及国家进步的，相信你并不想当民族罪人。有一本书乃现今讨论中西医最好的书，是陈胜昆医师所写的《近代医学在中国》，当代医学杂志社出版，我想你先看完此书，再谈中西医不迟。陈医师研究中西医，有十年以上的历史，他的话你应重视。

这里特别谢谢李学曾大夫，写了这么长的一封信，盖医生老爷每天忙碌，看尽了愁眉苦脸，有时间还去兼差，多捞几文，哪有闲心去明辨是非也。不过李大夫通篇言论，除了一点之外，其他的我全部同意，可能是该篇敝大作恍恍惚惚，没有说清楚，所以劳动李大夫大挥巨笔。李大夫指摘曰："外行人说内行话，信口雌黄，阻碍社会现代化和国家的进步。"深有同感，正因为"外行的内行人"太多，所以台湾各式各样的专家学人，就好像春雨后的狗尿苔一样，到处丛生。只要在报上有一块地盘，或在会场上弄一个席位，就敢侃侃而谈，把外行人唬得一愣一愣，把内行人气得面色铁青。问题是，柏杨先生可从没有干过这种鸭子屎勾当——你要不信，我可找两家殷实铺保。我哇啦哇啦说中医西医，只是站在病人立场发表观感。好比说，观众虽不会唱戏，但有权批评花旦如何，老生如何也。

柏杨先生说死在西医手上的人更多，指的是病人始终相信西医，李大夫弄歪了我的意思。夫中医不但不敢设急诊处、病危室，纵然胆大包天设啦，也会门可罗雀。我的意思是，一个绝望的病人，在投奔西医百药罔效之后，不妨死马当作活马医，找找中医，碰一下运气。盖医不好本来就医不好，万一医好，岂不绝处逢生。我自己政躬违和，御体欠安之时，就是先找西医，再找中医的，焉肯教唆别人把西医一脚踢，而只信赖中医乎哉。

陈胜昆先生的《近代医学在中国》，我会去买一本，但尊眼已不能细看，可能请老妻念给我听。顺便向中医老爷推销，既经李学曾大夫郑重推荐，一定有一读价值。自从四月七日敝大作刊出后，有很多中医老爷来信致意，认为我为中医说了公道话，我想这同样是弄歪了我的意思，有些西医治不了的奇病怪症，中医可能有办法，但不铁定有办法。而且也并不是对所有的奇病怪症，都可能有办法。有些人的肌肉萎缩,我亲自看到它有治愈的可能性,但砍杀尔之类,则到目前为止,还没听说有啥功效。有三四位读者老爷,三更半夜打电话(不知道是哪里打听到号码的),一定要我介绍中医,忝维我神通广大,定识奇人,我一律当头就是一盆冷水。在此特别声明,与其把银子花到包治癌症的中医身上,不如把银子舍施给我老人家,反正结果都于事无补,却免得病老爷猛喝苦药。不过一位读者老奶是为母亲大人求医的,那么,找谁我都不反对,孝心应如此也。

中医是不科学的,这是中医的致命伤,但不影响中药的功能。诚如李大夫所言,需要把它们科学处理,犹如陈克恢先生处理"麻黄素"一样。然而,使中药科学化,比较容易——我常想,中药店每种药材,为啥不能都制成粉或制成丸乎哉,这仅是一件小事,却一直到今天,仍保持五千年前神农氏时代的原状,配起药来,横七竖八。但中医科学化,比较困难,师资问题就先无法解决,传统的中医只有按脉一种,假如按脉能探讨出一切病源,则医院里的艾克斯光、透视镜等等仪器,都成了多此一举啦。中医一天不科学化,只在上焦下焦、虚火实火里打滚,中医就一天得不到尊敬,这不是某一个人的力量可以办到的,需要国家支持。而现在距那一天还遥遥无期,所以柏杨先生唯一跟李学曾大夫见解不同的一点是,李大夫认为只有彻底地研究中药,中医才有前途。我则认为彻底地研究中药,只有中药才有前途,中医仍是老样子。必须中医师每个人都受现代科学的医学专业训练,中医才有前途。外人帮不上忙,要靠中医自己努力。

但是,即令如此,我们仍不否定中医,它是中国传统文化中荒芜了的处女地,价值连城,有待开垦耕耘。在这个等待期间,偶尔发现奇葩,就更值得珍惜,不能因它不科学,就一锄头干掉。只是仅靠奇葩救不了中医的命,科学处理,才能使中医永垂不朽。至于李大夫提议改中医为"古医",我举手赞成,因为事实正是如此,而且可以刺激中医奋发上进。

18. 台湾的杜鹃窝

前些时,电影院演出《飞越杜鹃窝》影片,电视台播出《冲破杜鹃窝》影集,揭露美国精神病院的重重内幕。有些朋友垂泪告曰:“看了之后,心都结成一团,美国是民主法治的国家,精神病院竟有那么黑暗,精神病人受尽苦难,却无处申诉。”呜呼,这些朋友真是井底之蛙,所见太小,他们如果看了台湾的精神病院,恐怕会觉得美国的精神病院,简直是天堂。

在江湖上,欺负一个没有抵抗能力的人,不算英雄好汉。所以大人不打孩子,武士不打平民,臭男人不打女娇娘,如果犯此一条,不但落得千载骂名,死后还要变八脚鱼,被人捉住,烤而食之。只有下三滥、瘪三者流,才不顾一切,冬天吃柿子,专拣软的捏。而世界上最最没有抵抗力的动物,莫过于精神病患者矣,除了非常严重的少数患者外,绝大多数患者都是间歇性的,有发病的时候,也有清醒的时候。可是因为八脚鱼密布的缘故,精神病人遂注定的在劫难逃。当《杜鹃窝》里那位根本没有精神病的男主角,向委员会申诉他们受虐待时,八脚鱼一句话就把他刻骨的悲痛,化为一缕云烟。八脚鱼曰:“他是个精神病呀!”这就够啦,谁肯相信精神病的话也。

从《飞越杜鹃窝》《冲破杜鹃窝》的镜头上,中国同胞对美国精神病院的现代化设备,恐怕都有点心荡神移,像热水浴、休息室、宽敞的住处、有肉有油的饮食,觉得那也不错呀,于是认为台湾的精神病院,大概也是如此这般。噫,有此一念,天理难容。台湾的精神病院,迄今为止,共七十七所,公立的只有六所,私立的则达七十一所。公立的柏杨先生没有参观过,私立的倒是参观过几家,归来之后,一连几夜都做噩梦。我们已抨击过不少恶医,然而不怕不识货,只怕货比货,比较起来,我们抨击的那些恶医,不过小流氓而已,精神病院里的恶医,简直是职业性一级杀手。

在理论上,精神病院是医疗所在,教科书上就是这么说的。事实上有些私家的精神病院,不啻阎罗王屁股底下的十八层地狱。进得院来,层层铁门,条条铁链,要过五关斩六将,才能进入病人囚禁的房子。病院办公室都很美丽,有的还悬挂各种匾额和各种奖状——天晓得那些匾额和奖状是怎么弄到手的。但走进第一道铁门,立刻就有一种味道,家家不爽。三重市附近那所病院,最为拔尖,女病房设在三楼,男管理员却跟她们同锁在房门之内,而很多女病人都没穿裤子。该病院特派男管理员跳井救人,致为可敬。而该男管理员晚上是不是也跟她们住在一起,我不知道,我只知道白天硬是如此,便不得不努力瞪眼。三四十个女病人像沙丁鱼一样,挤在一个统舱,每人只有一个光光的榻榻米,蓬头垢面,衣不蔽体——如果蔽体,就无法看出她们没穿裤子矣。台北近郊的另一所病院,阴阴惨惨,更加一级,像蜂窝一样的小房间,既潮又湿,有些伸手不见五指,只见幢幢鬼影。厨房里虽然已准备好每人一个鸡蛋,可是那是专门给视察大员看的,而视察大员半年才来一次,于是病人半年才有一蛋,平常日子,只有一碗饭和一碗空心菜煮的汤,汤里大概可能还有几滴色拉油。在台北重庆北路的那所病院里,还有一位黄发碧睛的荷兰籍女士,她跟其他中国女同胞一样,蜷卧在光光的榻榻米上,已被折磨得不成人形。

柏老匆匆一瞥,所见如此。但我知道,私立精神病院的所作所为,有些更使人浑身发冷,似乎他们对病人不是在治他们的病,而是在喝他们的血。不要说一个病人,纵是一个健康正常人,一旦被投进去,也得发疯。无论男女,几乎每个人身上都臭,那说明病人很久很久没有洗过澡。很多病人还害着肺结核或其他恶疾,但他们仍得日夜挤在一起,互相传染。嗟夫,没有牙刷,没有牙膏,没有毛巾,没有替换的衣服,完全的绝望,像一群等候烹宰的猴群,得不到一点怜悯。病人如果胆敢提出请求或胆敢提出抗议,他唯一的收获是八脚鱼的一顿臭揍,揍啦等于白揍。在正式监狱里,看守虐待囚犯,囚犯还有控诉的机会。在精神病院,管理员、医师之类虐待病人,病人却连控诉的机会都没有,前已言之,谁又肯相信精神病的话也。

最使人毛骨悚然的是,女病人往往被无情地强奸。这可用三重市附近那家精神病院为例,男管理员大无畏地跟女病人关在一起,而女病人中有些又是没穿裤子的,情形到底如何,恐怕一言难尽。以致有些女病人的精神病虽然好啦,而新得的阴道炎和花柳病,却缠绵终身。男病人则往往被无情地鸡奸,大概是前年(1977)的事吧,小说家黄春明先生前去参观,发现一个男孩子光着屁股伏在榻榻米上,黄先生好奇地走近一点,管理员立刻用被子盖上,但黄先生眼尖,仍然看个明白,那男孩子的肛门红肿溃烂,不堪卒睹。恰好黄先生身边有照相机——按规定是不准携带那玩意儿,以免机密外泄的,但黄先生在周围人士咆哮阻拦之下,仍摄下那个珍贵的悲惨镜头。可是,当那些女病人、男病人向人哭诉时,谁又肯相信一个精神病的话也。

一个人是不是有精神病,必须经过具有三年以上经验,受过专业训练合格的医师,鉴定之后,才能决定。在美国若干州,还必须经过法院判决才算数,为的是保护人权。可是,台湾目下流行的,权力就是知识,警察老爷在街上发现"形迹可疑"的朋友,三句话问不出所以然,就往精神病院一送,"病院一入深似海,从此萧郎是路人",再见天日,难上加难。我们说警察局"一送",未免把事情说得太简单,有些精神病院还苦心孤诣地跟警察局建立联络,甚至放出暗探,一听抓了一个"精神病",立刻大喜若狂,纷乘计程之车,四面八方,杀奔而前。于是先下手为强,谁先到谁就"嚎糠嚎糠",欢载而归,往囚房一塞,喀嚓一锁,银子——政府的补助费,自动上门。一个人,不管有病没病,落到这种杜鹃窝里,不身首异处,已算祖宗三代积德,如再求过像人的日子,真是愚不可及也。我们且看一段郑泰安大夫所提出的一份报告,报告上曰:

在私立医院治疗的患者,其所遭受的非人道待遇,已有多年。一进病房就有一股恶臭扑鼻,木制的病床有的已经损坏,迄不修理。有些棉被破碎得像纸块一样,患者的衣服更是又脏又破。有一次,在某家私人医院顶楼,看见该院养了一群洋狗,该院工作人员正在抚玩它们,只只养得既肥又壮,毛也洗得洁白无垢。而在旁边的病"人",却面黄肌瘦,这一对照之下,真令人感到不平。

古人云:"乱世人命不如狗。"在有些私立精神病院看来,病人也同样不如狗,用克扣病人的饮食药品去养狗,狗的身价自在人类之上。历史上以吃人闻名于世的英雄好汉不多,像朱粲、秦宗权、张献忠,他们到后来都付出他们暴虐的代价。而只有现代的大批八脚鱼、恶医和管理员,到今天为止,却仍一面摆出谁奈我何的架势,一面活得快乐非凡——有一群肥胖的洋狗做伴,当然快乐非凡。一个人一旦如此这般被抓进去,就哭天不应,哭地不灵。卫生官员每隔半年才去抽查一次,那是病人唯一得救的机会,而这时已被整得不疯也差不多啦。盖那病院最憎恨的是病人出院,因病人出院,银子也跟着出院矣,如果大家都出了院,八脚鱼吃啥?一个医师——我真想写出他的名字,曾亲口告柏老曰:"他(一位向视察大员哭诉他没有病的"病人"),他是警察特别交代的,说他思想有问题,哼,谁敢放他!"磨刀霍霍,谁敢放他!

美国有可怖的杜鹃窝,但美国有人站出来揭起粪缸盖,提出问题,谋求改进,这是美国强大的能源。柏杨先生吞吞吐吐,写了半天,既怕辞不达意,又怕有人戴帽,不觉汗流浃背。呜呼,精神病院里的男女,也是炎黄子孙,也是我们的手足同胞。救救他们吧,求求你。

19. 谈《中国人史纲》

《中国人史纲》于今年(1979)元月出版,三月再版,而三版又将付印,柏杨先生虽颟顸如昔,也不得不对各位读者老爷,充满刻骨镂心的感谢之情。半年以来,该书所引起的问题,已累积很多,有些问题在报章杂志上提出,有些问题在信件上提出,有的是困惑,有的是纠正。套句洋大人常用的话,应该到公开说明的时候啦。不然的话,我老人家就成了大哼之辈,尾大非凡矣。

夫天下最有趣的学科,历史应坐第一把交椅。盖历史也者,就是故事,本身就具备了引人入胜的诱惑。中国拥有五千年历史文化,故事就更如山如海。可惜中国史籍却一团糟,数量上天下第一,而可读性之低,也天下第一。贵阁下如果硬不相信,就请移玉足到最近的图书馆或书店,随便找一本瞧瞧,即令不把你瞧得当场晕倒,也把你瞧得——越瞧越糊涂。

使中国史籍读不下去的原因,多矣多矣,提纲挈领,我们姑且归纳为下列几点:

一曰中国史籍上时间的距离,一向不清,不能给人们一个明确的印象,而年号制度,更是致命伤。史籍上每一个年号,都像一个地雷,一碰到就脑袋开花。柏杨先生在《总序》中几乎用一半篇幅说它,现在再补充几个例证。贵阁下不妨精选一位史学家问问:"西夏贞观十三年距今年几年?"恐怕打死他,他都不知道。如果再问:"后晋开运三年距后汉天福十二年几年?"恐怕再把他打活,也一言难尽。如果我们问1114年距今年几年?946年距947年几年?则连玩尿泥的顽童,都应答如流。我们可敬的知识分子,动不动就搬出尧舜,动不动就搬出汉唐,好像那个时代相距咫尺,一伸手就可碰到脚丫。以害风流病闻名于世的韩愈先生,被吹为"文起八代之衰",听起来跟说"昨晚打了八圈麻将"一样的轻松。事实上尧舜是公元前二十三世纪的朋友,跟今天相距四千三百年。汉唐时代从公元前二世纪开始,到公元后九世纪止,共一千二百年之久,这账怎么个算法吧。至于"八代",又从何时到何时乎?读中国史籍,读者老爷只好腾云驾雾带翻斤斗,不晕头转向者,几希。

二曰中国史籍上帝王的称号,也是一种绝症,"剪不断,理还乱",好像驴毛炒韭菜,乱七八糟。呜呼,王二麻子就是王二麻子,偏偏他混出个名堂,甲摇尾就称他为“太祖”,乙摇尾就称他为“高宗”,丙摇尾则称他为“秦王”,丁摇尾更称他为“文帝”。写史籍的家伙,原封照抄,太祖焉、高宗焉、秦王焉、文帝焉,一锅出笼,读者老爷实在分不清说的到底是谁。摇尾系统始终不敢提王二麻子。盖一个人一旦当了头目,他的名字就成了老虎屁股,只敢绕着该屁股团团兜圈子,把大家累得气喘如牛。

三曰中国史籍固然大多数根据事实,但受了泛政治泛道德的影响,也往往大肆颠倒是非,混淆黑白。像“濮议”“大礼议”事件,史学家竟然主张“亲爹不是亲爹,伯父才是亲爹”。凡坚持“亲爹就是亲爹,伯父就是伯父”的人,都是奸邪。又像十二世纪宋王朝的马植先生,是一位高瞻远瞩的大政治家,和可歌可泣的爱国志士,却被硬生生列入《奸臣传》。和稀泥的朋友到处和稀泥,史籍中似乎不但没有真理,也没有羞耻。

四曰中国史籍中,人权意识越来越淡,不仅帝王和当权分子不把人当人,连摇尾系统的知识分子,也狗仗主势,不把人当人。层出不穷的血淋淋的暴政,小民只敢哀求帝王将相高抬贵手,高抬了贵手是帝王将相的仁慈,一拳下去,血肉模糊,则只敢“哀而不怨”,才是上品。任何情形下,都不能反抗,凡反抗的朋友,在史籍上都是天性险恶的乱臣贼子,人人得而诛之。——除非你反抗成了功,也坐上金銮宝殿,那你就忽然尾大不堪,自有摇尾系统歌功颂德,这就跟唐·吉诃德先生一旦成了贵族,自有人查出他具有皇家血统一样。中国史籍似乎只在培养奴性,不在培养人性。

以上四个原因,成为中国史籍的四个毒癌,使中国史籍,不但可读性极低,而且太多掩饰,或太多曲解真相。中国史学家以及文学家一个个都成了帝王的保镖打手,中国史籍酱在传统的酱缸文化里,不但缺少生意,也缺少生命;在世界文化中,它的结果恐怕是三振出局。

然而,给柏杨先生刺激最大的,是四世纪到六世纪,三个世纪大分裂时代的前期——五胡乱华十九国时代。中国没有一部史籍能把这段历史,说得有条不紊,清清楚楚。传统史学家的特征是嘴巴里好像含着一个鸽子蛋，口齿不清。《宋史》的作者恨王安石先生入骨(因为王先生的新政几乎剥光他们的既得利益)，在王先生跟辽帝国画界之后，就一口咬定王先生是卖国贼，抨击曰："东西丧地七百里。"这七百里是怎么算法哉？东西长七百里，则南北宽有多少？一尺？一寸？或者也是七百里？"五胡乱华十九国"，明明是十九国，第一个人恍恍惚惚数成了十六国，以后的家伙就比葫芦画瓢，也恍恍惚惚继承了十六国。柏杨先生一直想不通，为啥不肯伸出手指数一数哉？手指不够用，伸出脚趾帮忙，也一样可得出结论。酱缸使他们的尊脑僵化，已没有独立思考能力矣。

十二年之前，1967年，柏杨先生就咬牙切齿，决心写一部"五胡乱华十九国编年史"，可惜壮志未酬，隆重坐牢。但坐牢期间，除了哭哭啼啼，哎哟哎哟之外，仍念念不忘这项大业。最初还可以跟外界通讯，孙观汉先生于1968年12月30日除夕，写了一信，就为这件事，特别建议曰：

我近来喜欢看世界史和人类发展史，因而使我感到，中国史的缺乏真实性。实际上，我怀疑，中国是不是有一部合乎事实，和根据人道，以及用客观观点写出的中国历史。使小学、中学或大学的青年们，世界上的公民们，知道一下人类文化发展中这一部分的来龙去脉。

以你的志趣，我真希望在"五胡乱华十九国编年史"以外，能给我们写一部"简单""明了""准确""实在""生动"的中国历史书籍。我的要求似乎很自私，希望我的看法含有历史意义。

这封信经过越洋航递，和监狱"内三层""外三层"的检查，于1969年3月7日——柏杨先生华诞之日，才从囚房地窗窗口递到我手里。它像明灯一样指引了一个方向。于是，我抛弃了"五胡乱华十九国编年史"，着手写《中国人史纲》。在写作过程中，我小心翼翼的保护它的健康，不让它染上毒癌。

在出版迄今的半年时间，看到许多批评的文，接到许多批评的信，也听到许多批评的话。我想上述的写作经过和写作立场，对所提出的批评，已经全盘答复。但是，我们仍选样介绍一两位代表性的批评，解释解释，以求我们的意思更为明显。

彭品光先生在台北《中华日报》上，曾提出五个问题，这些问题，其他朋友也分别提出过，且把它们都容纳在里面，使焦点集中。

第一，春秋五霸问题。我们认为春秋五霸是齐国、晋国、秦国、楚王国、吴王国。《孟子》上的说法，有宋国而没有吴王国。《荀子》上的说法，有越王国，而没有秦国。彭品光先生质问曰："所称齐桓公、晋文公、秦孝公、楚庄王、吴夫差，究竟不知有何所本？特别是秦孝公，乃战国时代的人。"

夫秦孝公也者，彭先生根据的是《中国历史年表》公元前第七世纪扉页上"秦孝公"，该世纪全文八十页，都是"秦穆公"，只在扉页上出现了"秦孝公"。一个没有校对出来的错字，不能算小辫子，再版时已把"孝"字改为"穆"字矣。至于"何所本"，涉及到基本问题。呜呼，《孟子》又何所本乎？《荀子》又何所本乎？"有所本"三个字，害死了中国文化。盖传统的"有所本"，本的不是事实，而是圣人系统，而是师承，结果酱在前人的窠臼之中，变成没有灵魂的僵尸。柏杨先生所本的不是别人开的簧腔，而是认真求证出来的事实。

20. 再谈《中国人史纲》

要想确定谁是春秋五霸，就得先确定霸权的界说。《中国人史纲》中有一段解释，且原封照抄：

每一个霸权都曾烜赫一时，但没有一个霸权能伸展到全中国——犹如十九世纪和二十世纪，没有一个霸权能伸展到全世界一样。他们只能在它自己周围建立势力，齐国霸权限于东方，晋国霸权限于北方,秦国霸权限于西方,楚王国和吴王国霸权限于南方。当齐国称霸时,秦国不受影响。楚王国称霸时,燕国也不受影响。齐秦两国是短期霸权,霸主身死,霸权即归消失。吴王国也不过父子两世,倏兴倏灭。只有晋楚二国是长期霸权,断续绵延一百余年,斗争十分激烈。霸权决定于武力,武力显示于战争。一场大战下来,晋国胜则晋国霸。又一场大战下来,楚王国胜则楚王国霸。所以春秋时代,也是国际争霸时代。

在战争中没有胜利,就没有霸权,《孟子》一书里忽然端出来宋国君主子滋甫。纸菩萨戴铁帽子,恐怕是他顶当不起。子滋甫先生有野心称霸,犹如柏杨先生有野心当皇帝一样,贵阁下总不能说我有野心当皇帝,就是皇帝吧。子滋甫先生一共有三次称霸的表演,第一次公元前641年,他大会诸侯——其实只有曹、邾、滕、郑四个三四流的小国。假如二十世纪一个愚妄的家伙,好比说,乌干达总统阿明先生吧,有一次他邀请了尼泊尔、安道尔、乌拉圭、不丹等四国的元首开会,我们能说阿明先生就是霸主,乌干达就是霸权乎哉。而就在那个麻雀般小型国际会议上,滕国国君来得稍微晚了一步,子滋甫先生为了展示国威,立刻把他监禁。而郑国国君更倒霉,他来得迟了两天,子滋甫先生就把他捉住,带到河边宰掉祭神。第二次是两年之后的公元前639年,子滋甫先生吃到甜头,又大会诸侯。这次可太岁头上动了土,他真的以霸主自居,邀请楚王国的国王芈熊顾先生参加,芈熊顾先生就老实不客气,当场把他生擒,囚禁了几月,诟骂了一顿,然后释放,霸主没当成,反而弄得灰头土脸。第三次,也是最后一次,子滋甫先生被释后,终于明白霸权不能靠嘴巴,要靠武力,就在次年,公元前638年,他向郑国发动攻击,希望楚王国前去救援,好给楚王国一个教训,于是,宋楚两国,在泓水(河南柘城)决战,宋兵团一败涂地,子滋甫身受重伤,一命归阴。

呜呼,看了子滋甫先生的折腾,似乎不能算一霸,只能算隔墙扔孩子——丢人。

《荀子》一书提出越王国,事情更简单明了,盖五霸者,乃春秋五霸。十九世纪也曾有过五霸:英国、法国、美国、德国、日本。再怎么说,都不好意思说日本是春秋五霸之一吧。春秋时代,依儒家学派的说法,也是传统的史籍上的界限,起自公元前 722 年,终于公元前 481 年。《中国人史纲》对此也有说明:

周王朝所属的每一个封国,都有自己完整的本国史,但只有鲁国史流传下来。鲁国史称为《春秋》,流传下来的部分,起于本世纪(前八)公元前 722 年。史学家就从这个时候起,直到公元前五世纪前 481 年,共二百四十二年间,称为"春秋时代"。这是一个人工的划分,犹如"世纪"也是一个人工的划分一样。事实上整个社会剧烈的变动,应起自周政府东迁。但中国历史学者在二十世纪前,全部属于儒家学派,他们一直使用这个称谓,在没有发现这种划分有重大害处之前,我们仍顺应这个习惯。

春秋时代于公元前 481 年结束。次年,公元前 480 年,战国时代开始。七年后的公元前 473 年,吴王国覆灭。再五年后的公元前 468 年,越王国迁都琅琊(山东诸城),霸权才正式登场,把齐鲁等国,吓得发抖。《荀子》一书把战国时代的事算到春秋时代里去啦。

第二,春秋各国列名编年问题。彭先生曰:"根据《史记》所载,春秋十二国为鲁、齐、晋、秦、楚、宋、卫、陈、蔡、曹、郑、燕。根据十二诸侯年表列吴,共为十三国。这十三国在《中国历史年表》上列名编年,自有学理上的根据。但其特别把杞国也列名编年,就不知究何所本了。"这又是一个"何所本",一个人为啥自己没有创见,而又不尊重别人的创见,非酱在"有所本"的酱缸里不可?呜呼,司马迁先生写《史记》,十二国焉,十三国焉,所本的是啥?十二国如果有所本,十三国就成了胡说八道。十三国如果有所本,十二国同样也成了胡说八道。任何大哼,包括司马迁先生,甚至包括孔丘先生在内,他们的主张我们都不闭着眼睛接受,一定得认真的思考。任何"有所本"的东西,不能仅仅因它"有所本"就站得住脚。

独立思考下的创见,都是对"有所本"的扬弃和突破。相对论有所本乎？万有引力有所本乎？相对论之前从没有相对论，万有引力之前从没有万有引力，英雄好汉所本的只是事实，不是本前人说的，或前人写的也。《中国历史年表》把各国和各国年号都排列在上面，只是尊重他们存在的事实，同时也为了读者老爷检查时间位置时，不致气喘如牛。举个例子说明：公元前七世纪二十年代前680年，它是周僖王二年、鲁庄公十四年、秦武公十八年、陈宣公十三年、蔡哀侯十五年、郑姬婴十四年、宋桓公二年、楚文王十年、齐桓公六年、晋姬缗二十五年、燕庄公十一年、卫惠公二十年、曹庄公二十二年、杞共公元年。在那个时代，中国没有统一的记年数字，而是"你记你的年，我记我的年"，必须如此排列，才能知道郑国国君姬突复位之年，即息国灭亡之年，亦即楚王国攻蔡国之年，亦即杞国国君杞共公即位的次年也。杞国犯了啥罪，不能列到表上？如果不列到表上，读者老爷读《史记》读到《陈杞世家》，若"德公十八年"、"文公十四年"，要找它们的关系位置，恐怕每一找都是一场手忙脚乱。柏杨先生辛辛苦苦把它对照出来，读者老爷不但不说一声感谢，送一份厚礼，反而指着鼻子吼曰："你究竟何所本呀。"真叫人龇牙。

第三，少正卯问题。彭先生曰："鲁定公十四年，孔子诛少正卯，乃是因他'乱政'之故，而《中国历史年表》写为诬杀，不妥。"

——注意"鲁定公十四年"的使用，柏杨先生笔下，从来只用耶稣公元，而不用中国传统的年号，为的是明确地显示时间的关系位置，把中国历史文化纳入世界历史文化的巨流。夫年号是一种记时工具，犹如骑马射箭是战争的工具一样，丝毫不具神圣的意义。试考一考："鲁定公十四年"，距周敬王二十四年多少年？距楚昭王二十年多少年？距卫灵公三十九年多少年？又距今年（1979）多少年？真能把读者老爷的痢疾都考出来。不但时间距离弄不清，现在拜托贵阁下，查查《中国历史年表》或任何一部年表，"鲁定公十四年"在哪一页，恐怕也会查得垂头丧气。柏老又一次的想不通，为啥不直接写"公元前496年"乎哉？用"公元前496年"，干净利落，一目了然，何必努力搬石头来砸自己的脚，跟自己的脑筋过不去耶？战争已进入电子时代，如果再有人坚持把洋鬼子发明的飞机大炮都扔到河里，仍继续古老的跑马射箭，恐怕准被送到疯人院。可是在文化的领域里，却非跑马射箭不可，一心一意把中国孤立于世界文化之外，似乎也应请医生诊断诊断也。而彭先生全文都是如此——事实上很多史学家到今天，仍都酱在年号里，这就叫人紧张啦。

21．三谈《中国人史纲》

关于少正卯先生，《中国历史年表》曰："鲁司寇孔丘摄相事（代理宰相），诬杀大夫少正卯。"《中国人史纲》叙述它的经过曰："堕三都的第二年（前496），孔丘被赏识他的国君姬宋，任命为代理宰相，三桓已大为光火，而孔丘却不到三个月，就把一位很有名望的文化人少正卯逮捕，立即处死。然后宣布少正卯有五大罪状，这五大罪状是：'居心阴险，处处迎合人的意思。行为邪恶，不肯接受劝告。说的全是谎话，却坚持说的全是实话。记忆力很强，学问也很渊博，但知道的全是丑陋的事情。自己错误，却把错误润饰为一件好事。'这种烟雾蒙蒙的抽象罪状，说明凡是有权柄的人，都有福了，他们可以随时把这顶奇异的帽子扣到任何一个人头上，而仍能振振有词。"

——少正卯先生罪状的原文是："心逆而险，行僻而坚，言伪而辨，记丑而博，顺非而泽。"

一个人是不是犯罪，尤其，是不是犯了死罪，要有犯罪的积极证据，连消极的证据都不行，更不要说只是一些情绪上的形容词。扣到少正卯先生头上的帽子，跟巫婆的魔帽一样，扣到任何人的头上，都同样合适。扣到我阁下头上固然合适，扣到你阁下头上也非常合适，扣到任何一位律师、一位民意代表，甚至扣到孔丘先生、孟轲先生的头上，同样非常合适。——晏婴先生就有一顶"倨傲自顺"的帽子扣到孔丘先生头上，幸亏晏婴先生心软手善，否则，老二危矣。

我们在已公布的少正卯先生的罪状上，找不到他犯罪的证据，更找不到他乱政的证据，只找到一场冤狱——中国最早的冤狱之一，少正卯先生不但被诬陷处决，而且还要背上一大堆恍恍惚惚的罪状。然而这还不足说明这些罪状鸭子屎，鸭子屎的是，即令这些罪状并不恍恍惚惚，而是有根有据的，也谈不到乱政，更距死刑十万八千里。

孔丘先生对少正卯先生的手段，使人寒心。任何人企图证明少正卯先生"该杀"，就跟老水牛掉到枯井里一样，恐怕是有力无处施，除非再制造另一个冤狱。于是，儒家学派朋友，鉴于扬汤止沸既然不行，根治之道，莫过于釜底抽薪。《中国人史纲》介绍曰："若干世纪后，儒家学派发现杀少正卯这件事不太光彩，所以曾竭力证明根本没有少正卯这个人。"理由是，这么一件惊天动地，杀人栽赃的大事，在记载孔丘先生事迹最多的《左传》《国语》《论语》上，都只字不提，未免违反正常情况。只有《荀子·宥坐篇》冒出来，《史记》也就跟进，而《史记》中有关孔丘先生的记载，错误不少，例如它说孔丘先生由"大司寇摄相事"，"大"字是司马迁先生加上去的，"大司寇"乃中央政府的司法部长，"司寇"只不过曲阜警察局长，恐怕没有权力乱扣帽子乱杀人——杀小民可以，杀贵族就下不了刀。而"摄相事"，并非"代理宰相"，只不过"代替季孙斯先生担任鲁国国君的礼相"，礼相者，掌管礼仪的官。

呜呼，这是为孔丘先生洗刷的最好办法，既然根本没有少正卯先生，一切事情都告解决。可是，假定如果真有少正卯先生，那么，正式文献已无情地显示得很明白啦。

第四，孔丘先生去国的用语问题。彭先生曰："根据《史记·孔子世家》所载，孔子跑到各国去，旨在施展政治抱负，并非到各国去谋一职业，各种典籍均用'周游列国'，而年表写为'流亡'，显有不妥。"

彭先生所称的"各种典籍"，不知道是啥典籍，如果包括《中国历史年表》和《中国人史纲》，那各种典籍的说法就不一样。对孔丘先生的去国,《史记·孔子世家》是这么说的:"桓子……三日不听政,郊又不致膰俎于大夫,孔子遂行。"只说他"遂行",并没有说他周游列国。而"遂行"的意义是啥,《中国人史纲》曰:"恰巧遇到国君主持对天老爷的大祭典,在分祭肉的时候,三桓故意不分给孔丘。这是周礼社会中最严重的一种处分,表示已被深恶痛绝。孔丘只好流亡,出奔卫国。"

中国史学家好在文字上耍花样,为了一时的利益,而把真实的史迹扭曲、伪造、掩饰、删改,甚至埋葬。随便举一个例子,公元前632年,晋国国君姬重耳先生,召唤身为天子的周国王姬郑先生,到晋国境内的河阳城(河南孟州)见面,这简直是反啦反啦,诸侯竟把君王当作奴仆一样的呼来喝去。好在史学家可以颠倒是非,于是,姬郑先生由被召唤被传见的卑微地位,变成了高高在上,威风凛凛的"天子巡狩"。然而,屁纵是放到铁裤子里,三年也会露出来,历史真相,也是如此,再厚的铁裤子,只能掩饰一阵子,不能掩饰永久。

孔丘先生之去国也,原因很多,而按下的电钮是:不把祭神的肉分给他,这不仅是一个侮辱,也是一个警告。孔丘先生察觉到大势已去,只好自我放逐。他如果不"遂行"的话,可能还会有下一个节目,少正卯先生头上的帽子原封不动地罩到他头上,他就成了第二个少正卯矣。

我们认为,本不愿离开,但迫于形势,不得不离开的,称之为流亡。索尔仁尼琴先生就是流亡,而不是周游列国也。至于孔丘先生跑到各国干啥,"施展政治抱负"和"谋一职业",实质上没有分别,没有权柄在手,政治抱负如何施展乎哉?犹如没有琵琶在手,曲子如何弹出乎哉。孔丘先生从甲国而乙国,而丙国,而丁国,目的只在"大用"——谋一个权柄,结果没有谋到。如果"不妥"的话,是当时那些不给他官做的混蛋"不妥",不是柏杨先生"不妥"。

第五,唐王朝年数计算问题。彭先生曰:"根据台湾'教育部'部定中国历史教科书记载,唐王朝帝系历有十四世,共有二十位皇帝,立国共二百八十九年。其间,武后虽然称帝,国号周,但唐王朝并未灭亡,各地仍有唐王朝的势力反抗武后,是故历史上都称'中宗复位',并不称'中宗复国'。而年表所写立国二百七十六年,恐怕尚待研究。"

唐王朝的帝位传了十四代,不错。可是除了这一点不错,其他各点,却无一不错,而且错到了埃塞俄比亚。事实上,唐王朝共二十五任君王,其中有三个君王是垮了台再上台的,所以皇帝的数目只有二十二个。当初计算时,柏杨先生的手指和脚趾一齐出马都不够用,还向邻囚的朋友借了两个脚丫,才算得一清二楚。人名繁多,写起来一大串,有被指摘骗稿费的嫌疑,敬请读者老爷忍痛牺牲(上当也不过一次),买一部《中国帝王皇后亲王公主世系录》,然后脱下尊袜,伸出脚趾,数一数到底是多少皇帝。台湾"教育部"请的那些专家,真是胆大包天,大笔一挥,就干掉了两个。这只不过是中国史学家的"埋葬"手段,只要"有所本",前人说啥,我也说啥,事实管他娘。

——唐王朝明明有二十二个皇帝,史籍俱在,不知道干掉的是哪两个倒霉的家伙也。

唐王朝建立的年数,共二百七十六年,台湾"教育部"请的那些专家竟敢瞪着大眼说谎,硬说是二百八十九年,又不知道根据的是啥。七世纪 690 年,武曌女士把唐王朝皇帝李旦先生,一脚踢下宝座,而用她自己的屁股坐上去,改为周王朝——柏杨先生称它为南周王朝,以醒眉目。到 705 年,武曌女士也被一脚踢下宝座。南周王朝建立十六年之久。十四年间(南周王朝首尾各一年,跟唐王朝共享),历史上只有"南周"而没有"唐",只因为踢武曌女士屁股的是她亲生的儿子兼唐王朝的皇帝李显先生,才硬把南周这一段取消,如果踢武曌女士屁股的是柏杨先生,我建立的是柏拉图王朝,南周这一段取消不取消乎哉?总不能一口咬定唐王朝是亡给柏拉图王朝的吧。无论是科学家或史学家,第一件要遵守的规则是"尊重事实",这种抹杀和伪造事实的干法,不但不是史学家的态度,也不是有高尚人格的态度。

反抗的力量再大再强,都不能据以证明不亡。明王朝于 1661 年亡后,反清复明的力量更大,范围更广,时间更长——垂三百年之久,读者老爷能说明王朝不亡,中华民国推翻的不是清王朝,而是明王朝乎。

好啦,现在算算吧。唐王朝自 618 年立国,907 年下台鞠躬,共二百八十九年,减去南周王朝十四年,不是二百七十六年是几年?至于“复位”、“复国”,乃文字把戏,而文字把戏抵挡不住历史事实。

22. 四谈《中国人史纲》

第六,清王朝年数计算问题。又是“台湾教育部部定中国历史教科书记载”,“清王朝帝系历十一世,共有十二位皇帝,而清兵入关统治中国,系自清世祖顺治元年开始,迄至清宣统三年为止,所以一般都是以此计算,共有二百六十八年。而年表所计,系自后金天命元年开始,共有二百九十六年。这点,恐怕也待研究。”

——在没有研究清王朝到底多少年之前,我们再讨论一次年号问题。上面一段是彭先生的原文,请问读者老爷:顺治元年距今年,到底多少年?宣统三年距今年,到底多少年?顺治元年距宣统三年,共有多少年?而天命元年距今年,又是多少年?如果不借现代化的工具,恐怕贵阁下翻箱倒柜,查史书兼打算盘,三天三夜,也未必能算出答案。柏杨先生百思不得其解的是,时代已到了今天这种分秒必争的境地,却一定放弃火车不坐,而非坐牛车不可,道理何在耶欤?为啥不写成:“清王朝帝系历十一世,共有十二位皇帝,而清兵入关统治中国,系自 1644 年开始,迄至 1911 年为止,所以一般都是以此计算,共有二百六十八年。而年表所计,系自 1616 年开始,共有二百九十六年。这点,恐怕也待研究。”如此这般,年距数字,岂不是一清二楚。放着耶稣公元不用,一定要酱在地雷密布的年号里,套句暗室磨刀朋友们的一句话，咦，“是何居心”也哉。

——另有两位读者老爷来信，声色俱厉兼大义凛然，提出二点：第一，他认为不用年号是一种忘本行为。第二，在必要时，他建议在年号之下，用括号加注耶稣公元。关于忘本，仍借用借用老例子，贵阁下从台北到高雄，为啥不坐传统的牛车，而竟忘本地去坐洋大人发明的火车？中国跟日本八年大战，为啥不用传统的骑马射箭，而竟忘本地去用洋大人发明的飞机大炮？只要把这两件事解释得天衣无缝，我们就一齐下跪，心服口服地递佩服书。关于在年号之下加注耶稣公元，那似乎是脱裤子放屁，多此一举。而且年号一马当先，徒扰乱视觉和思路。坐火车就应该把屁股直接坐到火车上，不必火车上再放一辆牛车，而把屁股坐在牛车上。打仗时全军都用飞机大炮，不必叫飞行员和炮兵战士再背上弓箭，以示不忘本也。

——另外再插一句话，探讨“忘本”。咦，不知道这个“本”是啥时候的“本”？中国之有年号，始自公元前110年（我们如果说始自西汉元封元年，距今年多少年？贵阁下准又头大）。而在公元前110年之前，固只用帝王公元，根本没有年号这玩意儿。好啦，恭请指示：我们不要忘哪个“本”呀？年号乃后来之物，我们真正的“本”，应在没有年号之前。“数典忘祖”，好像正是为这类朋友而设。

——年号是中国的产物，在中国古文化势力范围内，使用年号的有越南、韩国（朝鲜）、日本。越南复国后，即直接改用耶稣公元。韩国最初使用“檀纪”，韩国开国君王檀君的历系也，柏杨先生于1955年御驾访问韩国时，他们还是使用檀纪的，今年（1979）柏杨夫人前往韩国，开拔前夕，我还以此告之，以示我老人家天文地理，无所不晓。不久，她阁下从汉城来信曰：“老头，檀纪在哪里？檀纪在何方？你撒谎撒到老娘头上啦。”急得我到处打听，原来他们早也改用耶稣公元矣。现在只有日本，仍用中国式年号，但用与不用，悉听尊便，不像中国那么精神衰弱。盖中国历史上，年号谓之“正朔”，不用正朔，就是叛逆，脑袋就得搬家也。然而最近也发生了大事，就在今年（1979）5月，日本国会讨论一项年号议案，一群极右派的保守朋友，努力示威，表示支持年号制度，六十八岁的阴山正治先生，还跑到东京郊区森林中用猎枪自杀。这则新闻至少给我们两个启示，一是，日本人已觉悟到，年号是一种文化钢板，能使自己的国家孤立。现在顺便问一声读者老爷：韩国檀纪一二三四年，距今年几年？日本明治五年，又距今年几年？套一句高平先生的话："人为啥要跟自己的脑筋过不去"哉。另一是，以日本那种思想言论自由的开放社会，抱残守缺的人，仍然层出不穷，说明任何一项改革和进步，都会有绊脚石，古今中外，都差不多也。

年号问题说了两骡车，现在书归正传，研究清王朝年数。"台湾教育部"说清王朝帝系十一世，共有十二位皇帝，这回可算说对啦，特别在此脱帽致敬。但对于年数，却冒出二百六十八年，就太上老君放屁，不同凡响。1616 年，吾友努尔哈赤先生建立后金汗国，1636 年，后金可汗皇太极先生改号清帝国，自称为皇帝。1644 年，皇帝福临先生进了山海关，到北京坐龙廷。请问读者老爷，清王朝应从哪一年开始哉？我们是从 1616 年努尔哈赤大干时算起的，因为那是事实。皇太极正当着后金可汗，到了 1636 年，一声呐喊，把自己改成大清皇帝，我们总不能把这个政府或这个元首，在 1636 年拦腰砍断，前半截不算，后半截才算吧。

——二十世纪的锡兰共和国改称斯里兰卡共和国；波斯王国改称伊朗王国。政府依旧，元首依旧，疆土依旧，我们能把它的前段历史抹杀乎哉。

但是，如果一定非从改国号改帝号那一年算起，还多少可以解释。而竟然"一般都是如此计算"，从福临先生迁都那一年，1644 年算起，那就卜卦摊丢了签筒子，不知道凭什么算啦。"台湾教育部"既然肯定清王朝帝系十一世，皇帝十二人，如果从迁都那年算起，就变成帝系九世，皇帝十人矣，平白干掉了两世和两个皇帝矣，"教育部"怎么擦自己的屁股吧。而在唐王朝年数问题上，彭先生刚刚定了一个标准："武后虽然称帝，国号周。但唐王朝并未灭亡，各地仍有唐朝的势力反抗。"所以武曌女士的南周帝国不算数。可是，福临先生入关之后,明政府仍在,兵多将广,有土地、有人民、有主权,激烈地反抗达三十九年之久,清王朝怎么忽然间就算了数哉。

对彭先生的解释,到此为止。还有几位读者老爷提出元王朝的年数问题,问曰:"为啥所有史书都说元朝立国九十余年或八十余年,只你说立国一百七十六年?"

这问题在于,大多数史学家都千古历史一大抄。只柏杨先生伟大不掉,硬要搬出事实,伸出手指脚趾,细细地数。数的结果是,九十余年也好,八十余年也好,不知道是怎么算出来的。1260 年,吾友铁木真先生建立蒙古帝国,自称可汗。1264 年,忽必烈可汗迁都大都(北平)。1271 年,又是忽必烈可汗,改蒙古为元王朝,当起皇帝。1276 年,攻陷宋王朝的首都临安(杭州)。请问贵阁下,元王朝开国之年,应是哪一年耶?我们认为当然应是铁木真先生 1260 年大干的一年,而有些朋友却认为应是攻陷临安 1276 那一年。至于元亡,呜呼,元王朝啥时候覆灭,到现在为止,仍没有一个人知道。明王朝军队于 1368 年攻陷大都(北平)后,元王朝仍控制现在的云南省,直到 1381 年,明王朝才收复云南。可是元王朝并没有亡,事实上元王朝只是退出当时的中国,退到蒙古老家,仍然存在,帝位又传了若干世,才逐渐被不断的内乱所瓦解。连上帝都不知道它啥时候瓦解的,而中国史学家却大言不惭,说是明王朝把它搞亡的。无论《中国人史纲》《中国帝王皇后亲王公主世系录》,或《中国历史年表》,都曰:"1206——1381,自开国到全部退出中国本部,共一百七十六年。"特别强调"退出",是根据事实,不是根据别人的恍惚。

千言万语一句话:我们要自己独立思考,要自己独立判断,不要别人说啥就是啥,即令他是圣人贤人,即令他是大哼大狮,即令他是柏杨先生。

23．五谈《中国人史纲》

最后，我们从正名主义，解释对国家和皇帝的称谓。

正名主义是孔丘先生提倡的，他觉得无论干啥，最主要的就是正名。我们完全同意他的正名主张，只是不同意他正名的内涵。孔丘先生是“圣之时者也”，所以他的正名，有他的时代意义——他那个时代是公元前第五世纪，距今两千五百年矣，正名的目的在于把茁壮的新生事物，压回原状，把没落的贵族特权阶层，重新拉上原来威不可当的地位。贵者永贵，贱者永贱，贵不能变贱，贱不能变贵，一变就乱了“名”，乱了“名”就乱了“分”，乱了“分”就乱了天下。在这种复古的意识形态下，事实被“名”殉葬。像楚王国，自公元前第八世纪九十年代建国以来，跟周王国平分当时已知的世界。公元前第七世纪九十年代时，楚王国兵临周王国首都洛阳城下，把周王国的国王，吓得魂不附体。可是，孔丘先生编纂《春秋》，楚国王却被正名为“楚子”，“子”是五等封爵中的第四等封爵，楚部落时候酋长的封爵也，这种酱在过去好日子里的正名，我们称之为“意淫型”的正名。呜呼，你卡特先生不是美利坚总统乎，在俺英国佬笔下，你却是美利坚总督，盖过去好日子里，美利坚是俺的殖民地，实质虽变，正名不变。意淫型的正名，其状可憎，其情固可悯也。

我们信奉的是实质型的正名，是什么就是什么。楚王国就是楚王国，美利坚合众国就是美利坚合众国；楚王就是楚王，美利坚总统就是美利坚总统。绝不把楚王正名为楚子，也不把美利坚合众国总统正名为英属美利坚殖民地总督。所以《中国人史纲》从不说一句假话——从不把政变说成喜气洋洋的禅让，从不把叛变说成吊民伐罪的义师。而所有史书似乎都在对有权的大爷百般摇尾。像司马光先生在《资治通鉴》的后周王朝篇幅里，竟然出现“太祖皇帝兼殿前都点检”“太祖皇帝领归德节度使”“太祖皇帝先至瓦桥关”。呜呼，这“太祖皇帝”是谁？依实际型的正名，他应该是后周王朝的元首，可是依意淫型的正名，他阁下却是当时还没有影儿的宋王朝的元首，不但乱了阵脚，也乱了章法。

《中国人史纲》中从没有“太祖皇帝”之类的称呼。在《总序》里，柏杨先生说了很多，高平先生在台北《爱书人杂志》上对此也有一段说明：“《中国人史纲》不管帝王将相、贩夫走卒，一律直呼本名，省去那些绕脖子的死命称号。”“（过去的史书）一言人，更是混乱，一会本名，一会别号，一会官衔，一会封号，一会谥号。安石、介甫、半山、临川、荆公、文公、参政、相公……到底是几人？皇帝更妙，初生下来称皇子某，封公封王后又称某公某王，立太子后又称太子、东宫，登极后又称庙号，怎不叫人头大。”潘立夫先生在台北《自立晚报》上撰文，也曰：“《中国人史纲》把一群‘神圣’还原，文王就直书姬昌，武王就直书姬发，周公直书姬旦，齐桓公直书姜小白，晋文公直书姬重耳……我们没有理由称他们为‘公’‘王’‘皇帝’，因为这一群‘神圣’也是人，不是天上星辰神仙降临凡尘。”

柏杨先生搬出两位专家，不是为了助阵。盖说理不同打架，人多没有用，理多才行。而是两位先生说的恰是我内心的话。嗟夫，自从公元前二世纪六十年代，儒家学派借着政治的力量，独霸中国以来，繁文缛节，一天比一天厉害，权力越大的人越高不可攀，皇帝的姓名好像一泡臭狗屎，没人敢碰，反而绰号乱冒，使人既眼花又作呕。

有头脑的人物，往往都有一个绰号，而任何绰号都是严正的，严正地把该家伙的性格特征，提炼出来，仅凭那个绰号，就可认清他的真实面目。《水浒传》上一百零八位好汉，就每人都有一个，宋江绰号及时雨，可知他慷慨好义。吴用绰号智多星，可知道他一肚子阴谋诡计。秦明绰号霹雳火，用不着介绍，他一定一言不合就卷袖子。唐王朝宰相李林甫，绰号李猫，噫，他准是一个笑里藏刀的朋友。中国如此，洋大人亦然，英国女王血腥玛丽，此婆包管心硬似铁、杀人如麻。法国国王胖子理查德,他阁下恐怕至少拥有一个卓然不群的大肚皮。

然而,中国帝王绰号,却不能表现实质,而只能表现马屁。像嬴政大帝,李世民大帝,玄烨大帝,称他"始皇""太宗""世祖",还有得可说。但是像朱全忠,不过一个恶棍,却称他"太祖"、"神武文圣孝皇帝"。像高洋,不过一个暴徒,却称他"显祖""文宣皇帝",就实在忍不住连隔夜的饭都吐出来。而弑父篡位,把王朝搞亡了的杨广,绰号却是"世祖"、"明皇帝"。套句京戏《武家坡》上唱的,"朗朗世界,荡荡乾坤",简直没有天理啦。不特此也,越到后世,儒家学派的文字游戏越起劲,一个皇帝的绰号往往几十个字,查也无法查,记也难得记。

于是,《中国人史纲》,把他们的绰号一律丢到茅坑,只使用他们的本名,张三就是张三,李四就是李四,王二麻子就是王二麻子。刘彻就是刘彻,绝不称他汉武帝;弘历就是弘历,绝不称他清高宗——或称他乾隆皇帝。这是我们实质型的正名主义,是什么就是什么。

姚立民先生在纽约为文,不赞成这种还君真面目的干法。他说,提起齐桓公、晋文公、楚庄王,人人皆知,《中国人史纲》忽然来一个姜小白、姬重耳、芈侣,谁晓得他们是干啥的?因之,他主张曰:"关于帝王绰号,如朱全忠、高洋等王八蛋之流,当然无需加注'太祖''文宣'。但如果历史上的地位特殊,不论其是否王八蛋,仍以加注绰号为宜。当然,只限于第一次出现之时。例如:刘彻(汉武帝)、刘秀(汉光武帝)、李隆基(唐玄宗)、赵佶(宋徽宗)、朱棣(明成祖)、玄烨(康熙帝)、那拉兰儿(慈禧后)。我可不是拍他们的马屁,唯一的原因是当后人将《中国人史纲》与历史古籍对照阅读时,比较方便。"

姚立民先生是《左传》《国策》专家,我这个外行算是倒霉,不断遇到内行。不过,凡事不应该拖泥带水,只要有可能,就应快刀斩乱麻。在人名下夹注绰号,跟在年号后加注耶稣公元一样,同是多此一举。史书上写石虎时,都是直写石虎,谁称他"太祖""武皇帝"耶?写多尔衮时,都是直写多尔衮,谁又称他"成宗""义皇帝"耶?《三国演义》流传最广，人人都知道曹操、刘备、孙权，有几人知道“太祖武皇帝”“昭烈皇帝”“太祖大皇帝”耶？又如扶不起来的刘阿斗先生，天下闻名，又有几人知他阁下的绰号“孝怀皇帝”耶？

中国有文字记载的历史，已五千年，看起来太久太久，然而中国如果真的永垂无疆之庥，几万亿年一直屹立，这五千年不过眨眼工夫，要返璞归真，此正其时。世人为啥只知石虎、多尔衮，而不知他们绰号乎哉，因史书上直写石虎、多尔衮的多，写他们绰号的少也。在以后的几万亿年中，我们如果一律直书刘彻、赵佶、朱棣、那拉兰儿，那些绰号就会风消云散，中国人的脑筋也就可以多少腾出一点空位置去搞别的。这是一个是非问题，不应该因循，像宋王朝美女的绣鞋一样，错到底也。

高平先生指出《中国人史纲》：“对忠臣义士表彰过少，对权奸佞幸描述太多，令人读了颇不舒服。”呜呼，写历史是叙述事实，如果只为了叫人舒服，那就得大量歪曲事实。中国文化似乎有了毛病，诚如河南梆子戏唱的：“说忠良，道忠良，自古忠良无下场。”大多数忠臣义士的结局，几乎都是一场冤狱，像郭子仪先生得以终其天年的，真是凤毛麟角。我们表彰岳飞，表彰于谦，以及表彰的英雄多啦，可是我们不能大刀一挥，把他们砍为两截，前半段算，后半段不算也。借用高平先生自己的话：“历史本是一股洪流，洪流中污秽渣滓总是活跃在水面上的，待河清海晏之日，渣滓自然会沉淀下去。”中国自开国迄今五千年，只有三个黄金时代，除了第一个黄金时代外，第二第三个黄金时代，都十分短促，渣滓是一直活跃在水面上的，我们的目的正是要指出这些渣滓；不是为了叫人舒服，而用绸缎把它遮起来，这样才能使中国人警觉到中国文化的危机。巴黎博物馆进门处的第一张油画，就是画的普法战争时法国战败的惨状，值得我们三思。

24. 哥儿公子有福啦

门第世家制度,用现代眼光来看,是一种狗娘养的制度,但在有奇异头脑的人物来看,却跟观世音菩萨的胸脯一样,神圣不可侵犯。谁要侵犯,谁就得倒八辈子霉。关于这种制度的著作,如山如海,两火车都装不完,用不着我们细表,但我们仍要表一表两位可敬的打手,一位是五世纪九十年代北魏王朝的皇帝老爷元宏先生,另一位的地位较低,是九世纪中叶唐王朝的宰相李德裕先生。我们所以表一表他们二位,并不是因为他们二位长相出众,而是因为他们克尽厥职,是门第世家的英勇斗士,在门第世家没落衰微,眼看要断子绝孙时代,使出十八般武艺,杀得血流成河,为既得利益的哥儿公子,巩固他们的既得利益;为未得利益的哥儿公子,建立将来二抓的堂皇理论基础。

先说元宏先生,这位鲜卑民族的皇帝老爷,是一个中国崇拜狂,认为鲜卑人的玩意儿一切都是坏的,汉人的玩意儿一切都是好的——包括"中国的月亮比鲜卑圆"、"汉人的脚踢到屁股上也比鲜卑人的脚踢到屁股上舒服"。跟现代有些朋友主张"全盘西化"一样,他阁下主张的是"全盘汉化"。不同的是,主张"全盘西化"的朋友,手无寸铁,只好穷嚷。元宏先生却大权在握,想怎么干,就怎么干,连皇太子和诸亲王都阻挡不住。

呜呼,五世纪时,五胡乱华十九国早把由九品中正建立起的门第世家制度,破坏得无影无踪。元宏先生却雄心勃勃,他用政治力量硬叫僵尸复活,僵尸复活还不算,还要它跟政治结合。鲜卑民族本来是游牧生活,在瀚海沙漠群上,逐水草而居,战斗力很强,阶层等级也很疏阔。元宏先生的本领,就是在这种松懈的社会结构里,生吞活剥地制造出新的门第——跟九品中正时代的旧门第无关。

于是，鲜卑贵族的姓氏，称为“国姓”，最尊贵的国姓有穆、陆、贺、刘、楼、于、稽、尉，共称“八姓”。汉民族没有资格以“国”为单位，只有以“郡”为单位，在郡里选定做官人数最多，而官位又最高的姓氏，称为“郡姓”，这自比“国姓”差一点劲，最尊贵的郡姓有范阳（河北涿鹿）卢姓，清河（河北清河）崔姓，荥阳（河南荥阳）郑姓，太原（山西太原）王姓，陇西（甘肃陇西）李姓，共称“五姓”。——当时的知识分子，如果能“娶五姓女”，跟五姓中任何一姓的女儿结婚，那简直是跟娶了欧纳西斯的女儿一样，立刻前途如锦，身价十倍。

至于全国广大的被统治的可怜小民，则属于“庶姓”，任凭杀剐，一文不值。国姓郡姓有国姓郡姓的门第，这门第代代相传，就成了世家——官宦世家。世家哥儿公子唯一的神圣天职，就是做官。政府官位，永远被他们包啦，像嫖客包妓女一样地包啦。庶姓家庭，既没有门第，当然根本建立不起来世家，世世代代，注定地要被哥儿公子骑到脖子上。

现在，让我们瞧瞧门第世家的等级：

第一等曰“膏粱门第”，三代里出过三个宰相（三公），就属于这个顶尖阶层，这种世家里的哥儿公子，简直是老虎崽子生到羊群里，哪条羊肥吃哪条羊，势不可当。第二等曰“华腴门第”，三代里出过三个副宰相（尚书令、中书令、尚书仆射），就属于这个次一级的门第，这种世家的哥儿公子，虽没有像老虎崽子那么威风，但跟老鼠崽子生到牛奶缸里却差不多，用不着东奔西跑，只要张口，就吃喝不尽。第三等曰“甲姓门第”，人头就比较次啦，三代中只要有一个老爹干过重要部的部长（尚书）就行。第四等曰“乙姓门第”，三代中只要有一个老爹干过次要部的部长（九卿）和省长（刺史）。第五等曰“丙姓门第”，三代中只要有一个老爹干过副部长级的官（散骑常侍、大中大夫）。第六等曰“丁姓门第”，这是最低级的门第，但最低级的门第也比小民庶姓要高——而且高到九霄云外，这个门第，只要三代里有一个老爹干过科长（吏部员外郎），就可以踩到小民顶瓜皮上。

门第世家是大小官崽的巢穴,第一等膏粱门第的哥儿公子,或第二等华腴门第的哥儿公子,管你王八蛋也好,下三滥也好,十八岁乳臭未干也好,二十岁势大气粗也好,他不必辛辛苦苦往上爬,第一个差事就是中央政府的科长。换句话说,中央政府科长级的官位有了空缺,就非由这个门第的哥儿公子去干不可,不但轮不到你我这些小民,也轮不到甲乙丙丁。甲乙丙丁级门第的哥儿公子,初出道只能担任省政府秘书长(长史)或郡政府的主任秘书(主簿),这两个位置,你我小民纵有通天本领,也望官兴叹。

这种狗娘养的制度,在当时就受到激烈反对,大臣之一的李冲先生问元宏先生曰:"皇帝老哥,不知道开天辟地以来,政府设立官职,是为了安顿哥儿公子乎,还是为了治理国家乎?"元宏先生曰:"这还用问,当然是为了治理国家。"李冲先生曰:"那么,你为啥专论门第,不论才干?"元宏先生曰:"官宦家庭出身的哥儿公子,即令没有才干,不能理事,可是德行却纯笃呀。"

——"德行纯笃",真是见了鬼啦,不知道他阁下这学问是怎么冒出来的。呜呼,德行纯笃的朋友,往往出自农家和教育界,官场中只会产生势利眼(对不起,你阁下如果是官场人物,当然例外)。吾友宋王朝宰相蔡京先生就有金句曰:"既要当好官,又要当好人,怎么办得到耶?"在专制时代,好官和好人不能并存,官宦家庭的哥儿公子,尚可问哉。元宏先生不是无知,就是睁着大眼说瞎话。

元宏先生翘辫子三百余年后,到了九世纪中叶,唐王朝宰相李德裕先生继承遗志,为了维护门第世家的利益,继续向小民宣战。不同的是,元宏先生本是一个皇帝,他只是为了"仰慕中华文化"——这句话读者老爷一定眼熟,君不见偶尔有个洋妞洋佬来台湾一游,被记者逼得紧啦,只好用这句话搪塞,盖洋妞洋佬发现,如果仍执迷不悟,可能过不了关。于是,报上一登,有些人就飘飘然兼然然飘。不过元宏先生却是从心窝里真正仰慕中华文化的,可惜他的"全盘汉化"中,吸收了精华,也吸收了糟粕——那就是门第世家制度。其实,即令他不吸收门第世家制度,他的皇帝宝座也不会跑到别人屁股底下。

而李德裕先生不然,他本身就是门第世家的产品,他之所以大战小民,不但是维护他所属的门第世家利益,也是维护他自身的既得利益。

李德裕先生一群人,被称为"李党",李党的成员大多数都出身哥儿公子,讨伐的对象是以牛僧孺先生为首的"牛党",牛党的成员大多数都出身庶姓小民,既没有当官老爹在天之灵,只好靠科举考试,他们的能力干才,不久就威胁到哥儿公子的饭碗,李德裕先生就像唐·吉诃德先生一样,义不容辞地挥戈跃马。

事实上李德裕先生比唐·吉诃德先生厉害得多,他用的是斩草除根手段。第一,他念念有词,祭出"诬以谋反"的法宝,宣称牛僧孺先生跟叛将刘祯先生有勾结,主要的证据是,一个被俘的叛军军官,出面证明刘祯先生曾接到过牛僧孺先生的一封信,可是信却当时就被刘祯先生烧掉啦(牛僧孺先生没有被搞得"坦承不讳",总算他运气)。洛阳市副市长(河南少尹)也报告说,当刘祯先生失败的消息传来时,牛僧孺先生曾叹过一口气(读者老爷中如有小民出身的,叹气时可得小心)。

第二,李德裕先生一不做,二不休,他要求皇帝李炎先生取消已实行三百年之久的科举考试,他义正词严地指控那些没有门第的小民出身的官员,都轻薄浮滑,成事不足,败事有余。而哥儿公子出身的官员,就没有这种毛病。他气不发喘兼面不改色曰:"政府官员,必须任用世家子弟,因为他们从小就熟习官场生活,对政府典章制度,比较熟习。用不着特别训练,就具有官员们所必须的礼节和风度。而小民出身的官员,即令十分才干,却对这些丝毫不懂。"

读者老爹千万莫认为这是屁话,要知道"江山代有才人出,各说屁话五六年"。

25. 头发的故事

中国人的头发跟中国人一样，五千年来，多灾多难。第一场灾难发生于十一世纪，金政府下“剃发令”，这个剃发令在历史上没有留下强烈的痕迹，在民间也没有引起强烈的反应。但它却是政治力量第一次地干预发型。金政府是女真人的政权，而塞北一些民族，包括蒙古人、匈奴人、鲜卑人、突厥人、女真人，他们对头发的处理，可谓独出心裁，不像汉民族那么大而化之。汉民族处理的方法曰“束发”，把全体发同志捉而束之。塞北民族却把头顶边缘剃了个净光，只留下顶瓜皮上的一小撮，然后梳成猪尾巴似的辫子，悬到背后。这种世界上最丑陋的发型，女真人却当作传家之宝。幸好金政府剃发令特征是，凡是全身为高官的汉人，才恩准剃出猪尾巴。小官小民，想剃也不能剃，以保持猪尾巴的尊严。

第二次灾难发生于十七世纪，也是女真人组成的清政府，卷土重来，再下一次“剃发令”，这次灾难的规模，可就大啦。后生晚辈的女真人思想一变，认为那种世界上最丑陋的发型，是汉人向女真人屈膝的象征，也是女真人政治力量威不可当的象征。汉民族的反抗惊天动地，女真民族采取血腥镇压，最后陷于歇斯底里状态，把猪尾巴跟他们的王朝扯在一起，喊出“留头不留发，留发不留头”的口号。呜呼，中国人永不了解欧洲同胞，为了稀松平常、不足挂牙的宗教信仰，竟会杀人如麻。在中国人印象中，你信你的观音菩萨，我信我的太上老君，井水不犯河水，实在用不着动刀子。同样，洋大人也永不了解中国同胞，为了稀松平常、不足挂牙的头发发型，竟也会杀人如麻。在洋大人印象中，你梳你的五龙戏凤，我梳我的开花炸弹，同样井水不犯河水，更用不着堂堂政府，跳进去搅和。

到了十九世纪，汉人对女真人的猪尾巴，再掀起反抗。太平天国辖下的臣民，一律恢复大汉衣冠。清政府不自我检讨猪尾巴的丑态，反而破口大骂"发匪"，发匪者，拒绝沿边剃光的大汉衣冠也，事情黑白颠倒到如此地步，也算浩劫。幸亏小民并不跟着叫，而只叫"长毛"，长毛就是长头发，以区别女真人的猪尾巴。可惜这场护发运动，只有十二年寿命，即归惨败。一直到二十世纪初叶，孙中山先生革命成功，才把清政府和猪尾巴发型，同时连根拔起，扔到博物馆里，一些遗老遗少，一个个气得发昏第十一。

中华民国成立之初，是中国人头发的黄金时代，谁想留啥发型就留啥发型，谁想梳啥花样就梳啥花样。——嗟夫，那短短的十数年间，不仅仅是头发自由的黄金时代，也是学术自由的黄金时代。于是，万物育焉，天地化焉。然而好景不长，就在二十世纪三十年代，第三次灾难来临，政府又把巨手插到头发里，不过这一次受害者只限于正在学堂念书的学生，依照规定，学生老爷一律向阿兵哥看齐，剃得光光如也——当时年轻人称之为"和尚头"。身体发肤，受之父母，五千年的传统文化中，头发是父母生命的一部分。十七世纪第二次发劫之时，汉人为了保护头发，血流成河，伏尸千里。想不到三百年后，有权管头发的朋友，一面猛喊维护传统文化，一面却向传统文化中最重要的一环，自动自发地猛下毒手。当时盛况惨烈，青年们一个个光秃秃兼秃秃光。抗战爆发后，忙着跟大日本皇军打仗，对头发才略微放松。想不到来台湾之后，故态复萌，可能认为大陆所以失守，都是因为青年头发太长之故，于是，男学生的头发就首先遭了殃，女学生的头发接着跟进，好像只要能对学生老爷老奶的头发加以控制，就能正心诚意，齐家治国平天下。

不过，追根溯源，学生们的发型到今天这种惨不忍睹的局面，大日本帝国实在是它的能源。三十年代那段日子，就是日本光头文化西侵的结果。盖世界上任何一个国家的武装部队，都是留长发的，只有大日本帝国的武装部队，上自大将军，下到二等列兵，全部寸草不生。光头文化不过稍稍西侵，就使中国五千年传统文化中的束发文化,败下阵来。而台湾在日本统治之下五十年之久,自然更根深蒂固。回忆1950年前后,台湾的学生老爷千篇一律的青萝卜,学生老奶也千篇一律的西瓜皮——女学生的西瓜皮,在大陆上似乎还没有出现过。嗟夫,猪尾巴是天下第一等丑陋的发型,青萝卜和西瓜皮则是天下第二等丑陋的发型。不知道东洋朋友啥时候得罪了上帝,上帝衔怨在心,才用这种绝招,降下惩罚也。

在日本本土发展的丑发文化,一支侵入台湾,一支侵入中国大陆之后,再迂回到台湾,如鱼遇水,毫不困难地一拍即合,汇成三十年之久的丑发洪流,蔚为奇观。不过,有一点跟从前不一样的是,从前光秃秃兼秃秃光,而且以发出闪亮,为顶尖上品。不知道啥时候开始,官恩浩荡,学生老爷准许留"平头",顶瓜皮上那块小小的地盘,可以略微长出半公分左右。但学生老奶,从小学堂到高中学堂,西瓜皮如旧。

自从盘古开天,中国境内从来没有剃过光头平头的,只有三种人有这种现象:一种是野蛮民族,所谓"断发文身";一种是囚犯,古时候就有"髡刑",把头发干掉;一种是和尚,表示他远离尘世,活着跟死啦一样。儒家学派的古圣先贤包括孔丘先生以及朱熹先生在内,他们如果知道中国的学生老爷老奶,已被当作化外之民,囚犯,甚至活死人看待;教官大人或训导大人,一个个手执钢剪,虎视眈眈,把他们捉住,"断"之"髡"之"秃"之,恐怕会到处找眼泪瓶,大哭一场。

日本发明光头的原因,我们弄不清楚。但有一点却是弄清楚的,光头显然违反大自然生物的生存要求。上帝何等聪明(据说,他的聪明至少不比柏杨先生差),既然叫头发生到人的头上,就是要它阁下保护人的顶瓜皮下的大脑小脑。遇到雨打日晒,总算隔了一层。万一流氓喽啰朋友,斜刺里一跃而起,当头一棒;或者忽然天将降大任于斯人也,飞来一片残瓦;当然也可能立刻脑浆迸裂,但比较之下,垫一层软绵绵的万缕乌丝,总比直接承受,活下去的可能性要大得多。所以,光头政策,不但丑陋,而且还是一个隐性的谋杀和消极的谋杀。谁要说柏杨先生危言耸听,谁就应该身体力行,为青年表率,以头试法,站到太阳底下两个小时,表演给大家看看。

光头的最大缺点是既不清洁,也不卫生——岂止不卫生而已,前已言之,而且死伤的机会反而大增。有识之徒认为头发长啦,一定不容易洗,不容易梳。呜呼,如果真的如此,不妨举目四顾,除了学生老爷老奶之外,上自达官贵人,下到贩夫走卒,哪一个不是长头发?难道统统都是脏货,不堪一嗅乎哉。肮脏清洁跟头发长短没有必然的定律关系,即令头发短,三十年不洗,也一样臭而不可闻也。如果常洗,纵然白发三千丈,照样清洁溜溜。与其削足适履,把年轻人糟蹋得跟化外之民、囚犯、活死人一样,不如釜底抽薪,加强卫生教育,不但发要常洗,身也要常洗也,这才是治本之道。而且光头也好,平头也好,三天不剪,就会乱如蓬草,再洗都没有用。尤其是,洗得太过勤快,会把头发上的油质保护膜洗掉,寸寸粉碎,遗憾的将是一辈子焉。

事实上,三十年代之所以接受日本的丑发文化,主要的不过是追求划一,以求在表面上划一之后,产生思想上划一的成果。噫,中国自唐王朝之后,兄弟名字中,往往有一字相同或半字相同,大哥曰柏拉图,二哥曰柏扯图,三哥曰柏披图,看起来血浓于水,然而,史书上血迹斑斑,尽都是这些同排行的骨肉相残。企图用发型的统一达到内心的统一,恐怕是属于狂想三部曲,这种古怪的主意,不知道是怎么想出来的,真应该颁给一座金脚奖,以资纪念。

民族多难,政府要做的事太多啦,"教育部"的责任更大,去干些正经的事吧,拼命管发干啥?学生老爷老奶已奋起护发之役,这是台湾青年灵性复活的契机,柏杨先生在此敬致无限的祝福。

26. 盼望神仙显灵

一连几个月,著作权问题,议论纷纷,到处有座谈会,到处有专辑,“内政部”更着手修改旧《著作权法》,显示这是文化界一个严肃的课题。柏杨先生不甘寂寞,也要插上一嘴。

小说家琼瑶女士,在台北《联合报》上发表一文,说她从没有为著作权烦恼过。嗟夫,柏杨先生恰恰相反,几乎天天被著作权——我老人家自己的著作权,和朋友们的著作权,搞得七荤八素。这并不是我标新立异,表示尾大,而是琼瑶女士,已闯过了七荤八素一关,像一个输得起的英雄好汉,两手一摊:好吧!算你赢。柏杨先生仍一直停留在七荤八素阶段,而我一向又不会温柔敦厚,就忍不住要嚷。

盗印之盛,自古皆然,于今尤烈。这个“古”,可不是指公元前二十二世纪的尧舜之世,盖在公元后二十世纪之前,中国根本没有著作权,犹如根本没有红绿灯斑马线一样,这些都是现代文化的新生事物。所以,“古”也者,只不过指四十年代和五十年代而言。当彼时也,稍微有点销路的小说,立刻就被海盗朋友翻印,爬格纸动物千方百计,奇案追踪,找到了巢穴,海盗朋友不但不认错,反而吼曰:“翻印你的书是瞧得起你,有些人的书,给我磕头,我还不翻。”爬格纸动物刚要张口,海盗朋友却越说越理直气壮:“不要你一块钱,既替你传名,又替国家普及文化,你还有啥不满意的。”爬格纸动物如果不当场就献上一面感谢锦旗,而胆敢告状,简直是不识抬举,天理不容。

七十年代之后,台湾的情形如何,大家有目共睹。海盗朋友虽不再以替天行道自居,但闹到法院,不过两年以下有期徒刑,两年的牢其实够厉害的,可是普通不过判两个月三个月,而“《著作权法》”又规定可以“易科罚金”,罚金最高额是新台币六千元。六千元现在的购买力,一桌中等价钱的酒席而已。海盗朋友挥金如土,岂把一桌酒席看在眼里,砰的一声,把银子扔到法院柜台上,扬长而去。爬格纸动物于是四大皆空。

四季公司董事长廖干元先生在台北《自立晚报》上发表谈话说,香港翻印盗印风气,十年前比台湾更猖獗更混乱,可是,“这几年却很快改善,香港目前成立‘文化犯罪取缔中心’,使得存心侵犯他人著作权益的不法之徒,噤若寒蝉,一点也不敢为非作歹”。廖干元先生的言论，一定有他的根据，但香港的不法之徒，似乎不但没有噤若寒蝉，恐怕比过去还要张牙舞爪。事实上香港的翻印盗印大业，已成为中国文化界的毒瘤。天涯海角的事，不是人人皆知，而且空口无凭，这得举个例子。

台北星光出版社老板，今年(1979)夏天，忽然大发脾气，把柏先生大作的新书和再版书，每种一律多印五千册。我以为他疯啦，他倒没有疯，而是跟香港、新加坡谈好，要一次供应这个数目。我当时也颇龙心大悦，想不到两部书下来，全军覆没，运出去几乎一本都销不动。而且来信说，台湾方面，必须在书寄出一个月后，才可以上市。因为只要有一本在台北出现，就有伏兵买下，航空寄去，等到台湾的原版书运到，翻版书早已充塞每一个角落，原版书根本没有立足之地。

经济学上有"劣币驱逐良币"定律，在文化界，却是"翻版书驱逐原版书"。现代的印刷照相术，巧夺天工，翻印出来的跟原版的一模一样，价钱却便宜一半到三分之一，既不付版税，又不付制版费故也。原版书一身重装备，步履艰难，胆敢跟翻版书碰，无不大败。星光出版社老板一度急昏了头，以三折的手段硬拼，拼了一阵子，不愿上吊，自动刹车。我眼巴巴想用那版税为老妻买双玻璃丝袜风光风光，也泡了汤。

最使人抽筋的是一位不愿公开姓名的文坛老奶，她出版了一部一千页的厚书，当初以为这种大块头玩意儿，不会有人垂青。谁知道海盗朋友豪情万丈，香港一家坐落在九龙西洋菜街的书店，于今年(1979)元月该大作在台北出版后不久，即明火执仗，于2月4日，就在香港《明报》大登广告曰："某某巨著贺新春，原价八十元，二月二十五日前，预约此巨著，只需二十元。"2月11日广告曰："某某巨著，掀起抢购热潮，预约日期，被迫提早截止，2月20日，绝不展期。"接着，2月17日广告曰："订购日期，最后四天。"2月19日广告曰："订购日期，最后二天。"2月20日广告曰："订购日期，最后今天。"

这些广告，是老奶在香港的朋友把剪报寄给老奶的，可能有遗漏,也可能还有其他海盗朋友,同样下手。广告内容,足以使被宰的爬格纸动物身轻如燕,但一看定价,就知道大事不好,港币二十元,以八比一计算,才新台币一百六十元,而该大作原版书定价,当时却是新台币四百二十元。柏杨先生,甚至该老奶,如果去买,也宁愿买翻版书。该老奶天真未泯,曾写信去要求赠送一部,作为纪念。那封信肉包子打老虎——对海盗朋友,我可不敢说肉包子打狗,在意料中的,没有下落。

所以廖干元先生那种肯定的态度,不能使人心服。台湾翻印,总算有状可告,而香港翻印,却谁也无可奈何,纵使找上门也无可奈何,老子就是翻印啦,仍是四十五十年代的老话,翻印你的书是瞧得起你。可是当你泣不成声地求他不要再瞧得起你啦,如果再蒙青睐,爬格纸动物一身贱骨,无法消受,就要喝西北风啦。但海盗朋友无不择善固执,非瞧得起你不可,爬格纸动物哭天无泪,只好受宠若惊。盖香港政府只保护在香港注册的出版物,而在香港注册的出版物,必须作者或出版社在香港有居留权才行。——是不是这般,远在天边,我们不知道。但不少出版商一而再、再而三地跑香港,全都灰头灰脸而归,看起来斗不过他们。

香港如此,台湾如彼,爬格纸动物和出版商,唯有盼望法律伸出援手。台湾的保障,正在加强,听说"内政部"修改后的新"《著作权法》",有两大突破,一是扩大著作物著作权的范围,一是提高对海盗朋友的处罚,这处罚从原来的二年以下,改为"七年以下一年以上",而且不能易科罚金,说坐牢就硬是坐牢,金银财宝堆积如山也不行。这才能产生阻吓作用。

然而问题在于执行,我们法官老爷的头脑,有些仍停留在十八世纪,认为"无讼"才是第一要义。所以上得公堂,张金口、发玉音,总是先问曰:"你们和解过没有呀? 你说啥? 没有? 先去和解再来。"好像除了法官之外,所有中国人都是傻瓜,不知道服膺"讼必凶""和为贵"大黑暗时代小民的信条。结果有钱的大爷占尽了便宜,他们有的是时间上法庭,有的是银子请律师。拖得越久,被拖在马车后的朋友越叫苦连天，只求早早结束这场官司，能不倒贴钱就兴高采烈矣。如果公堂之上，只是和稀泥的地方，而不是判断是非、分辨曲直、制裁非法的地方，再重的刑罚条文，都不能使海盗眨眼。

另一个问题是，我们希望通过国际刑警组织，除了捉拿经济罪犯外，也管管文化罪犯。有些气喘如牛的人坚称美国是背信负义之邦，可是背信负义之邦却保护他们作家的著作权，无远弗届。自称为礼仪之邦的中国，作家却任人乱宰。如果一时不能，柏杨先生建议组织一个打架委员会。这妙法台北的出版商早就用过，一听说海盗朋友驾临台湾观光，立刻蜂拥而上，把他阁下"请"到某一个黑屋子里或明屋子里，先是一顿臭揍（千万别留伤痕，柏杨先生可免费传授你两套，干得他哇哇乱叫，却没有一个疤）。然后，给钱。没钱的话，叫他打电报回香港来赎。如果海盗朋友一辈子不来台湾，那么，我们就凑份子，派出武林高手。这些妙法虽然上不了台盘，而且有被捉去吃官司的危险，但至少可以出出闷气，杀杀海盗的威风。同时，考察过去的成绩，其效如神。

不管怎么吧，爬格纸动物即令不是中国最可怜的动物，也是中国最可怜的动物之一。三十年来，除了小说家琼瑶女士在写作上发了大财外，其他朋友，如柏杨先生之类，写得大口吐血，能吃碗饱饭，就洋洋得意兼沾沾自喜矣。而海盗朋友竟下得狠心，再从破碗里不断用瓢往外猛舀，看情形事主不饿死他就不住手。我们就只有期待神仙显灵矣。

མདུན་སྐྱོད་བྱེད་བཞིན་པའི་བོད་ལྗོངས་ལས་ཁུངས་ཀྱི་ཉར་སྐྱོང་ལས་དོན།